U0330887

国学经典释读 ✢ 李学勤 主编

国学讲话

王缁尘 编写

生活·读书·新知 三联书店

图书在版编目(CIP)数据

国学讲话/王缁尘编写.—北京:生活·读书·新知
三联书店,2022.1
　(国学经典释读)
　ISBN 978 – 7 – 108 – 06449 – 3

　Ⅰ.①国⋯　Ⅱ.①王⋯　Ⅲ.①国学—通俗读物
Ⅳ.①Z126—49

　　中国版本图书馆 CIP 数据核字(2019)第 010771 号

责任编辑　王婧娅
封面设计　米　兰
出版发行　生活·讀書·新知 三联书店
　　　　　(北京市东城区美术馆东街22号)
邮　　编　100010
印　　刷　常熟高专印刷有限公司
版　　次　2022 年 1 月第 1 版
　　　　　2022 年 1 月第 1 次印刷
开　　本　650 毫米×900 毫米　1/16　印张　27.5
字　　数　251 千字
定　　价　78.00 元

出版说明

这是一套写给普通读者的国学经典释读丛书。

"国学"之名,始自清末。当时欧美学术涌入中国,被称为"新学"或"西学",相应的,学界就将中国传统学问命名为"旧学"或"国学"。广义的"国学"包含范围广泛,从哲学、史学、宗教学到考据学、中医学、建筑学等等,本丛书之"国学经典"主要是指先秦诸子百家的著作。这些经典博大精深,是中国传统文化的精髓,是中华民族共同的血脉和灵魂,是连接炎黄子孙的血脉之桥、心灵之桥,吸引一代代中国人阅读、阐释、传承,至今熠熠生辉。

民国时期虽然新学昌盛,但对国学经典的研究和普及并未中断,甚至在二十世纪三十年代掀起出版国学经典的热潮,比如商务印书馆出版的"学生国学丛书"、世界书局的《四书读本》、广益书局的"白话译解经典"系列等等。

今天,出于继承和弘扬中国优秀传统文化的需要,我们精选了民国时热销的经典释读版本,并做适当的加工处理,以适应今日之读者。本丛书收录《广解论语》《广解大学·中庸》

1

《广解孟子》《译解荀子》《译解韩非子》《译解孙子兵法》《译解庄子》《译解战国策》《译解国语》《译解墨子》《译解道德经》《国学讲话》十二种。这些国学经典释读的编者兼具旧学与新学功底,语言通俗易懂,译解贴近现代。

这次重新出版,我们主要做了五项工作:

第一,为了读者阅读的方便,改竖排为横排,标点符号也随之改为现代横排的规范样式。

第二,变繁体字为简化字,在繁简转换的过程中,对有可能产生意义混淆的用字,做了合理的处理。

第三,采用今天所见较好的古籍版本对原书的选文进行了审校,订正了文句的错、讹、脱、衍。

第四,原书选篇保持不变。

第五,对原书的注释进行了修润,使注释更加准确、易懂。

我们期望,本丛书的出版能够为普通读者提供一个更亲近的读本,也希望以此为契机,对弘扬中国传统文化、普及国学知识起到积极的促进作用。

"国学经典释读"是李学勤先生生前主编的最后一套丛书,李先生在病榻上撰写了总序。2019 年 2 月,先生遽归道山。如今,此丛书顺利出版,是对先生的缅怀。

生活·读书·新知三联书店

总　序

　　大家了解，人类的许多认知和见解，有时可以在历史发展的某些时段得到重合或认同。20 世纪三四十年代悄然掀起的国学教育运动，恰恰与现今对中国传统文化的重视与重拾极为相似，其因果大体也是经历由怀疑、批判、否定，到重视、回归并再造这样的过程。

　　20 世纪前半叶，可谓中西文化大碰撞、大交融的时代，最为鲜明的是西方文化对于中国传统文化的巨大冲击。清末的"中体西用"，尚有"存古学堂"保存国粹，使国学还占有一席之地，而到了民国初年，特别是"壬戌学制"的颁布，主要采用当时美国一些州已经实行了十多年的"六三三制"，标志着中国近代以来的学制体系建设的基本完成，以美国为代表的西方教育在中国占据了相当大的地位。此后中国现代化教育每发生一次变化，西方的教育形式与内容就会有所进入，中国传统文化的教育也就有所丧失，中国传统文化的价值体系遭受着越来越多的质疑或否定。对此，一部分具有强烈忧患意识的教育家、文化名流忧心忡忡，并由担心逐渐转而采取行动挽救国学。但是,真正产生影响并引起国人震动的却是国际联盟教育考察团的到访。1931 年,当时的南京国民政府鉴于欧美的教育对中国日益增大的影响,邀请以欧洲国家为主体的教育考察团来华考察。考察团用了一年多的时间,考察了中国教育的诸多重镇及学校,提交了《中国教育之改进》的报告书。报告书指出:"外国文明对于中国之现代化是必要的,但机械的模仿却是危险的。"该报告书主张中国的教育应构筑在中国固有的文化基础上,对外来文化,特别是美国文化的影响,进行了不客气地批评:"现代中国最显著的特征,即为一群人所造成的某种外国文化的特殊趋势,不论此趋势来自美国、法国、德国,或其他国家。影响最大的,要推美国。中国有许多青年知识分子,只晓得摹仿美国生活的外表,而不了解美国主义系产生于美国所特有的情状,与中国的迥不相同。""中国为一文化久长的国家。如一个国家而牺牲它历史上整个的文化,未有不蒙着重大的祸害。"报告书切中时弊的评估,使中国知识界与教育界在极大的震动中警醒并反思。随即具有强烈社会责任感的教育界、学术界人士,采取了行之有效的国学教育推行举措,掀起国学教育的声势和热潮,使国学教育得到落实,国学经典深入学校的课堂,进入学生使用的书本,并被整合进学生的知识结构中去。

关于 20 世纪三四十年代的国学教育的热潮,有两种情况值得关注:一是诸如王国维、梁启超、章太炎、陈寅恪、黄侃、刘师培、顾颉刚、钱穆、吕思勉等大家利用新的研究方法，潜心研究，整理国故，多有建树，推出了一大批国学研究成果，将国学的归结、分类、条理化、学科化的阐述达到了空前的清晰，对当时及后世影响深远；与此同时，教育界、学术界将国学通过渗透的办法，镶嵌入中小学的课程，设立了各个学级的国语必修课和必读书，许多大家列出书单，推介国学典籍的阅读。二是当时出版界向民众普及国学典籍，主要体现在对国学的通俗释读方面，以适应书面语言不断白话的情形。

对于前者，1949 年以后，特别是改革开放以来，重新出版了一些相关著作，但后者几乎被忽视或遗忘了，极少再度面世。其实后者在当时的普及和重版率相当高，影响更为深广。

生活·读书·新知三联书店这次整理出版的正是后者。这不仅是因为在那之后均没有重现，重要的是这些通俗释读的书非常适合当今书面语言彻底白话了的读者需求，特别是当读古文和诠释古文已经成为专门家的事情的今天，即便有较高学历的非专业的读者读古文也为之困惑，这类通俗释读国学典籍的书的出版就显得更为迫切。这些书的编撰者文言文功底深厚，又受到白话文运动的洗礼，对文白对应的把握清晰准确。这些书将国学典籍原文中的应该加以注释说明的元素融入在白话释读之中，不再另行标注，使阅读连贯流畅，其效果与今天的白话阅读语境基本吻合，可见那时对于国学的通俗普及还是做了些实事的。

　　这的确是一些为我们有所忽视的好东西，以致可查到的底本十分稀缺，大多图书馆都没有藏品，坊间也难觅得。生活·读书·新知三联书店在千方百计中找到了选用的底本，使得旧时通行的用白话释读经典的读本得以再现。

　　值得一提的是，这是当时的出版人专门组织出版的一批面向一般民众的国学释读的读本，影响甚大，使得国学经典走入初等文化程度的群体。然而，这些产生过较大影响的读本之所以后来为人所遗忘，其原因可能是出版界推崇名家著述或看重对传统典籍的校勘和注疏。以王缁尘为例，虽然其人名不见经传，但他所编著的关于国学经典释读的一系列的图书，在当时却十分抢手，曾不断重印了十几版。这主要是当时的世界书局看中了他在清末就创办白话报的经历和对国学典籍把握的功力，使其栖身"粹芬阁"，为世界书局专事著述国学通俗释读的书籍。列入本套丛书的《广解四书读本》(今将其分为《广解论语》《广解大学·中庸》《广解孟子》)，曾被认为是当时国学出版的盛典，是当时通俗释读国学的代表。"国学经典释读"选择20世纪三四十年代的国学通俗的释读书籍，整理为简体横排进行出版，为当今读者学习国学经典提供了很好的阅读范本，是一件大有助益的好事。

　　还应该提及的是，出版此套书不仅是为方便读者理解经典，还在于让读者通过这样的阅读，了解当时人们对中华民族和中国意义的认同史。那时的国学教育和学习的热潮，几乎与抗日战争同行,而对中华民族的现代认识,正是在这期间形成的;国学的教育和普及,使国人了解并认同了中国的历史悠久和文化的博大精深,更将几千年来的人们对国家的意识,从以皇室朝廷为中心的概念中分离出来,完成了从"君国"到"国族"的转变。"中国"代表着中华民族全体,是各族人民联合御侮和实现伟大复兴的精神图腾。

李学勤

2018 年 12 月 10 日

目

次

第三编

第五编

序

自来对于士人就学之事，每通称为"读书"。按"读书"二字意义，本已含混不清。至于读书方法，在初只责以熟诵，稍进则勉以博览，要亦读死书之方法，不适合于教育原理也。盖读书贵有心得，须对于所读之书，定一条理，然后入手研究。夫食物者食而不化，于身体营养，不但无益而或反受其害——读书求学，又何莫不如此？前之塾师，当教读时，罔识教育原理，故恒以"熟诵"二字为南针秘诀。余在幼年，亦尝饱受此种机械的教育。盖当时所读《周易》《尚书》等书，其中意义，能熟知者不足百分之一二，而塾师只令朝夕熟诵，因之兴趣绝无，伏几开卷，即心神沮丧，头脑欲裂，几视读书为唯一苦工！余有一族兄，亦秉塾师之教，只求熟诵，经书注疏，悉能背诵不遗，人苟问书中意义，则茫然不知所答。试问如此读书，虽熟何益？

余又有一亲戚，在读书时期，以能熟读、强记著名。于史书所载历代帝王年号，悉能首尾背诵，略无脱误，人咸以史学家目之。试问如此史学有何用处？

1

后又遇一老者,自称博极群书,著述满架,睥睨一世,以宿儒自命。论其平日用力之勤,固无可比拟。当彼就餐时,亦尝旁置笔砚,不废著作。故年未五十,稿已积至六七尺之厚,可谓勤学之至矣!余曾见其毕生唯一之宏著,系将世界各国地名之第一字,依照《诗韵》排列。时华文所译各国地志,只有《瀛寰志略》等书,每一国名,译音各有不同——如英吉利或作"嘆咭唎",或作"乙几里",或作"伊吉黎",彼即以不同之各字,分隶《诗韵》下,自谓贯通中西地理。试问此种地理学,复有何用?

或曰:现今学校已遍于全国,由小学而中学、大学,有一定教课,循序而进,自能成就其学术,当不至如上所述之劳而无获,贻笑通人。则答之曰:若以各级学校各种教课之循序渐进而言,诚可免除前此之各项弊病;顾于国学方面,今世之欲研治者,尚在茫无头绪之中。试举一事以为证:前有友人之子某君,曾在北京大学毕业,就外商某西人之聘,教其幼子华文。某君因某西人以愿习中国最著之文字为请,遂以《昭明文选》授读,历时一载,教者唇舌俱疲,而读者至不能辨之无。某西人以不善教责之,而某君犹断断争辩,略不自承。此非至可发噱之事乎?

盖他种学科,可依循序渐进之方法。至于国学,非斟酌学者才能,别启门径,决不能冀其有若何成效也。

近来一般青年学子,类皆知研究国学之重要。如清华大学学生，有请求胡适之、梁任公指示国学用书之举。胡梁二人，亦各本其所知，以告学生，此实振兴国学之绝好动机。唯余对于胡梁二君所指告，犹以为略而不详，未臻尽善，故不揣浅陋，草此一编，俾与当世学者共相讨论。余虽学识荒落，未敢以精研国学自诩，然愚者千虑，宁无一得，用是付诸剞劂，借求同志之指示。使青年学子，得一研究国学之门径，固余所切望而馨香祷祝者也。

中华民国二十四年二月十六日
王缁尘识于上海同孚邨

编辑大意

一、予幼年即好目录学，后乃渐及书籍之内容，因之颇思有所述作。迨民国十八年，成《国故学研究法》一书，出以示人，均以为详略不等，未便问世。继乃搜辑他人言论，积久遂成巨帙。去岁夏间，闲居无事，出而排比之，成经学、子学、文学三编。史学则有刘知几之《史通》、章学诚之《文史通义》、梁启超之《中国历史研究法》，语皆美善，采不胜采，且既有专书，不再重为论述。迨十月间，重游沪上，蒙粹庐主人之优遇，嘱将初稿细加厘正，并补史学一编，俾成完璧。今兹所编史学，并不杂采刘、章、梁三书，仅将如何分类、如何研究之法，述之简端，使研究者得其途径而已。

二、本书因采辑诸名家之言论，文言白话，类多杂出，述者又因其语气而为之，故于各节，有用文言者，亦有用白话者，文体不能一致。但本书非文学规范，所重者，在凡识字之人，皆能明了，故于文体一致与否，自可不必顾及。

三、本书因采辑诸名家言论，原文称引古人，或用名，或用字，不便为之一律更改。即已有论述，亦只得因而用之，故于古人之名或字，势不得不并用，除非有意歧异。

四、字书、类书，近人多称为"工具书"，名实未妥。且字书古称"小学"，不过为读他书之阶梯，于国学中，实无独立之必要。类书尤不能称学。本书关于字书，仅于普通学中，列《文字蒙求》《说文通训定声》《经籍纂诂》三种，苟能用此三书，则于其他小学书，自能触类而及，有志此业者，亦自能精求。类书为学成后检查之用，本书亦略而不述。

（如考据一事，清人名之曰"汉学"，近人更名之曰"朴学"。此种典籍，只能附属于经学，非能独立也。至宋人理学，则能离经而行，便自成一宗矣。）

五、本书搜辑材料，两次编述，虽为时颇久，而末学陋识，自知纰缪之处必多，尚祈博雅君子，有以教之，则幸甚！

第一编

第一章　国学总论

第一节　国学的名称

国学之名,古无有也。必国与国对待,始有国家观念,于是始以己国之学术,称为国学。中国从古自认为天下。无相等之国为对待,环列四边之外族,多未脱酋长部落而成为国家。其间如北魏、辽、金,虽占据北部,蒙古、满洲,曾统一全国,然旋即亦自认为天下,不以为一国。故国家观念,中华民族,甚为薄弱,非如泰西仅欧罗巴一洲,已列国数十,因竞争对待,故国家观念,至为剧烈,此东西之异点也。又中国奉行儒教,儒家之学说、教旨,皆以天下为对象,国家非其所重视。如《大学》之最终目的,则为平天下;《礼运》之最大目的,曰"天下为公",曰"世界大同"。其不重视国家,可以概见,而其根源,实皆出于孔子。《论语》记孔子对弟子"有教无类",是不以异国异族之人相歧视也。又古籍载楚人失弓,或曰:"楚人失之,楚人得之,又何患焉?"孔子闻之曰:"人失之,人得之,何以楚为?"观此一节,可见孔子心目中,只知有天下人,不屑言一国也。中国两千年来,崇奉孔子之儒教,故国家观念,不但薄弱,且不屑措意也。因而国学一名词,遂无人提及焉。

　　《论语》记孔子之门有四科，中一科曰"文学"，以能诵读《诗》《书》，研究典籍之人充之，如子夏、子游是也。孔子之后，百家并兴，学术大盛，故《庄子·天下篇》，称有"邹鲁之士、缙绅先生之学""墨翟、禽滑厘之学""宋钘、尹文之学""彭蒙、田骈、慎到之学""关尹、老聃之学""庄周之学""惠施、桓团、公孙龙之学"，是以诸子之名称之。其曰"邹鲁之士、缙绅先生之学"者，即指诵读《诗》《书》之儒家，因其人数最多，故以"邹鲁之士"括之。盖孟子为邹人，孔子为鲁人，二地多孔孟之徒也。《史记·太史公自序》，记司马谈论"六家要旨"，为阴阳、儒、墨、名、法、道德六家。道德家又省称道家，是汉初学术，皆以家名，不以学称。至汉武帝罢黜百家，尊崇六艺，因六艺为孔子所定，遂以研治六艺之人，与儒家合而为一，后世因之，以研治六艺者为经学，研治诸子者为子学矣。西汉之末，扬雄爱司马相如之文赋，学而效之，于是有专治文艺者为文学。刘歆以训诂文字之学，为小学之事，故称之曰小学。至歆定《七略》，将古之各种学术，如医、算、术数等等，皆缀以学名，于是各种道术，俱以学称矣。

　　自汉迄清，因仍不变，至"国学"之称，始于清末，首定此名之人，今已无从确知，其原由于五口通商以后，西洋势力侵入中国，当时有识之士，欲研究其故，于是翻译西方书籍，其时如上海制造局，翻译化学、工业、兵事等书。西教士之在中国者，亦翻译格致、历史等书，概称之曰"西学"——因是而称中国固有之学术曰"中学"，以与之对待。至庚子义和团一役以后，西洋势力，益膨胀于中国，士人之研究西学者日益众，翻译西书者亦日益多，而哲学、伦理、政治诸说，皆异于旧有之学术，于是概称此种书籍曰"新学"，而称固有之学术曰"旧学"矣。另一方面，不屑以旧学之名，称我固有之学术，于是有发行杂志，名之曰《国粹学报》，以与西来之学术相对抗，"国粹"之名，随之而起。继则有识之士，以为中国固有之学术，未必尽为精粹也，于是将"保存国粹"之称，改为"整理国故"，此项学术，称为"国故学"，简称之则曰"国学"。章太炎在日本时，称其研究中国学术之机关曰"国学讲习会"。同时在国内之刘师培等，则有"国学保存会"之设立，于是"国学"之一名称，遂沿用至今日焉。最近所定学制，于中学中特设"国学概论"一科，定海马瀛氏，著《国学概论》一书以应之，中一节论国学之名称，颇为精审，今录之如下：

　　章太炎《国故论衡》一书，即首以"国故"称中国固有之学术者也。"国故"者，盖为中国掌故之简言。"掌故"二字，始见于《史记》，本谓一国之文献，故章氏遂立此名。然国故乃指所研究之对象，不可指研究此对象之科学，于是称此研究对象之科学者，有"古学""中学""国故学""国学"等歧异之名词。然"古学"本因"新学"之名而生，含义混淆，本不适用。"中学"之名，以西人称我国之学术斯可,若我国人,亦自称固有学术曰"中学",实嫌赘废,且与学校之称易混,亦未得当。此四名词之中,自以"国故学""国学"二名为宜。顾"国故学"之"故"字,限于文献,未能将固有学术,包举无遗,微嫌含义窄狭,故不如径称之曰"国学"为较宜。

按马氏所称之"古学",即我文中所举之"旧学"也。马氏谓"中学与学校之称易混"者,谓学制中之大、中、小等学校名称也。准上所说:则称我国固有之学术为"国学",实最为适宜也。复次:世界上事物之产生与成立,均无突然而来,而皆出于自然之衍变,始有结果也。观乎"国学"一名词之变迁成立,可以深思其故矣。

【附记】

马氏《国学概论》一书,可称精审博雅;唯于国学本身,颇鲜论及。其"辨伪""明诬""勘误"及"文字学""音韵学""训诂学"等章,均属专门问题,非初学者稍涉国学或欲于国学方面从事研究者所能晓,故其书性质,宜名为"国故学研究法",以云"国学概论",似觉不甚适合也。我之此编,拟为中学毕业生或未毕业而有志于研究国学者而设,故于各种学术之性质,烦言其梗概,以引起初学者研究之兴趣,并导启其门径,于"国学概论"之性质,或反较马氏之书为近,未知马氏见之,以为何如也？故特附志于此。

第二节　研究国学的意义

昔人曾言："国于天地，必有与立。"然试问此所谓"必有"者，为何物乎？我以为一个国家的民族，能衍存于世界而不为天演所淘汰者，此民族必有一种优异的特质，以与其他的民族相抗衡，而不为其他的民族所克灭，而此民族始能存立于天地间也。此种特质，即此民族思想智识的结晶。此民族积千万年的思想智识，衍为种种条理，组成种种学术，又以文字载之典籍，传之后人，即上节所言之国学是也。

我国有四五千年连续不断的历史，有四五万万愈衍愈繁的人民，文化亦日益推广，初仅在黄河流域的一隅，今则已普及亚洲之东部，以及南洋群岛，而渐流入美洲。现在与欧洲强有力之民族相遇，虽未免相形见绌，然此不过是一时的现象。我们倘能把固有的特质，保存精粹而勿使失坠，更采撷他人之优点，参合而熔化之，此后发挥之而成一种"新的国学"，正所谓东方君子与西方美人，结其爱情，交媾之而产生一头角峥嵘的宁馨儿，那才是我们今日应负的责任！

或曰：我国固有的学术，能与西来之学术，对抗并行乎？则答之曰：我们的国学，能不能和西来之学术对抗并行，此是另一问题。但我们的志愿，总想把我们的国学，和欧人之学术,融会贯通而存传于世界。或更进一步,俟我们的国学与欧学融会贯通以后,如上面所说,产生一"新的国学",比今日之欧学,更胜一层,此则我们实不可妄自菲薄而因以自馁者也。举个例子:千年前之佛学,盛于印度,自我民族接受以后,而我国之佛学,竟高胜于印度。还有一层,我民族自熔化佛学以后,更产生一宋、明诸大儒之理学语曰:"前事之不忘,后事之师也。"以我如此优秀伟大之民族,安知异日不能产生一比欧学更精微更伟博的新国学哉!

不宁唯是:我在二十年以前,曾见一杂志,上载一德国博士,与一日本博士之谈话,大略如下——德人问日人:"东西有二大文明渊薮,君知之乎?"日人答:"西方的文明渊薮,自然是贵国。"德人微笑颔首。继又问:"东方的文明渊薮当谁属?"日人沉吟半晌,继答道:"那只有敝国了。"德人道:"这恐怕要算支那罢?"日人大惭,不复言。

又见王国维氏著作中,言世界哲学,首推德国,但近来德人,以为己国之哲学,不及佛学,于是多有向中国研求佛学者,此又其一也。但此二事,犹可言系人们之口头语,或有为而发之言论,请证以事实,则近年以来,美国于国立大学,多设有"中华文学院",法国及瑞士,又多有"汉学研究所"之设立。试问:我国学术,若无价值,彼等何必求索之乎?准是,则我国学术之价值,自在天壤间可以立足,无可疑也。准是,则国学之意义,从可知矣。

国学之意义，既如上述，唯在今日，则研究之方法，却不能与昔人以尽同，盖时势既殊，对象与作用自必随之而亦异。近人讨论此问题者亦颇多，其中唯胡适之所言，最为中肯，其于《国学季刊宣言》云：

> 国学在我们的心眼里，只是"国故学"的缩写。中国的一切过去的文化历史，都是我们的国故；研究这一切过去的历史文化的学问，就是"国故学"，省称为"国学"。……我们现在要扩充国学的领域，包括上下三四千年的过去文化，打破一切门户成见，拿历史的眼光，来整统一切，认清国故学的使命，是整理中国一切文化历史。……历史是多方面的，单记朝代兴亡，固不是历史；单有一宗一派，也不成历史。过去种种，上自思想学术之大，下至一个字、一支山歌之细，都是历史，都属于国学研究的范围。

胡氏又答毛子水《论国故学》书云：

> 我以为我们做学问，不当先存这个狭义的功利观念。做学问的人，当看自己性之所近，拣选所要做的学问；拣定之后，当存一个"为真理而求真理"的态度。研究学术史的人，更当用"为真理而求真理"的标准，去批评各家的

学术。学问是平等的,发明一个字的古义,与发现一颗恒星,都是一大功绩。

况且现在整理国故的必要,实在很多,我们应该尽力指导国故家用科学的研究法去做国故的研究,不当先存一个"有用无用"的成见,致生出许多无谓的意见。

马瀛氏《国学概论》第四章,曾引胡氏此书而加按语曰"胡氏此书诸语,洵属至理名言,唯对于整理国故之必要,仅言'实在很多'四字,未曾说明何以必要之原因,殊为欠缺"云云。因此,马氏乃自以四端说明之,今录其"整理先民遗产"一节,以资参究:

> 我国古籍,大抵随意记录,绝无组织及系统。仅就《论语》一书言之,大自政治、哲学、伦理、宗教,细至饮食、衣服、言动、疾病,无所不包。其他典籍,亦莫不然。唐宋以后之书,虽稍稍分别门类,然其杂乱无章、不合逻辑如故也。清代学者,虽渐知整理之方法,尚不过初步功夫。此譬犹世家大族,其遗产至为丰富,田园宫室、玉帛金钱、器物衣食、牛马鸡犬,下至竹头木屑、败絮破衲,无所不有。然珍宝与粪秽齐列,牲畜与器物杂厕,为子孙者,正宜理而整之,使各得其位置;扫除其污浊,修葺其敝败,使尽归于完整;然后记录之于簿册,一一群载其数量、价值、

性质、功用，俾世世子孙，永宝用之。如是，方可谓之贤子孙。若或以为祖先之陈设，堆积本如是，为子孙者，岂宜移动选择；又或见邻家之有新奇器物，欣羡盗窃，而抛弃其祖宗之遗产，以为不屑一顾，皆我列祖列宗之不肖子孙也。故吾辈欲为中华民族之贤子孙，整理国学，非异人任也。

第三节　国学书籍的门类

自然界的森罗万象，莫可究殚，无论若何智识的人，要将自然界之事事物物，都明悉其理由，这是万万做不到的。倘于其中，研究一事一物，则虽中材，亦可胜任而愉快，此乃一定的事理。只是此森罗万象，应该研究其何事何物，则非分别门类不可了。因为门类分别以后，我们就可于某门中，拣选那一类而研究之，此系做学问者不易的理例。故分别门类，实为做学问者第一要义也。

以自然界之万象而论，我们眼花缭乱，不知从何处说起。自从科学家把它们分为动物、植物、矿物三大类，我们就知某物属于某类，容易知其性质和作用了。后来又经科学家把它们分为有机体、无机体两大类，于是它们的性质和作用，更容易明了。因为分类的效用，总门须求其简，细目则不厌其详，如此，始便于研究，而不至蹈茫无头绪之苦也。

自然界之事物，既如上述，在书籍上做学问，自然亦同一理例。国学书籍，浩如烟海，必先分别门类，然后始可即类以求，此昔人所以有书目之编作也。考编目者，始于西汉之刘向，及其子刘歆。向校书秘阁，每校一书已，辄序而奏之。至歆，乃总群书而奏其《七略》，首曰《辑略》，即群书之总序也。以下有《六艺略》《诸子略》《诗赋略》《兵书略》《数术略》《方技略》六类，即汉代所有之书籍也。此"六略"书目，班固采入《汉书》，名《艺文志》，今将其门类列于下方，以见国学书籍著录之始，并以知国学之渊源焉。

（一）《**六艺略**》 《易》《书》《诗》《礼》《乐》《春秋》《论语》《孝经》《小学》

（二）《**诸子略**》 儒家 道家 阴阳家 法家 名家 墨家 纵横家 杂家 农家 小说家

（三）《**诗赋略**》 赋 杂赋 歌诗

（四）《**兵略**》 权谋 形势 阴阳 技巧

（五）《**数术略**》 天文 历谱 五行 著编 杂占 形法

（六）《**方技略**》 医经 经方 房中 神仙

观上所列，《六艺略》，即后世之经部。《诸子略》，即后世之子部。《诗赋略》，即后世之集部。《兵略》《数术略》《方技略》，后世均归入子部。而班氏以《史记》附于《春秋》之下，可见汉代史书之少，不能自为一类。孔子为儒家之祖，而以《论语》《孝经》列于六艺之后，则艺非六，又使儒家无祖，可见其时学识之幼稚矣！然历代因之，均无改易，则因崇古心理太重故也。（唯《小学》为释《诗》《书》之书，附于六艺，尚无大谬。）

此后晋初荀勖与张华，整理政府藏书，分为：（一）甲部，纪六艺小学；（二）乙部，纪诸子、兵书、术数；（三）丙部，纪史记及其他记载；（四）丁部，纪诗、赋、国赞、汲冢书。嗣遭五胡之乱，典籍散失，至东晋重为编置，则以丙部之史，改列第二，即后世之经、史、子、集四部也。此项分类，自隋唐迄清，均无更易。今再将清《四库全书》分类列下：

（一）**经部** 《易》类 《书》类 《诗》类 《礼》类 《春秋》类 《孝经》类 《五经总义》类 《四书》类 《乐》类 《小学》类

（二）**史部** 正史类 编年类 纪事本末类 别史类 杂史类 诏令奏议类 传记类 史钞类 载记类 时令类 地理类 职官类 政书类 目录类 史评类

（三）**子部** 儒家类 兵家类 法家类 农家类 医家类 天文算法类 术数类 艺术类 谱录类 杂家类 类书类 小说家类 释家类 道家类

（四）**集部** 楚辞类 别集类 总集类 诗文评类 词曲类

《四库全书》，因系皇帝敕撰，故终清一代学者，不敢非议，其中出入不合者甚多，今亦不足置论。且图书分类，昔人名为"目录之学"，亦系一种专门学，非浅学者可以草率为之。前人专事此业者，宋有王尧臣等之《崇文总目》、晁公武之《郡斋读书志》、陈振孙之《直斋书录解题》，明有黄虞稷之《千顷堂书目》，清有朱彝尊之《经义考》、谢启昆之《小学考》、钱遵王之《读书敏求记》、杨守敬之《群书举要》、张之洞之《书目答问》，近人李笠氏有《国学用书撰要》，等等，皆称名著。其中朱氏、谢氏，专考经义、小学，余皆及国学全部。但其取去出入，亦多有未合之处，足见此业之不易矣。予于民国十八年，亦曾编一书目，嗣因他故而中辍，今亦志其门类，以备参考。

（一）**文字学** 《尔雅》《说文》，各小学书，及金石文属之。

（二）**文艺学** 三百篇之《诗》，楚人之《骚》，四库之集部属之。

（三）**历史学** 《尚书》《春秋三传》《周官》《仪礼》，四库之史部属之。

（四）**哲理学** 《周易》《孝经》《论语》《孟子》《礼记》，周秦诸子，汉以后子书体之著述，宋、元、明理学属之。

（五）**应用学** 医、农、天、算、兵、刑、术数等学属之。

（六）**类书** 类书不宜称学，且各种书籍，均可采入，故自为一类。

上所列次序，亦颇稍含意义，先有字而后有书，读书者，亦必先须识字，故以文字学居首。积字成章，可以通信、记事，故次以文艺学。盖文必须有章法，含艺术性，始能行远而传于后世也。既有文字文艺,于是可以记当时、古代之事,故次以历史学。事有是非,则必加以论辩,而理义生焉,故次以哲理学。有理论,则有实用,故次以医、农、天、算、兵、刑等学,而终之以类书,此区区微意也。至本书则为初学入门而言,医、农、天、算,别为专门之学,故不为列入。类书为学者检查之用,非专事研究之书,故不详述也。本书门类,则为经学、子学、文学、史学之四门而已(细目见本书前列)。

第四节　思想学术与时代的关系

各民族有各民族之思想学术,一民族于各时代亦有各时代之思想学术,故各时代之思想学术,如何产生? 如何变迁? 察其因果,而评判其性质与价值,实为研究国学最重要之一义,不可忽也。

我国自伏羲氏画八卦,后之圣人,又重之为六十四卦,此实为文字文化之起点。迨殷代中叶,文字已逐渐繁殖,至周初而大备,故《论语》记孔子赞美周代之文物曰:"郁郁乎文哉! 吾从周。"此其证也。计周初至周室东迁,此时代之著述,只有《易》《书》《诗》三种。至孔子出,益以《礼》《乐》《春秋》,是为"六艺"。后世《乐》亡,乃改称"五经"。考当时之文化程度,并究其本质,则所谓《周易》者,不过六十四条卦辞,三百八十四条爻辞,仅为卜筮之用而已。《尚书》今存二十八篇,系神权时代施行政治之公文。《诗》三百篇,间有抒情之作,然亦不多。《礼》则不过数十条之节目单。《春秋》则王安石说是"断烂朝报",梁任公则以为似"流水账簿",均无若何重大之意义。然经孔子之删定,后代经师大儒之一再附益发挥,遂成为天经地义唯一之典籍,举凡两千年来之思想学说,莫不依经而借以传布流行,故五经者,实可为学术思想之总汇,独立一门,冠于群籍之首,亦其宜也。

孔子以后,百家竞兴,正如春雷一声,万绿齐苗。又如云蒸霞蔚,弥漫天空,故在春秋战国之际,实为中国学术全盛时代。汉司马谈论"六家要旨",以阴阳、儒、墨、名、法、道德六家,皆为治天下之具。至刘歆《七略》,班固采入《汉书·艺文志》者,诸子自六家以外,又益以纵横、农、杂、小说,乃成十家。此诸家之学说,与五经皆对立抗行,故子学允宜独立一门。

秦始皇并吞六国,混一中夏,焚书坑儒,战国时如火如荼之思想,一时顿熄。汉兴,反秦政治,诏求遗书,旧籍乃乘间复出。又自高祖以太牢祀孔子,命叔孙通定礼,已开尊孔之风。至武帝,则毅然罢黜百家,尊崇六艺,"通经致用"之说出,于是以《易》理阴阳,以《书》道政治,以《春秋》折狱,以《诗》三百零五篇当谏书,经学大盛,子学遂衰。其间虽有西汉今文家之微言大义学,东汉古文家之名物训诂学,支配四百年间学者之思想心理,然均不过经之附属品而已。故此时期之学术,只能附经而不能独立,亦理势使然也。

东汉以后,继以黄巾之扰乱,三国之兵争,学者既厌汉末经学之支离破碎,又鉴党锢诸儒罹祸之残酷,思深行洁之士,乃群遁于虚无清净之道家。更继以五胡乱华,南北分立,经此丧乱,益嫌礼教之无裨于世用,故衍成一种"清谈"的风气,遂与晋代相始终。又因看破一切,不如娱乐以取快于生前,故杨朱之说,乃盛行于是时焉。然此不过遥承战国时道家之学说,故吾名之曰"道家别派",实子学之一宗,宜附于子学。

隋虽统一南北,然不久而大乱即起,故无何种学术之成立。唐室兴后,以诗赋取士,于是万千学子,无不绞脑忧心于声调之中,故唐人之诗,实可以继楚骚而驾汉赋。文则因六朝之靡弊,韩愈、柳宗元等起而振之,复之于三代两汉,于是有"古文"之学。此风虽遭五代之丧乱而衰歇,然至宋乃有苏轼、黄庭坚、范成大、陆游诸诗家,以承唐之李白、杜甫,有欧阳修、曾巩、王安石诸文家,以追唐之韩柳,是为唐宋人之文学。

"物穷则变,变则通。"唐人之诗,固已盛极一时,有"后难为继"之象。故在晚唐,产生一种似诗非诗之长短句,当时仅附于诗集之后,名曰"诗余"。至五代而作者日多,"词"之一名,遂以成立。两宋继之,此风遂遍及全部学子,其格调、兴趣,又足与诗相抗衡,故填词家在文学史中,又自立为一宗焉。

当晋末南北纷争之时,有鸠摩罗什者,由西域而至中国,佛学思想，因此输入。继之者，有慧远大师，起而讲宣佛教，故在元魏萧梁之时，佛学已颇盛行。至唐则有玄奘法师，身入天竺，竭二十年之心力，卒取经而归。至此，一部分识高品洁之学者，乃逃于佛学，唯佛为"出世法"，其文字自成一格，不便认为国学。然其影响，遂产生宋、明诸大儒之畅谈心性，于是又成立"理学"一宗。其中虽程、朱、陆、王，各树一帜，然终范围于理学，足为子学之一大宗也。

文学中之韵文，诗变为词，至金元间又变为曲，故元代之曲，与唐诗宋词相抗衡，作者之众，亦与诗人词客相伯仲，是亦文学史中一大国也。

朱明一代，以时文取士，学者之心力，尽消耗于八股之中，故各种学术，除王守仁所倡之"良知"理学外，其余多不能独立。以言文学，则前后七子，徒以"文必秦汉，诗必盛唐"相号召，而规行矩步，即为当时人士所嗤笑。以王世贞之雄才博学，亦因蹈此辙而不能自拔，实最可惜之事也。然世界事物，绌于此者则伸于彼，或谓《金瓶梅》之小说，系王氏之手笔，徒以为诲淫，遂使举世人士均讳言之，或禁毁之。然禁者自禁，偷看者自偷看，至近人胡适之，且评此书尚在《红楼梦》之上，而明代小说作者，亦实繁有徒，然则以小说为明代文学之代表，亦无不可也。

满人入关，大兴文字之狱，义理之学，尤为所忌，彼乃一方面屡开博学鸿词科，以网罗才俊之士，于是考据之学，因之兴起。以其排斥宋儒,笃守汉人经说,遂有"汉学"之称;崇拜此种学问者,更称之为"朴学"。其订正古籍,考释古训,其功固不可为不大,然其思想,终依附经学,不能自立为一宗也。

综上所述:自周迄清,思想学术之产生,及其变迁和因果,亦大略可观矣。总而言之,则可分为经学、子学、文学三门。唯种种之思想学术,均与当时之社会文化、民族盛衰有密切的关系。而记载社会文化、民族盛衰者,厥为历史,故历史与各种学术,亦均有密切关系焉——例如治经学、子学、理学者,需学术思想史;治诗、文、词、曲者,需文学史。其他种种,亦均需借历史以资考证,故史学又可为诸学之总汇,因此,立史学一门,殿其后焉。

第五节　研究国学的方法

办事、做人,都须有条理,有秩序,然后事能成功,人能立世。所谓条理、秩序者,合之即为方法。研究学问,为办事、做人之本,故亦必须立定方法,然后从事进行。本书专言国学,即将研究国学的方法,举要述之,以与一般学者,共同商榷焉。

(一)识字　读书必先识字,始能知书中之意义。不知书中意义,虽背诵如流,有何丝毫用处? 故识字之书,昔人名为小学,诚以初学之人,必须先做识字一步功夫,然后始可进而读一切书,此一定不易之理也。

识字，须明古人造字之法，及其源流。象形、指事、会意、谐声、假借、转注，所谓六书也。而象形、指事、会意、谐声四者即为造字之法，假借、转注则为用字之法。上者其源，下者其流也。故初学于六书之义，不可不知。欲明晓六书，有清王筠著之《文字蒙求》一书，最适用于初学，其解释浅显，最易明晓，勿因其用"蒙求"二字而轻视之。盖研究《说文》，至于极点精深，亦不过通晓六书之义而已。此书之后，则继以清朱骏声著之《说文通训定声》。字有形、声、义三项，王氏《蒙求》专释字形，朱氏书则取清人"说文学"之书，斟酌损益，定其声而释其义，最为精审。初学于识字一项，能从二书入手，此后欲研精小学，自可进求他书，否则此二书亦已足用，而二书为卷，不过二十，以每日余暇，月治一卷，年余可以毕业矣。

（二）习字　书法为中国最精的艺术学，苟识其美妙之处，比学画更饶兴趣，且能涵养性灵，解除烦躁，昔人所谓"临池乐"也。即不愿为书学专门名家，而常时与友人通信，或自己看书读文，遇有心得时，亦须有所记录，故习字一学，实不可少。今之号称新学者，于所写之字，或同蚯蚓，或如蟹脚，在彼自谓不屑学此种末艺，故任其歪斜，不成字体，此实误解。譬如一人，于出外访友，或集众开会，而头发蓬乱、衣纽错扣，即自负名士，终为不适宜之举动。故习字一项，即不欲为书法专家，而所写的字，也须拿到人前像一个字，庶不致有蚯蚓蟹脚之讥也。

近来新学派，不屑习字，昔日旧学家，对于习字一项，又多好高骛远，于未能执笔之人，即使之临唐宋人之碑帖。不知古时碑帖，其精妙之处，岂初学者所能明晓？且字一上石，于落笔转笔之处，亦多不易洞见，故初学而临碑帖，实非所宜。我于此道，颇悉其中甘苦，故敢坦白言之，以告一般学者焉。

初学习字，最好取近人白底黑印之楷书，用亮而且薄之纸影写之。我有友人姚某，他每日影写清人之殿试卷一页，半年工夫，字即可观。我亦以此法教授幼童，其效果亦相等。故此实为初学习字之不二法门，毋以殿试卷为科举时之腐朽物而鄙弃之。我们求学目的，在乎于己有益而已。

影写近人楷书，一二年后，欲求精深，始可以临碑帖矣。但临帖，亦须循规矩而习，不可即骛名高，如魏碑及颜、柳碑帖，均非所宜。一习此种字体，往往写字终身不能端正。故魏碑、颜柳，须字学已具根底者，始可学习。初学于影写近人楷书后，更进一步，唯有学王、欧、苏、赵等碑帖，乃能日进有功，万不可误入歧途，斯为得已。

（三）看书　梁任公《国学入门书及其读法》一文中，举有"精读""熟读""浏览""涉览"种种名目，意义实含混不清，学者将何所适从乎？马瀛氏《国学概论》中，于此改为"观察"，内分"选择""浏览""圈点及多勾识""精读""抄录"五节，意义较为明晰，唯"选择"则马氏已代为选择矣。"圈点及勾识""抄录"二项，即寓在"浏览""精读"之中，然试问马氏所举三十种书中，何者宜"浏览"？何者宜"精读"？马氏亦未有说明，使初学者，亦将何道之从乎？故我特立"看书""读文"两门以分别之也。

看书与阅书，意义又有不同。看者，如看名花、看美人，必细细赏鉴之，才能知其美妙之所在。阅者如大将检阅军队，于数万数千人之操演，只能见其大概而已。我所说的看书，亦如梁任公之意，对于书中之字句，须细细地思想其意义，不可大意，滑眼看过也。

（四）读文　各种书籍中，唯关于文艺的作品，非读不可。《曾文正公家书》内，有谕其子纪泽一节云：

> 看者，如尔去年看《史记》《汉书》《韩文》《近思录》，今年看《周易折中》之类是也。读者，如《四书》《诗》《书》《易》《左传》诸经，《昭明文选》，李、杜、韩、苏之诗，韩、欧、曾、王之文，非高声朗诵，则不能得其雄伟之概；非密咏恬吟，则不能得其深远之韵。

此所说"读"的意义，最为精确。文艺作品，非读不能得其美妙之处也。姚鼐氏所选《古文辞类纂》其分类后序中有云：

> 凡文之体类十三，而所以为文者八，曰神、理、气、味、格、律、声、色。神、理、气、味者，文之精也。格、律、声、色

者,文之粗也。然苟舍其粗,则精者亦胡以寓焉?学者之于古人,必始而遇其粗,中而遇其精,终则御其精者而遗其粗者。

此所说的"遇",亦非读不能。唯读之,始能知格、律、声、色,始能知神、理、气、味。能知之,即遇之矣;能遇之,又即能御之矣。近人反对读文,实为误谬,皆由不知此中甘苦,以简便为捷径耳。我一友人查某,他不但对于文言文喜朗读,即白话文亦然,近已卓然成为文学家矣。即曾、姚二氏,为清代古文大家,而其用力,实皆由于"读"。如曾之谕纪泽书,岂诳骗其子哉?而且读者,不但以成诵即为止境也。苏子瞻寄弟子由诗云:"旧书不厌百回读,熟读深思子自知。"子瞻岂欺弟乎?又清人包世臣作《艺舟双楫》,为论文学、字学之佳著,其自述读《过秦论》《古诗十九首》,皆至万遍以上,始能识其奥妙。包氏亦为中上资质之人(按包氏自述诗云:"予本中上资,庭训受先子。"),而读一文一时,用功如此,岂自诳而诬后人耶?

文艺作品,亦浩如烟海,势唯有选而读之之一法。但古人选本各凭自己眼光,各因自己心之所爱而选择之,故有甲以为佳而取之,乙以为劣而弃之。教师选文,亦同一律。且人之所选,未必即为我之所好,如是,则唯有我自己选读之而已。又古人之专集浩繁,初学者绝不能将古人之专集尽读之,如是,则唯有将古人之选本中,我再选所爱好者而读之,此实第一步

功夫也。至诗文之选本,当于下节述之,唯如何选读,于此述之。胡适之答钱玄同论《什么是文学》书云:

我尝说:"语言文字,都是人类达意表情的工具;达意达得好,表情表得妙,便是文学。"

但是怎样才是"好"与"妙"呢?这就很难说了。我曾用最浅近的话,说明如下:"文学有三个要件:第一,要明白清楚;第二,要有力动人;第三,要美。"

因为文学不过是最能尽职的语言文字,因为文字的基本作用(职务),还是"达意表情"。故第一个条件,是要把情或意,明白清楚地表出达出,使人懂得,使人容易懂得,使人决不会误解。请看下例:

蘖坞芝房,一点中池,生来易惊。笑金钗卜就,先能断决;犀珠镇后,才得和平。楼响登难,房空怯最,三斗除非借酒倾。芳名早,唤狗儿吹笛,伴取歌声。

沈忧何事牵情?悄不觉人前太息轻。怕残灯枕外,帘旌蝙拂;幽期夜半,窗户鸡鸣。愁髓频寒,回肠易碎,长是心头苦暗并。天边月,纵团圞如镜,难照分明。

这首《沁园春》，是从《曝书亭集》卷二十八、页八抄出来的。你是一位大学的国文教授，你可看得懂他"咏"的是什么东西吗？若是你还看不懂，那么，他就通不过这第一场"明白"（"懂得性"）的试验。他这一种玩意儿，连"语言文字"的基本作用都够不上，哪配称为"文学"！

　　懂得还不够，还要人不能不懂得；懂得了，还要人不能不相信，不能不感动。我要他高兴，他不能不高兴；我要他哭，他不能不哭；我要他崇拜我，他不能不崇拜我；我要他爱我，他不能不爱我。这是"有力"。这个，我可以叫他作"逼人性"。

　　我又举一个例：

> 血府当归生地桃，红花甘草壳赤芍，
> 柴胡芎桔牛膝等，血化下行不作劳。

　　这是"血府逐瘀汤"的歌诀。这一类的文字，只有"记账"的价值，绝对不能"动人"，绝对没有"逼人"的力量，故也不能算文学。大多数的中国旧"文学"，如碑版文字，如平铺直叙的史传，都属于这一类。

> 我读齐铸文，书阙乏左证。独取圣祉字，古谊借以正。亲殉称考妣，从女疑非敬。古文有祉字，乃训祀司命。此文两皇祉，配祖义相应。幸得三代物，可与汶长

诤。……(李慈铭《齐子中姜镈歌》)

这一篇，你(大学国文教授)看了，一定大略明白，但他绝不能感动你，绝不能使你有情感上的感动。

第三是"美"。我说，孤立的美，是没有的。美就是"懂得性"(明白)与"逼人性"(有力)二者加起来自然发生的结果。例如"五月榴花照眼明"一句，何以美呢？美在用的是"明"字。我们读这个"明"字，不能不发生一树鲜明逼人的榴花的印象。这里面含有两个分子:(1)明白清楚。(2)明白之至，有逼人而来的"力"。

再看《老残游记》的一段:

那南面山上，一条白光，映着月色，分外好看。一层一层的山岭，却分辨不清，又有几片白云在里面，所以分不出是云是山。及至定睛看去，方才看出那是云、那是山来。虽然云是白的，山也是白的，云有亮光，山也有亮光。只因为月在云上，云在月下，所以云的亮光，从背后透过来。那山却不然的，山的亮光，由月光照到山上，被那山上的雪，反射过来，所以光是两样了。然只稍近的地方如此。那山望东去，越望越远，天也是白的，山也是白的，云也是白的，就分辨不出来。

这一段,无论何等顽固古文家,都不能不承认是"美"。美在何处呢?也是这两个分子:第一是明白清楚;第二是明白清楚之至,故有逼人而来的影像。除了这两个分子之外,还有什么孤立"美"吗?没有了。

你看,我这个解释怎样?我不承认什么"纯文"与"杂文"。无论什么文(纯文与杂文,韵文与非韵文),都可以作"文学"与"非文学"的两项。

胡氏此书,虽论的是"什么是文学",但我们正可用这个方法,来选文。用这个方法,人人都可以自己选文来读。况且选本中,古之文学家已经选过一次,十分不好的文,总不会有的。我们不能把选本全读,最好用这个方法来选读,确是最便利的事。可将选本中文,随取一篇,朗诵三五遍,觉其能感动我的情感者,从而熟读之。读之既久,自能引人入胜,不能自已也。

文须熟读,并非顽旧家之"老生常谈",近人如梁任公于《国学入门书读法》中,亦曾畅发其义,曰:

熟读成诵……我想诸君或者以为甚难,也许反对说我顽旧。但我有我的意思,我并不是奖励勉强记忆。我所希望熟读成诵的有两种类:一种是最有价值的文学作品,一种是有益身心的格言。好文学,是涵养情趣的工具,做一个民族的分子,总须对于本民族的好文学,十分领略,能熟读成诵,才在我们的意识里头,得着根底,不知不觉会发酵。有益身心的圣哲格言,一部分久已在我们全社会上形成共同意识,我既做社会的分子,总要彻底了解他,才不致和共同意识生隔阂。一方面我们应事接物的时候,常常仗着他给我们的光明。要平日观摩得熟,临时才用得着。我所希望熟读成诵者在此。

此梁氏主张熟读之义也。且圣哲格言,也大半出于文学书中。孔子曰:"言之不文,行之不远。"《易传》言:"修辞立其诚。"又言:"言有序。""言有物。""言之不文,行之不远。"言虽格言,必须借好文学,始能行远也。"言有序",即好文学;"有物",即格言。"修辞",亦即言好文学,须修炼。"诚",亦即格言也。三处之言,义实一贯,此孔子教人学文之说也。须熟读,始能臻此。且熟读好文学之文,在精不在多,苟有百篇烂熟于胸中,则执笔作文,自能应用裕如,盖古人之文章虽多,而如姚氏所举的"格律声色,神理气味",则一也。此如匠人造屋制器,只要能善使工具,任何材料,皆可供我造作,而工具则不过数件而已。

研究国学方法,具如上述:一识字,二习字,三看书,四读文。其中习字一项,并可为抄录之工具。其余三项,即须兼事抄录,于学问实有很深很大的益处。梁任公亦言:

我们读一部名著，看见他征引那么繁博，分析那么细密，动辄伸着舌头说道："这个人不知有多大记忆力，记得这许多东西，这是他特别的天才，我们不能学步了。"其实，哪里有这回事。好记性的人，不见得便有智慧；有智慧的人，比较的倒是记性不甚好。你看见者，是他发表出来的成果，不知他这成果，原是从铢积寸累、困知勉行得来。大抵凡一个文学者用功，总是有无数小册子或单纸片，读书看见一段资料，觉其有用者即刻抄下。（短的抄全文，长的摘要记书名，卷数，页数。）资料渐渐积得丰富，再用眼光来整理、分析它，便成一部名著。想看这种痕迹，读赵瓯北的《廿二史札记》、陈兰甫的《东塾读书记》，最容易看得出来。

这种工作，笨是笨极了，苦是苦极了，但真正做学问的人，总离不了这条路。做动植物学的人，懒得采集标本，说他会有新发明，天下怕没有这种便宜事。

发明的最初动机在注意，抄书便是促醒注意及继续保存注意的最好方法。当读一书时，忽然感觉这一段资料可注意，把它抄下，这件资料，自然有一微微的印象印入脑中，和滑眼看过不同。经过这一番后，过些时，碰着第二个资料，和这个有关系的，又把它抄下，那注意便加浓一度。经过几次之后，每翻一书，遇有这项资料，便活跳在纸上，不必劳神费力去找了。这是我多年经验得来的实况，诸君试拿一年工夫去试试，当知我不说谎。

此系梁氏告清华大学学生之言，把自己数十年治学经验，和盘托出，送给一般青年，实是治学的唯一方法，尤为研究国学的唯一方法，于识字、看书、读文，都须辅以抄录一种功夫，乃更容易进步而有得也。

第六节　研究国学须分普通与专门二项

近顷以来，青年学子，亦多知国学之重要，于是如清华大学学生，对于胡适之、梁任公，有研究国学最低限度书目之请求，胡梁二氏，亦本其所得，选定书籍，示以书目。而瑞安李笠氏，复有《三订国学用书撰要》，以告爱治国学之青年，此实为振兴国学之一动机，异日者，发扬民族精神，沟通中西文化，均可由此起点而发生无限的希望。我虽不学，亦颇愿随胡梁李三君之后而建一言，故综合三君之说，下以评判，折中一可循之办法焉。按梁氏评胡适之书目云：

> 青年学生，正苦于跑进图书馆里头，不知读什么书才好，不知如何读法，你给他一张图书馆书目，有何用处？……青年学生，因为我们是"老马识途"，虚心请教，最少也应告诉他一个先后次序。

梁氏此言,系较胡氏书目,允称中肯。其读法中,亦曾言及先后缓急,如何治法之处。但梁氏自己的《书目》及《读法》,亦是各门国学,书目平列,其性质亦与图书馆一张书目无异。何则?青年有志研究国学矣,然宜研究国学中之何一门?何一门国学,与自己性质相近?则青年学生,于国学尚未知门径,未知各门国学之意义,那么,叫他如何选择,叫他如何认定呢?此一层,李笠氏评梁氏已详论之。其言曰:

梁云:"每日所读之书,最好分两类:一类是精读的,一类是涉览的。因为我们一面要养成读书心细的习惯,一面要养成读书愉快的习惯。心不细,则毫无所得,等于白读;眼不快,则时候不够用,不能博搜资料。"梁君此言,可谓深得书中甘苦,但其所谓精读、涉览者,至不清晰。目录甲乙丙丁,每书既有部分的精读,有部分的涉览,目录戊复全部特书随时涉览,不知后之涉览,与前有何分别?如谓性质相同,则涉览书已有多种,何必复立专目?如谓补前不足,何不散入四部目中乎?且梁君自云"涉览宗旨,在博搜资料",则其所谓愉快者,亦著述之愉快耳。非若堕落文人,以无谓的小说笔记为愉快可知。则涉览书籍,更宜依类分配,使治某种学有兴趣者,多阅某类涉览书,方能博搜材料,引入佳境。(笠之《国学用书撰要》,每目之下,多列有价值的关系书籍,即本此旨。)梁君泛立涉览之名,将令人取戊部书籍尽阅之乎?则不谓之涉览矣。将令人任取一二种阅之乎?如所取阅者,与吾所治学科,了无关系,则所得愉快,适与嫖赌、看戏、看无谓的小说等耳,与博搜材料之旨,不乃大背乎?

此李氏评梁氏之失,言亦中肯。但以吾观李氏《国学用书撰要》中:甲部哲学及教育类,一百二十六部;乙部史学类,八十五部;丙部文学类,一百三十五部;丁部文字学类,六十四部;戊部类书辞典类,二十三部。此系正列之书,其附列者,尚不在内,已有四百三十五部。试问未知国学门径之青年,将从何处读起?若日择某类中之某一项读之,则青年尚未知某一类之学科,其中所说者系何种事物,何种意义,如此,与梁氏所说跑进图书馆,给他一张书目者,又何以异?即使青年已认定要治某一学科,而所选史学类之书,四史、《晋书》《南史》《北史》《新五代史》《明史》,一千一百五十六卷。正续《资治通鉴》五百十六卷。《三通》及《五礼通考》一千零十卷。亦将从何处读起?而李氏又言二十四史,终须一读,则试问青年,何能有如此时间、如此精力乎?如云专精一史,则青年知何史宜研究、何史不宜研究乎?若云涉览,则通鉴之事迹与正史之纪传,三通之制度与正史之书志,又属重叠,青年又何必费此无益之精力与光阴乎?又其丙部文学类,仅《文苑英华》一部,已有一千卷;而《全唐诗》九百卷外,又列李白、杜甫、白居易、王维、孟浩然、韦应物、李长吉、韩愈、李商隐、温庭筠诸人之专集，岂不又重叠乎？且《全唐诗》非如他家之选本，可以见其有取去之处，则欲读李、杜、王、孟诸家诗者，何不即于《全唐诗》中求之乎？若曰李、杜等集，因有佳注，必须读之，则李氏亦未有一言相示也。夫文史二学，其书最繁，欲研究者亦最众，而李氏只知多列其书，未言其先后次序之读法，青年将何所适从乎？

综观胡、梁、李三家所选书目，胡氏因遗史部，至《史记》《资治通鉴》等重要典籍，不为列入，遂为梁氏所讥。李氏评判二氏，而已于文学类收迷信无谓之小说《太平广记》五百卷，而独不录《水浒传》《红楼梦》等有价值、有关文艺之作品，我亦不解其用意何在也。

所以者何？三君者，固皆欲本其所得以指示青年者也。因平列书目之故，于是左一部为重要典籍，为治国学者所不可不读，遂不得不收；右一部为有名著述，亦为治国学者所不可不知，遂不得不列。结果，则要籍名著，所遗尚多，其所选者，又非一人之精力时间，所能毕治，与跑进图书馆，给他一张书目无以异也。

吾思之，吾重思之，欲解决此问题，须将国学书籍，分为普通的与专门的两项：普通的，凡有志研究国学者，所必须读者也；专门的，至普通的书籍研究以后，已能知各学之性质与意义，然后按性之所近、心之所好，从事研究，精益求精，无有止境也。此法亦如今之学制，普通的为中学，专门的为大学专门学也。马瀛氏之《国学概论》，颇知此意，曾选必须读之书三十种，唯未明言其所以然之理由。今将马氏所选三十种中，重加损益，更立一表，使青年学子有志研究国学者，按表为之，三年可以毕业，如是，则于国学门径与概况，已可明了，有志精进者，更为专门之学。即不事专门学，而有此三十一种书为之根基，其余各种，不治亦无害；治之，亦将左右逢源，迎刃而解也。

兹将所选三十一种书目及说明列下，后再以表分配之。

经学　《易》《书》《诗》《左传》《礼记》《论语》《孟子》

子学　《老子》《庄子》《墨子》《荀子》《韩非子》

以上各书仅读白文辅以经典释文。

理学　《近思录》《传习录》

史学　《史记》《资治通鉴》《续资治通鉴》《明史纪事本末》《三通考辑要》《圣武记》《先正事略》

文学　《古文辞类纂》《古诗源》《五诗别裁》《词选》《水浒传》《红楼梦》

小学　《文字蒙求》《说文通训定声》《经典释文》(此书为读经、子学而设，附列于此)　《经籍纂诂》(此书为读一切书检查字之音、义而设)

【说明】

（一）经子仅读白文,不用注解者,因注者皆各是其是,入主出奴,读之,反横生枝节。陆氏《释文》,仅训字义,以之辅读,自能明其意义。有未喻者,可更求《经籍纂诂》以释之。

（二）《近思录》为程朱派理学菁华,《传习录》为阳明派理学菁华。读此二书,已能知二派理学之基本原则。

（三）史有纪传、编年、纪事本末三体,各有所长,亦各有所短,今取三体中最著者各一部,而年代事迹,亦上下相接,读之已能知历代之大概。

（四）《文献通考》太繁重,而所述仅至宋而止,欲知元、明、清制度,更须读《续通考》《清通考》。三书卷已盈千,非初学所宜。清末汤寿潜《三通考辑要》一书,贯串古今,大概已具,书仅二十本,最便普通的国学,故列之。

（五）清代历史,尚无可读之书。魏源之《圣武记》,虽仅记武功,然清代开国,及与亚东各民族交涉征战诸事,大旨已备;而文笔简练,叙事明晰,并可参作文学书读。

（六）一代大事,总与一代名臣有关,李元度之《国朝先正事略》,采辑亦颇谨严,初学欲知清代大事,此书亦颇相宜。

（七）《文选》虽为选本之祖,而体例杂乱,初学读之,于文体必多混淆,其中佳文,亦多选入《古文辞类纂》《古诗源》中,故不录。《古文辞类纂》不但体例分明,选择精审,其于

《史记》《战国策》《汉书》《文选》、诸文赋异同之字，皆斟酌最妥适者而用之；而复将不用之字，注之于下，学者可以知数书文字之异同与优劣。

（八）《水浒》《红楼梦》，为中国小说之最佳者，即不列入，青年亦必求而阅之。不如列之，使知所适从焉。

（九）《文字蒙求》与《说文通训定声》二书之性质与效用，已详识字条中，兹不再及。

（十）《易》《书》《诗》《论语》《孟子》《老子》，为全读的书。《左传》、《礼记》、《庄子》、《墨子》、《荀子》、《韩非子》、《史记》（读《菁华录》）、《古文辞类纂》、《古诗源》、《五诗别裁》、《词选》，为看而兼选读的书。《近思录》、《传习录》、两《通鉴》、《明史纪事本末》、《三通考辑要》、《圣武记》、《先正事略》、《水浒传》、《红楼梦》，为全看的书。《经典释文》《经籍纂诂》，为看读他书时参考的书。其先后次序见下表。

治普通国学年月表

第一年

月＼课	子	丑	寅	卯	辰	巳	午	未	申	酉	戌	亥
识字 半小时	《文字蒙求》选录	《文字蒙求》选录	《文字蒙求》选录	《文字蒙求》选录	《说文通训定声》选录	《说文通训定声》选录	《说文通训定声》选录	《说文通训定声》选录	《说文通训定声》选录	《说文通训定声》选录	《说文通训定声》选录	《说文通训定声》选录
习字 半小时	映写楷书	映写楷书	映写楷书	映写楷书	映写楷书	映写楷书	映写楷书	映写楷书	映写楷书	映写楷书	映写楷书	映写楷书
读看书 一	《论语》全读	《论语》全读	《论语》全读	《论语》全读	《孟子》全读	《孟子》全读	《孟子》全读	《孟子》全读	《荀子》选读	《荀子》选读	《荀子》选读	《荀子》选读
看书 一	《史记》日一卷	《史记》日一卷	《史记》日一卷	《史记》日一卷	《通鉴》日一卷	《通鉴》日一卷	《通鉴》日一卷	《通鉴》日一卷	《通鉴》日一卷	《通鉴》日一卷	《通鉴》日一卷	《通鉴》日一卷
读文 一	《古文辞类纂》选读	《古文辞类纂》选读	《古文辞类纂》选读	《古文辞类纂》选读	《古文辞类纂》选读	《古文辞类纂》选读	《古文辞类纂》选读	《古文辞类纂》选读	《古文辞类纂》选读	《古文辞类纂》选读	《古文辞类纂》选读	《古文辞类纂》选读

（续表）

第一年

课＼月	子	丑	寅	卯	辰	巳	午	未	申	酉	戌	亥
看书二	《水浒传》	《水浒传》	《水浒传》	《水浒传》	《红楼梦》	《红楼梦》	《红楼梦》	《红楼梦》	书看以后可移或入他项自补，未竟可行熟选	书看以后可移或入他项自补，未竟可行熟选	书看以后可移或入他项自补，未竟可行熟选	书看以后可移或入他项自补，未竟可行熟选
读文二	《古诗源》选读	《古诗源》选读	《古诗源》选读	《古诗源》选读	《五诗别裁》选读	《五诗别裁》选读	《五诗别裁》选读	《五诗别裁》选读	《五诗别裁》选读	《五诗别裁》选读	《五诗别裁》选读	《五诗别裁》选读

第二年

课＼月	子	丑	寅	卯	辰	巳	午	未	申	酉	戌	亥
识字半小时	《说文通训定声》选录	《说文通训定声》选录	《说文通训定声》选录	《说文通训定声》选录	《说文通训定声》选录	《说文通训定声》选录	《说文通训定声》选录	《说文通训定声》选录	《说文通训定声》选录	《说文通训定声》选录	以后自行研究	以后自行研究

（续表）

<table>
<tr><th rowspan="2">课</th><th>月</th><th colspan="12">第二年</th></tr>
<tr><th>年</th><th>子</th><th>丑</th><th>寅</th><th>卯</th><th>辰</th><th>巳</th><th>午</th><th>未</th><th>申</th><th>酉</th><th>戌</th><th>亥</th></tr>
<tr><td>习字半小时</td><td></td><td>临欧王苏赵碑帖</td><td>临欧王苏赵碑帖</td><td>临欧王苏赵碑帖</td><td>临欧王苏赵碑帖</td><td>临欧王苏赵碑帖</td><td>临欧王苏赵碑帖</td><td>临欧王苏赵碑帖</td><td>临欧王苏赵碑帖</td><td>临欧王苏赵碑帖</td><td>临欧王苏赵碑帖</td><td>临欧王苏赵碑帖</td><td>临欧王苏赵碑帖</td></tr>
<tr><td>读看书一</td><td></td><td>《礼记》选读</td><td>《礼记》选读</td><td>《礼记》选读</td><td>《礼记》选读</td><td>《老子》全读《庄子》选读</td><td>《庄子》选读</td><td>《庄子》选读</td><td>《庄子》选读</td><td>《墨子》选读</td><td>《墨子》选读</td><td>《韩非子》选读</td><td>《韩非子》选读</td></tr>
<tr><td>看书一</td><td></td><td>《通鉴》日一卷</td><td>《通鉴》日一卷</td><td>《续通鉴》日一卷</td><td>《续通鉴》日一卷</td><td>《续通鉴》日一卷</td><td>《续通鉴》日一卷</td><td>《续通鉴》日一卷</td><td>《续通鉴》日一卷</td><td>《续通鉴》日一卷</td><td>《续通鉴》日一卷</td><td>《明史纪事本末》日一卷</td><td>《明史纪事本末》日一卷</td></tr>
<tr><td>读文一</td><td></td><td>《古文辞类纂》选读</td><td>《古文辞类纂》选读</td><td>《古文辞类纂》选读</td><td>《古文辞类纂》选读</td><td>《古文辞类纂》选读</td><td>《古文辞类纂》选读</td><td>《古文辞类纂》选读</td><td>《古文辞类纂》选读</td><td>《古文辞类纂》选读</td><td>《古文辞类纂》选读</td><td>《古文辞类纂》选读</td><td>《古文辞类纂》选读</td></tr>
</table>

（续表）

第二年

课＼月	子	丑	寅	卯	辰	巳	午	未	申	酉	戌	亥
看书二	以后看书或移入他项可自行熟选末	以后看书或移入他项可自行熟选末	以后看书或移入他项可自行熟选末	以后看书或移入他项可自行熟选末	以后看书或移入他项可自行熟选末	以后看书或移入他项可自行熟选末	以后看书或移入他项可自行熟选末	以后看书或移入他项可自行熟选末	以后看书或移入他项可自行熟选末	以后看书或移入他项可自行熟选末	以后看书或移入他项可自行熟选末	以后看书或移入他项可自行熟选末
读文二	选读《五诗别裁》	选读《五诗别裁》	选读《五诗别裁》	选读《五诗别裁》	选读《五诗别裁》	选读《五诗别裁》	选读《五诗别裁》	选读《五诗别裁》	选读《五诗别裁》	选读《五诗别裁》	选读《五诗别裁》	选读《五诗别裁》

第三年

课＼月	子	丑	寅	卯	辰	巳	午	未	申	酉	戌	亥
半小时识字	以后自行研究	以后自行研究	以后自行研究	以后自行研究	以后自行研究	以后自行研究	以后自行研究	以后自行研究	以后自行研究	以后自行研究	以后自行研究	以后自行研究

（续表）

第三年

年月＼课	子	丑	寅	卯	辰	巳	午	未	申	酉	戌	亥
习字半小时	以后自选临习	以后自选临习	以后自选临习	以后自选临习	以后自选临习	以后自选临习	以后自选临习	以后自选临习	以后自选临习	以后自选临习	以后自选临习	以后自选临习
读看书一	《韩非子》选读	《韩非子》选读	《诗经》全读	《诗经》全读	《诗经》全读	《诗经》全读	《尚书》全读	《周易》全读	《周易》全读	《近思录》看	《近思录》看	《传习录》看
看书一	《明史纪事本末》日一卷	《圣武记》随读	《圣武记》随读	《先正事略》	《先正事略》	《三通考辑要》	《三通考辑要》	《三通考辑要》	《三通考辑要》	《三通考辑要》	《三通考辑要》	《三通考辑要》
读文一	《史记》菁华读录	《史记》菁华读录	《史记》菁华读录	《史记》菁华读录	《史记》菁华读录	《史记》菁华读录	《左传》选读	《左传》选读	《左传》选读	《左传》选读	《左传》选读	《左传》选读

（续表）

月\课	第三年											
年	子	丑	寅	卯	辰	巳	午	未	申	酉	戌	亥
看书二	书看后以移入他项自补项目竟未行熟选	书看后以移入他项自补项目竟未行熟选	书看后以移入他项自补项目竟未行熟选	书看后以移入他项自补项目竟未行熟选	书看后以移入他项自补项目竟未行熟选	书看后以移入他项自补项目竟未行熟选	书看后以移入他项自补项目竟未行熟选	书看后以移入他项自补项目竟未行熟选	书看后以移入他项自补项目竟未行熟选	书看后以移入他项自补项目竟未行熟选	书看后以移入他项自补项目竟未行熟选	书看后以移入他项自补项目竟未行熟选
读文二	选读《词选》	选读《词选》	选以后可自行									

注：朱子有《读书分年日程》，清陈文恭公有《读书分月课程》，此表参配朱陈而以现今应读之书入之，未便之处，学者可自行酌改，此不过示大概而已。

第二编

第一章　经学总论

第一节　经的名称

何谓经学？一般人必率口而答曰："经学者,研究群经之学也。"然则"经"之意义云何？何书宜称为"经"？则虽老于典籍者,亦迟疑而未能即答矣。即答,亦不过含混其词,未能明白宣示其意义也。今姑以"经"之一字而论,已解释纷纭,莫衷一是,举其最著者,如章太炎所著《国故论衡》"文学总略"云：

> 案"经"者,编丝缀属之称,异于百名以下用版者,亦犹浮屠书称"修多罗"。"修多罗"者,直译为"线",译义为"经"。盖彼以贝叶成书,故用线联贯也。此以竹简成书,亦编丝缀属也。"传"者,"专"之假借,《论语》"传不习乎",《鲁》作"专不习乎"。《说文》训"专"为"六寸簿",簿即手版,古谓之忽(今作笏)。"书思对命",以备忽忘,故引申为书籍记事之称。书籍名簿,亦名为专,专之得名,以其体短,有异于经。郑康成《论语序》云："《春秋》二尺四寸,《孝经》一尺二寸,《论语》八寸。"此则专门

之简策，当复短于《论语》，所谓六寸者也。"论"者，古但作"仑"，比竹成册，各就次第，是之谓仑。箫亦比竹为之，故"龠"字从"仑"，引申则乐音有秩亦曰仑，"于论鼓钟"是也。言说有序亦曰仑，"坐而论道"是也。《论语》为师弟问答，乃亦略记旧闻，散为各条，编次成帙，斯曰《仑语》。是故绳线联贯谓之经，簿书记事谓之专，比竹成册谓之仑，各从其质，以为之名。

章氏此说，于经、传、论等字义之假借引申，可谓详尽，唯于中国所以尊经之故，则未说明。且如郑康成《论语序》所言，则经、传、论之分别，不过因书籍之长短而已。古用竹简，或可借以见经、传、论之分别，然何以或需长、或需短之意，亦未明言。至以绳线连缀为言，则凡一切线装书，都可称经，于义亦未允适也。次则刘师培于《经学教科书》云：

> 许氏《说文》"经"字下云："织也。从糸，巠声。"盖经字之义，取象治丝，纵丝为经，横丝为纬，引申之则为组织之义。……六经为上古之书，故经书之文，奇偶相生，声韵相协，以便记诵，而藻绘成章，有参伍错综之观。古人见经文之多文言也，于是假治丝之义而锡以"六经"之名。即群书之文言者，亦称之为经，以与鄙词示异。后世以降，以"六经"为先王之旧典也，乃训经为法；又以"六

经"为尽人所共习也,乃训经为常。

如刘氏言,以"多文言"者为经,则古书大抵皆文言也,岂可都称为经? 又以"奇偶相生,声韵相协"为经,则如《春秋》多以一字为一句,且无偶词,何以亦称为经? 唯"以六经为旧典""乃训经为法",更进而"训经为常",义则可通。世界各民族,亦大抵以最早出之旧典为经,例如基督教人以《旧约》《新约》为经,伊斯兰教人以《可兰经》为经,乃至佛藏中有佛经,道藏中有道经,又如古时道家有《道德经》《南华经》,墨家有《墨经》,楚之词人,称屈原之作为《离骚经》,皆因尊之之故。儒家所诵习之六艺,后人尊之为六经,本此意耳。

第二节 经的种类

经之名称,既如上述,唯以何几部旧典应称为经,则又众说纷纭,莫衷一是。据一般人所称的"十三经"而言,则:一《周易》,二《尚书》,三《诗》(现称《诗经》),四《周礼》,五《仪礼》,六《礼记》,七《春秋左氏传》,八《春秋公羊传》,九《春秋穀梁传》,十《孝经》,十一《论语》,十二《孟子》,十三《尔雅》——此世俗所谓"十三经"也。但其中杂以传记、子书、训诂等书,混称为经,实为未当。清人龚自珍曾非之曰:

　　何谓传？《书》之有大小夏侯、欧阳，传也。《诗》之有齐、鲁、韩、毛，传也。《春秋》之有公羊、穀梁、左氏、邹氏、夹氏，亦传也。何谓记？大小戴氏所录凡百三十有一篇，是也。何谓群书？《易》之有《淮南道训》，古五子十八篇，群书之关《易》者也。《书》之有《周书》七十一篇，群书之关《书》者也。《春秋》之有《楚汉春秋》《太史公书》，群书之关《春秋》者也。然则《礼》之有《周官》《司马法》，群书之颇关礼经者也。……何居乎后世有"七经""九经""十经""十二经""十三经""十四经"之喋喋也？或以传为经，公羊为一经，穀梁为一经，左氏为一经。审如是，则韩亦一经，齐亦一经，鲁亦一经，毛亦一经，可乎？欧阳一经，两夏侯各一经，可乎？《易》三家，《礼》分庆、戴，《春秋》又有邹、夹，汉世总古今文，为经当十有八，何止十三？……或以记为经，大小戴二《记》毕称经。夫大小戴二《记》，古时篇篇单行。然则礼经外，当有百三十一经。或以群书为经，《周官》晚出，刘歆始立，……后世称为经，是以述刘歆，非述孔子。……及以《论语》《孝经》为经，假使《论语》《孝经》可名经，则向早名之，且曰"序八经"，不曰"序六艺"矣。……后世以传为经，以群书为经，以子为经，犹以为未快意，则以经之舆台为经，《尔雅》是也。《尔雅》者，释《诗》《书》之书。所释，又《诗》《书》之肤末，及使之与《诗》《书》抗，是尸祝舆台之鬼,配食昊天上帝也。

龚氏此文,痛斥世俗所称"十三经"之非,最为直截明白。故"十三经"之名,实不能成立也。

龚氏言"向序六艺""不曰序八经",向即汉代大儒刘向,曾以《易》《书》《诗》《礼》《乐》《春秋》称六艺,《汉书·艺文志》因之有六艺略,后《乐》经亡失(或言"乐"是一种乐器,本无其书),只有《易》《书》《诗》《礼》《春秋》五种,儒家尊之为"五经"。如大、小戴氏之《礼记》,公羊、榖梁、左氏之《春秋传》,只宜附经而行,不当称之为经。后世以经义试士,一般人以《仪礼》《春秋》简奥无趣,乃改读小戴《礼记》《春秋左传》,称为"五经",是以记传代经,此科举时代之所谓"五经"也。(其实《春秋》在明代清初,系用宋人胡安国所作之传,至乾隆时,始改习《左传》。)

自宋儒倡"道统"之说,以为"道"必有所传授,以孔子之道,传于曾子,曾子传于子思,子思传于孟子,于是抽小戴《礼记》中之《大学》《中庸》二篇,合于《论语》《孟子》,名为"四书"。以《大学》为曾子作,《中庸》为子思作(《中庸》非子思作,清人袁枚已言之。其说以为孔子、孟子皆山东人,故举所见,必曰泰山。《中庸》则称华岳,明系汉西京人所作)。如是,则道统有传授,而以自己周、程、张、朱拟之。其实《大学》《中庸》,不过小戴《礼记》中之一篇章,与其余各篇,皆七十子后学及秦

49

汉间儒家之作品,性质价值亦相等,无合为"四书"之必要;且因此而本在子部之《孟子》,亦列于"十三经",皆错误之举也。

或曰:《礼记》《孟子》《尔雅》等,不宜称经,固矣。若《论语》《孝经》,岂亦不宜称经乎?曰:经因孔子而尊,非孔子因经而尊。孔子之声价,本在经之上。孔子为儒家之祖,则《论语》为孔子言行之所在,自宜立于儒家之首,以为后世之师表。孟子继孔子而兴,与荀子亦在伯仲之间,同归儒家,所以核其实,尊其人非将其书出之于经外,即为薄其人也。若夫《孝经》,孔子称字,曾子称子,明为曾子门人所作。其体例,与《礼记》中之《仲尼闲居》《仲尼燕居》同。其价值,亦不过与《儒行》等篇等,实不必强立经类,以混淆称尊也。至于《尔雅》,诚如龚氏所言,系解释《诗》《书》之书,其价值亦与后世所出之《广雅》等,徒以妄人指为周公所作,乃混于经部之中,实谬误之甚也。归之小学,名副其实,斯为允耳。今定经的种类:曰《易》,曰《书》,曰《诗》,曰《春秋》,曰《礼》,而《礼记》一书,经部中与儒家中并列,则因记者,本为解释礼意而作。而与儒家之礼教,又不可分故也。旧目录家,皆以《礼》次《诗》后而居于《春秋》之前,今易其地位者,以《易》《书》《诗》《春秋》,皆经由孔子之手,《仪礼》一书,撰自何人,卒无人能言之。以之与孔子手订之书相杂,实为未安。而礼教与儒家,本为一体,使与儒家之说相衔接,使人知治礼者必尊儒,而尊儒者亦必须治礼,此区区之微意也。

第三节　经的源流　上

经自秦火烧后，几经授受，至汉而复出，在当时即有今文家、古文家之相争。今文家之言曰：六经皆孔子所作，以之治百世之书。古文家则以《论语》记孔子自言，"述而不作"，六经皆为旧史，孔子特述之以成典籍而已。二说相持，至清末而未已（其相争之说，后节述之）。今按《论语》中屡称《诗》云《书》云，可见《诗》《书》等经，实出在孔子之前，可无疑义。又《国语·楚语》，记楚庄王使士亹傅太子箴，士亹问于申叔时，叔时曰：

> 教之"春秋"而为之耸善而抑恶焉，以戒劝其心。教之"世"而为之昭明德而废幽昏焉，以休惧其动。教之"诗"而为之导广显德，以耀明其志。教之"礼"使知上下之则。教之"乐"以疏其秽而镇其浮。教之"令"使访物官。教之"语"使明其德，而知先王之务明德于民也。教之"故志"使知废兴者而戒惧焉。教之"训典"使知族类，行比义焉。

此皆孔子以前旧有之典籍也。其中"诗""礼""乐"，即六艺中之三项。"令""语""训典"，似即《尚书》中之典、谟、誓、诰之类，当时或尚在散行，未集成一籍。"春秋"，孔子所修者为鲁史，此所教，自属楚史，或即《孟子》中所言楚之"梼杌"。"故志"，系古代帝王之史，故可知废兴而戒惧，如后世之史鉴。其间唯无《易》，则因《易》系卜筮者所通习，不必以之教太子也。此皆孔子以前之典籍，经孔子后，遂称为六艺耳。

至孔子删订六艺之事，载于《史记·孔子世家》：

孔子之时，周室微而礼乐废，《诗》《书》缺。追迹三代之礼，序《书传》，上纪唐虞之际，下至秦缪，编次其事。……观殷夏所损益，曰："后虽百世可知也，以一文一质，周监二代，郁郁乎文哉，吾从周。"故《书传》《礼记》自孔氏。

《诗》……三百五篇，孔子皆弦歌之，以求合《韶武》《雅颂》之音，礼乐自此可得而述，以备王道，成六艺。

孔子晚而喜易，序《彖》《系》《象》《说卦》《文言》。读《易》，韦编三绝，曰："假我数年，我于《易》则彬彬矣。"

孔子以诗、书、礼、乐教，弟子盖三千焉，身通六艺者，七十有二人。……

鲁哀公十四年春，狩大野，叔孙氏车子鉏商获兽，以为不祥。仲尼视之曰："麟也。"取之，曰："河不出图，雒不出书，吾已矣夫！"颜渊死，孔子曰："天丧予！"及西狩见麟，曰："吾道穷矣！"喟然欢曰："莫知我夫！"……

子曰："……吾道不行矣，吾何以自见于后世哉？"乃因史记作《春秋》，上至隐公，下讫哀公十四年，十二公。据鲁，亲周，故殷，运之三代。约其文辞而指博。故吴楚之君自称王，而《春秋》贬之曰"子"。践土之会，实召周天子，而《春秋》讳之，曰"天王狩于河阳"。推此类以绳当世。贬损之义，有王者举而开之。《春秋》之义行，则天下乱臣贼子惧焉。

孔子在位听讼，文辞有可与人共者，弗独有也。至于为《春秋》，笔则笔，削则削，子夏之徒，不能赞一辞。……

此记孔子删述六艺之事也。因司马迁此篇，其事迹系采自各书，故其文似断似续，不甚连贯，而于孔子删述六艺一节，其中复含有疑义，如：（一）序《书传》《诗》皆弦歌之以后云"以上备王道，成六艺"，是六艺已成矣。乃下则接以"孔子晚而喜易，序《彖》《系》《象》……"是《易》未在六艺之内矣。（二）"孔子以诗、书、礼、乐教，弟子盖三千焉，身通六艺者，七十有二人。"乃下始叙"鲁哀公十四年春，狩大野……获麟……"之事，则《春秋》亦在六艺之外矣。然则所谓六艺者，其中究竟有否《易》与《春秋》，是一极大疑案。今以我研索而得之假设：所谓六艺者，乃周代通行之礼、乐、射、御、书、数，六项艺事也。孔子曾以诗、书及礼、乐、射、御、书、数教弟子，而礼、乐、射、御、书、数，虽日在学习，本无书籍。后人牵于六艺之名，乃以《易》与《春秋》，合于《诗》《书》，又取周时社会间所行之礼节单（《仪礼》），附以乐器之名目，强名之曰"六艺"。汉人不知此变换，遂以六艺为孔子所删定，垂之后世，乃一成而不变矣。唯两千年来，六艺与六经，相沿混称，仍之亦无不可耳。

至六艺变为六经以后，又值汉代之极力尊崇，学者之思想，亦为之一致。观《史记·太史公自序》，在司马谈之时，尚是六家之学说并重，故有谈之"论六家要旨"。及迁时，则已以六经为唯一之圣典矣。故其《自序》文中云：

> 《易》著天地阴阳四时五行，故长于变。《礼》经纪人伦，故长于行。《书》纪先王之事，故长于政。《诗》记山川、鸡谷、禽兽、草木、牝牡、雌雄，故长于风。《乐》，乐所以立，故长于和。《春秋》辩是非，故长于治人。是故《礼》以节人，《乐》以发和，《书》以道事，《诗》以达意，《易》以道化，《春秋》以道义。

此即六经之大义也。在司马谈以前，如《庄子》，如《荀子》，如《商君书》，皆以六艺（即六经）为儒家一家之学，至司马迁以后，则以六经为天下人之学矣，此亦中国历史一大关键也。

第四节　经的源流　下

　　六艺经孔子定后，儒家奉为经典，具如上述。自孔子殁后，以至汉初，虽传授者不绝于世，然据汉代经师之言，以为孔子在时，对于当世诸侯大夫，多有所刺讥，又恐遭祸患，故如《春秋》一经，特简约其文辞，而以微言大义，密授于弟子。孔子自言"述而不作"，即是此意。因此之故，经中之微言大义，必得传而始显，盖虽云"述"，实等于"作"也。近人冯友兰作《儒家对于婚丧祭礼之理论》一文，言之颇为亲切，今约录如下：

　　　"述而不作"四字，虽孔子以之自谓，但后来的儒家，却并不止此了。他们所讲的学问，虽仍是"《诗》云""《书》曰"，但他们已竟将其解释引申，与之以新意义了。他们所赞成拥护的政治、社会制度，虽仍是周礼，但他们已将其理想化、理论化，与之以新根据了。这不是"述而不作"，这是"以述为作"。这种倾向与精神，孔子已开其端。在《春秋》中，他已经找出一个"正名主义"。……孔子又说："诗，可以兴，可以观，可以群，可以怨，迩之事父，远之事君。"可见孔子讲诗，已不只是死板板的咬文嚼字了。"林放问礼之本"，孔子说："礼，与其奢也，宁俭；与其易也，宁戚。"又说："礼云礼云，玉帛云乎哉？乐云乐云,钟鼓云乎哉?"又说:"礼之用,和为贵;先王之道,斯为美。"可见孔子讲礼讲乐,已经不只是死板板的只注意于其形式节奏了。这种精神,传之于后来儒家,孟子、荀子及所谓七十子后学,大家努力于"以述为作",才构成了儒家思想。所以《易》是本有的,是儒家所述,而《系辞》《文言》等却是儒家所作。而《易》在思想史上的价值,也就在《系辞》《文言》等。《春秋》是本有的,是儒家所述,而《公羊》等传,却是儒家所作。而《春秋》在思想史上的价值,也就在《公羊》等传。《仪礼》是本有的,是儒家所述,而《礼记》却是儒家所作。而《礼记》在思想史上的价值,却又远在《仪礼》之上。照这方面看起来,所谓古文家以六经皆史,孔子只是"述而不作",固然不错;而所谓今文家以为孔子只是作而不述,亦非毫无根据。照这方面看起来,后来之以孔子为先圣兼先师,即所谓至圣先师,亦不为大错。因为若使《周易》离了《系辞》《文言》等,不过是卜筮之书。《春秋》离了《公羊》等传,不过是"断烂朝报"。《仪礼》离了《礼记》,不过是个礼单。它们即不能有它们在数千年间所有的影响。在中国历史中,自汉迄清,有大影响于人心的,不是《周易》,而是带《系辞》《文言》等的《周易》。不是《春秋》,而是带《公羊》等传的《春秋》。不是《仪礼》,而是有《礼记》为根据的《仪礼》。……

……总之，孔子虽是"述而不作"，但却已开了一种
"以述为作"的倾向，立了一种"以述为作"的精神。后来
儒家孟、荀及"七十子后学"，都是本着这个精神，照着这
个倾向，往前进行。所以他们的知识虽有超过孔子之处，
但他们却仍然不能不奉孔子为领袖，为代表。在这一点，
孔子的人格，自然也很有影响。……

　　上面所述，系说经与传的关系，所以能发生很大的影响，
其言极为中肯。至孔子如何以六艺教弟子，则冯友兰氏又有
《孔子在中国历史上之地位》一文，也说得极为平允。文云：

　　后人为什么以六艺为特别与孔子有密切的关系？这
是由于孔子以六艺教学生之故。以六艺教人，并不必始
于孔子，如《国语》士亹教楚太子之功课表中，也即有
《诗》《礼》《乐》《春秋》《故志》等。《左传》《国语》中所
载当时人物应答之辞，都常引《诗》《书》。他们交接用
《礼》，卜筮用《易》，可见当时至少有一部分的贵族人物，
都读过这些书，受过这等教育。不过孔子却以六艺教一
般人之第一人。……别家如道、墨等，皆注重其自家之一
家言，如《庄子·天下》篇说墨家弟子诵《墨经》。但孔子
则是一个教育家。他讲学的目的，在于养成"人"，养成为
国家服务的人，并不在于养成某一家的学者。所以他教

学生读各种的书,学各种功课。所以颜渊说:"博我以文,约我以礼。"《庄子·天下》篇讲及儒家,即说:"《诗》以道志,《书》以道事,《礼》以道行,《乐》以道和,《易》以道阴阳,《春秋》以道名分。"这六种,正是儒家教人的六种功课。

……

孔子以以前已有的成书教人。教之之时,如廖季平所谓"选诗选文",或亦有之。教之之时,随时讲解,或亦有之。如《论语》:"'不恒其德,或承之羞。'子曰:'不占而已矣。'"《易·系辞传》对于诸卦爻辞之引申解释之冠以"子曰"者,虽非必果系孔子所说,但孔子讲学时,可以对《易》有类此之解释。如以此等"选诗选文",此等随时讲解,为"删正六经",为"赞易",则孔子实可有"删正"及"赞"之事。……后来儒家,因仍旧贯,仍继续用六艺教人,恰又因别家只讲自家新学说,不讲旧书,因之六艺遂似专为儒家所有,为孔子所制作,而删正(如果有删正)亦即似有重大意义矣。

……

……但此等教育,并不是一般人所能受。不但当时之平民未必有机会受此等完全教育,即当时之贵族亦未必尽人皆有受此等完全教育之机会。韩宣子系晋世卿,然于到鲁办外交之时,"观太史氏书",始得"见'易象'与

'鲁春秋'"。季札亦到鲁方能见各国之诗与乐。可见《易》《春秋》《乐》《诗》等，在当时乃是极名贵的典籍学问。

孔子则抱定"有教无类"之宗旨，"自行束修以上，吾未尝无诲焉"。如此大招学生，不问身家，凡缴学费者即收，一律教以各种功课，教读各种名贵典籍，此实一大解放也。故以六艺教人，或不始于孔子；但以六艺教一般人，使六艺民众化，则实始于孔子。

……以后则各家蜂起，竞聚生徒，然此风实孔子开之。

冯氏此文，于孔子以六艺教人的旨义，及六艺因孔子而成为民众化，皆极其重要，皆发他人所未发，故特详录之。

第五节　汉代经师今古文之争

汉代经师之争今古文，为经学中一重大公案，直至清末，尚断断末已，故此事为治经者，所不可不知者也。按所谓古文者，因孔子时之经书，所写于竹简的，皆为古代篆书，或称大篆，或称古文。经秦始皇焚书坑儒，人皆不敢藏书，儒家欲保守经典，只得于师弟间口相授受，而文字则在秦时，已由李斯改为小篆，汉又改行隶书。至汉室搜求遗书，一班儒生，将自己受于师授之经,以汉代之隶书写之,上于朝廷,是为"今文经"。武帝末,鲁恭王欲广其居,乃坏孔子宅,于壁间得古字经书,由孔子之后孔安国献之,因遭巫蛊事,未得列于学官,所谓"古文经"也。

今文学之传授者,在汉初,《易》有施雠、孟喜、梁丘贺、京房诸人,《书》有欧阳高、夏侯廷、夏侯胜(二夏侯,又称大小夏侯),《诗》有鲁人申培,齐人辕固生,燕人韩婴,《礼》有后仓、戴德、戴圣(二戴,亦称大小戴),《春秋》有公羊高、穀梁亦,等等。当时各家,均立博士,列于学官,故有十四博士之目。古文学则自孔安国以外,汉时又有费氏《易》,毛公《诗》,左氏《春秋》及《周官》诸书是也。《周官》后改称《周礼》,皆未列学官,而两方相持之争论,则古文家诋今文家为"口说无凭",今文家斥古文家则曰"向壁虚造",旗鼓相当,卒莫衷一是。主持古文学者,以刘歆为巨擘,《汉书·刘歆传》称:

> 歆校秘书,见古文《春秋左氏传》,歆大好之。时丞相史尹咸以能治《左氏》,与歆共校经传,歆略从咸及丞相翟方进受,质问大义。初《左氏传》多古字古言,学者传训故而已,及歆治《左氏》,引传文以解经,转相发明,由是章句义理备焉。……歆以为左丘明好恶与圣人同,亲见夫子,而公羊、穀梁在七十子后,传闻之与亲见之,其详略不同。歆数以难向,向不能非间也,然犹自持其《穀梁》义。及歆

亲近,欲建立《左氏春秋》及《毛诗》《逸礼》《古文尚书》,皆列于学官。哀帝令歆与五经博士,讲论其义,诸博士或不肯置对,歆因移书太常博士,责让之曰:

……汉兴,去圣帝明王遐远,仲尼之道又绝,法度无所因袭。时独有一叔孙通,略定礼仪,天下唯有《易》卜,未有它书。至孝惠之世,乃除挟书之律,然公卿大臣绛、灌之属,咸介胄武夫,莫以为意。至孝文皇帝,始使掌故朝错,从伏生受《尚书》。《尚书》初出于屋壁,朽折散绝,今其书见在,时师传读而已。《诗》始萌牙。天下众书往往颇出,皆诸子传说,犹广立于学官,为置博士。在汉朝之儒,唯贾生而已。至孝武皇帝,然后邹、鲁、梁、赵,颇有《诗》《礼》《春秋》先师,皆起于建元之间。当此之时,一人不能独尽其经,或为《雅》,或为《颂》,相合而成。《泰誓》后得,博士集而读之。故诏书称曰:"礼坏乐崩,书缺简脱,朕甚闵焉。"时汉兴已七八十年,离于全经,固已远矣。

及鲁恭王坏孔子宅,欲以为宫,而得古文于坏壁之中,《逸礼》有三十九,《书》十六篇,天汉之后,孔安国献之,遭巫蛊仓卒之难,未及施行。及《春秋》左氏丘明所修,皆古文旧书,多者二十余通,臧于秘府,伏而未发。孝成皇帝闵学残文缺,稍离其真,乃陈发秘臧,校理旧文,得此三事,以考学官所传,经或脱简,传或间编。传问民间,则有鲁国桓公，赵国贯公，胶东庸生之遗学与此同，抑而未施。此乃有识者之所惜闵，士君子之所嗟痛也。往者缀学之士，不思废绝之阙，苟因陋就寡，分文析字，烦言碎辞，学者罢老，且不能究其一艺，信口说而背传记，是末师而非往古，至于国家将有大事，若立辟雍、封禅、巡狩之仪，则幽冥而莫知其原。犹欲保残守缺，挟恐见破之私意，而无从善服义之公心，或怀妒嫉，不考情实，雷同相从，随声是非，抑此三学，以《尚书》为备，谓左氏为不传《春秋》，岂不哀哉！

今圣上德通神明，继统扬业，亦闵文学错乱，学士若兹，虽昭其情，犹依违谦让，乐与士君子同之，故下明诏试《左氏》可立不？遣近臣奉指衔命，将以辅弱扶微，与二三君子，比意同力，冀得废遗。今则不然，深闭固距，而不肯试，猥以不诵绝之，欲以杜塞余道，绝灭微学。夫可与乐成，难与虑始，此乃众庶之所为耳，非所望士君子也。且此数家之事，皆先帝所亲论，今上所考视，其古文旧书，皆有征验，外内相应，岂苟而已哉？

夫礼失求之于野，古文不犹愈于野乎？往者博士《书》有欧阳，《春秋》公羊，《易》则施、孟，然孝宣皇帝，犹复广立榖梁《春秋》、梁丘《易》、大小夏侯《尚书》，义虽相反，犹并置之。何则？与其过而废之也，宁过而立之。传曰："文武之道，未坠于地，在人；贤者志其大者，不贤者志其小者。"今此数家之言,所以兼包大小之义,岂可偏绝哉! 若必专己守残,党同门,妒道真,违明诏,失圣意,以陷于文吏之议,甚为二三君子不取也。

此书极其重要,两千年今古文之争,皆起点于是。当时大司空师丹,见书大怒,奏歆改乱旧章,非毁先帝所立。哀帝曰:"歆欲广道术,亦何以为非毁哉?"然歆由是忤执政大臣,为众儒所讪,歆亦惧祸及,乃求为外郡太守,而古文经立学官之事亦罢。以我人今日平心而论,所谓今文家与古文家,亦均各有所长,各有所短,不必是丹而非素,举甲而遗乙也。无如昔人一脚踏进某家之门,即存入主出奴之见,扰攘争持,断断夫已,如近人康有为以古文经,皆刘歆所伪造;章太炎斥康氏为热衷利禄,以今文学为标榜,所谓"楚则失矣! 齐亦未为得也"。

第六节　今日治经应抱的态度

本书以经学独立一门,并不是如前人之尊经;以经为圣人的制作,不可与诸子、群籍为伍。我的意思,是有两层:其一,因为经是最早出的旧典,此义前已说过;其二,则以经为历代学人思想之总汇,各种学术,都是凭借经而发挥。独立一门,可以考见历代人士思想之变迁,与其连带的关系。例如晋代清谈,始于王弼,而王氏则以道家之哲理说《周易》,是亦经学也。宋代理学,发端于周敦颐之《太极图说》,而《太极图说》亦凭借《周易》之太极而发挥,则亦经学也。清代之汉学,虽尊汉儒而排斥宋儒,亦以群经为骨干,非于经学以外,自立新说也。即如唐人杜甫之诗,亦以忠君爱国为其思想之出发点,则亦经学之支流也。故以经学独立一门,职是之故,与昔人意义,实不尽同。复次:欲探案历代学人之思想,如前节所举,今古文家争执以外,而历代学人对于经说之争执,复层出不穷,皆可借经学而觇见之焉。今录清敕定《四库全书总目提要·经部总叙》著其概,而以今日研究经学应抱之态度说明之。《经部总叙》云:

> 经禀圣裁,垂型万世,删定之旨,如日中天,无所容其赞述。所论次者,诂经之说而已。自汉京之后,垂二千年,儒者沿波,学凡六变。其初专门授受,递禀师承,非惟诂训相传,莫敢同异,即篇章字句,亦恪守所闻,其学笃实谨严,及其弊也拘。王弼、王肃,稍持异议,流风所扇,或信或疑,越孔、贾、啖、赵,以及北宋孙复、刘敞等,各自论说,不相统摄,及其弊也杂。洛闽继起,道学大昌,摆落汉唐,独研义理,凡经师旧说,俱排斥以为不足信,其学务别是非,及其弊也悍。学脉旁分,攀援日众,驱除异己,务定一尊,自宋以逮明初,其学见异不迁,及其弊也党。主持太过,势有所偏,才辨聪明,激而横决。自明正德、嘉靖以

后，其学各抒心得，及其弊也肆。空谈臆断，考证必疏，于是博雅之儒，引古义以抵其隙，国初诸家，其学征实不诬，及其弊也琐。要其归宿，则不过汉学、宋学两家互为胜负。夫汉学具有根柢，讲学者以浅陋轻之，不足服汉儒也。宋学具有精微，读书者以空疏薄之，亦不足以服宋儒也。消融门户之见，而各取所长，则私心祛而公理出，公理出而经义明矣。

此所说，两千年来经说凡六变。汉代今古文之争，尚不在内，我于上节已述之。《四库全书》编于乾隆中叶，为汉学考据家极盛时代，而已现"琐"之一弊。故至道光间，又有大倡西汉微言大义之学，以排斥考据训诂之破碎，而以道德、政治为揭橥。倡之者为刘逢禄、龚自珍、魏源诸人，经廖平而总结于康有为，卒衍于国事，而有戊戌之政变。此后虽有章太炎与之对抗，然因欧化输入，而学者之思想，发生一大变动，今日治经学者，与前人之旨义，已截然异其途径，是则可以总结两千年来经学之流水账矣。

所谓今日治经学与前人截然异其途径者，我人对经，只认为各种国学之祖，中华民族文化之源，所谓汉学、宋学、今文家、古文家之经说，只认为各时代、各学者之思想学说，不以为经之本义，必如是云云也。此事胡适之于《国学季刊宣言》中，已先我言之。今录其说如下：

例如治经,郑玄、王肃,在历史上固然占一个位置,王弼、何晏,也占一个位置。王安石、朱熹,也占一个位置。戴震、惠栋,也占一个位置。刘逢禄、康有为,也占一个位置。段玉裁曾说:"校经之法,必以贾还贾,以孔还孔,以陆还陆,以杜还杜,以郑还郑,各得其底本,而后判其义理之是非。……不先正《注》《疏》《释文》之底本,则多诬古人。不断其立说之是非,则多误今人。"我们可借他论校书的话来总论国学,我们也可以说,整治国故,必须以汉还汉,以魏晋还魏晋,以唐还唐,以宋还宋,以明还明,以清还清,以古文还古文家,以今文还今文家,以程朱还程朱,以陆王还陆王。各还他一个本来面目,然后评判各代、各家、各人的义理是非。不还他的本来面目,则多诬古人;不评判他们的是非,则多误今人。但不先弄明白了他们的本来面目,我们绝不配评判他们的是非。

胡氏此言,实可为我们今日治经学的唯一方法。盖古人的经说,虽精虽详,大半是发抒自己的思想识见,不是经的本旨。记得清人龚自珍曾说:"经之言只一隅,必推而至千百隅;经之言只一端,必推而至千百端。于是附会以为博,穿凿以为深……"此实揭破两千年经师大儒说经之内幕。今我们用胡氏之法,各还本人,各还本代,则对于经义,不必有所争执矣。至分还各人的方法,则近人顾颉刚氏所辑的《古史辨自序》一

文,说得尤为明白痛快。其文是:

许多伪材料,置之于所伪的时代固不合,但置之于伪作的时代,则仍是绝好的史料。我们得了这些史料,便可了解那个时代的思想和学术。例如《易传》,放在孔子时代,自然错误,我们自然称它为伪材料;但放在汉初,就可以见出那时人对于《周易》的见解,及其对于古文的观念了。又如《诗》三百篇,齐、鲁、韩、毛四家,把它讲得完全失去了原样,本是民间的抒情诗,成了这篇美后妃,那篇刺某王。……可是我们要知道三百篇成为经典时,被一般经师穿上了那样的服装,他们为什么要把那些不合适的服装,给它穿上;那么,四家诗的胡说,便是极好的汉代伦理史料和学术史料,保存之不暇,如何可以丢弃呢?荒谬如谶纬,我们只要善于使用,正是最宝贵的汉代宗教史料。逞口而谈古事如诸子,我们只要善于使用,正是最宝贵的战国社会史料和思想史料。不读谶纬,对于史书上记载的高帝斩白帝子,哀帝再受命,及光武帝以赤伏符受命等事的"天人相与"的背景,是决不能明白的。不读诸子,则于舜自耕稼陶渔而为天子,傅说举于版筑之间的传说,以及高帝以一布衣,五载而成帝业的事实的社会组织的变迁的背景,也是不会看清楚的。

顾氏所说,虽是治古史的方法,但今日正可用此方法,研究历代人士之经说经解。又可因经学而及连带的各种学术思想——如因王弼《易》注而及晋代清谈,周敦颐《太极图说》、程颐《易传》而及宋代理学。如此,则所谓经学者,语其本文,虽只寥寥的几本书,而历代的学术思想,无不网罗其中矣。

第二章 《周易》

第一节 八卦 六十四卦

中国为世界文明古国之一,《四库全书》亦为世界大丛书之一,而《周易》冠四部群籍之首——历代之著录,皆是如此,然则其中所言者,究竟为何事? 其价值又何若? 此一问题,凡治国学者所不可不知者也。乃自来言《周易》者,竟无一人能明其所以然之故,此我于本书,不得不详言之,以与一般学者,商榷而讨论焉。

太古之世,文化方在萌芽,尚无文字、历史等等之典籍,但人类社会间所有的事事物物,却不能一无记述。《周易》一书,盖即记述中国古代社会间事事物物之总簿录,而出世又最早,且至今尚巍然独存,此其宝贵,自不待言,冠于群籍之首,实其宜矣。

或曰:《周易》为记述社会间种种事物之书,于何征之? 则答之曰:太古之时,记社会间种种事物者,即系八卦。其后更进而为六十四卦。六十四卦,即记述六十四件之事物也。《四库全书提要·易类总叙》云"易道广大,无所不包,旁及天文、地理、乐律、兵法、韵学、算术,以逮方外之炉火",即《易》于社会间事物，无所不有之实证；而草昧民族，在文化初启时，有此总录，其组织条理，未能严密，固其宜也。然则《周易》者，即中国文化之起点也。其他各经，只专明一义，又出在《易》后，故自然当以《易》居群籍之首矣。至《易》之性质与作用，因其发生以至成立，时期甚长，须分段说之，始能明白也。

《汉书·艺文志》云："《易》道深矣！人更三圣，世历三古。"三圣者，谓伏羲、文王、孔子也。三古者，以伏羲为上古，文王为中古，孔子为下古也。《汉志》所言，虽未足尽信，然我人于《易》，正可因此时期而分治之，实更易明白也。

上古之时，无所谓"易"，却已早有《易》所从出之八卦与六十四卦。古今来经师儒生，皆不知"卦"之意义与作用，所以无不弄错。其故为何？盖自来学者，把卦看得太深。于是成为一种神秘莫测的宝座，遂愈弄愈错，愈讲愈谬，以至不可究诘，职是故耳。今按卦之性质与作用，即作《系辞传》者，已不能明白。后人讲易，无不根据《易》传，起点既误，自然愈衍愈歧，无足怪也。据《系辞传》言：

> 古者包牺氏（即伏羲）之王天下也，仰则观象于天，俯则观法于地，观鸟兽之文与地之宜，近取诸身，远取诸物，于是始作八卦，以通神明之德，以类万物之情。

此种说法，在昔人崇古的迷信心理浓厚时代，固以为八卦之为物,于天地万物,无不包括在内,所以有极高深的神秘性。然在今日,以社会学及历史的眼光观之,则可决其必不然也。何则?昔人的崇古心理,以为古圣人是万能的,时代愈古,圣人亦愈万能。伏羲系最古的圣人,其智识技能,无不高出他人之上,故能画出一个包括万类神秘莫测的八卦,以垂道立教,此历来一般人士之心理也。此种心理,流衍至数千年之久而牢不可破,直至欧化输入,进化学说大行,于是始知伏羲者,不过太古时代之一人(或系神话中之一神皇),其时尚在榛榛狉狉,去原人未远,其智识技能,总可概见。八卦尽可由伏羲氏所作,但绝不能如后人所说之神秘。试思以 20 世纪科学已昌明之时代,问一最高明之科学家,能否于俯仰之间,即尽知天文地理,近取诸身,远取诸物,通其神明之德,类其万物之情乎?准此前提:则可决前人解释八卦之旧说,必不能成立矣。复次:以如此一个八卦,试问神明之德,如何通法?万物之情,如何类法?我又知虽上智大哲,亦莫能答也。复次:即使神明之德能通,万物之情能类,而此物于人类社会,有何用处?有何必要?我又知虽上智大哲,莫能答也。有此种种,故我敢言八卦之为物,数千年来,中国人虽无一不知——连不识字的人,穷乡僻壤之村妇野老,也都知八卦,即此可见八卦之流行,广遍而且久远——然无一人能知其所以然之故。至八卦为伏羲所作,自可相信,不过它的用处,必别有所在,亦我敢断言,否则必不能有如此既广且久之影响也。

科学定例：世界上之事物，断无突然而生者；其生也，必于此时代，此环境，有必需此事此物之关系。此定例，无论何人，不能否认。中国上古之有八卦，在当时自必有其必要的用处，我初时亦莫能明其究竟，后读英人韦尔斯所著《世界史大纲》，其第十四章第六节有云：

> 秘鲁文字未发明时，有结绳法，以各色绳及结绳之形状为别。相传法律、命令，亦以绳记之。旧日之绳索，至今犹有存者，然读法今已失传。据谓中国史所载，当中国未发明文字以前，亦有结绳之方法。

我读此文，乃恍然悟及我国古时之八卦，即是从结绳蜕化而来；卦即古时挂字，即悬挂之挂；绳必须挂，其数为八，故曰"八卦"。《易》传言八卦生于太极，按《说文》，"极，栋也"，以是知太极，即顶高的一条栋梁，而八卦则挂于其下，以此为发布法律命令之工具也。至伏羲氏，以结绳之笨滞累赘，乃改用颜色以画之，所以称"画八卦"也。用颜色画八卦以代结绳，则容易而便利，亦为文化进步之一端。

今将结绳之八卦，与颜色所画之八卦，设图以明之。

许慎《说文解字·序》云："视而可识，察而见意。"谓使人视之，即能识其意也。八卦之为物，正与此义相合（说详后）。然人能识之而欲互相告语，则必呼出一"名"，以便于行用，于

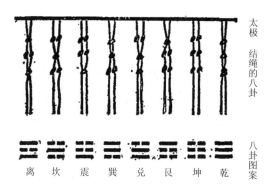

太极　结绳的八卦

离　坎　震　巽　兑　艮　坤　乾　八卦图案

是有"乾""坤""艮""兑""巽""震""坎""离"八个名称。

自来讲《易》卦者，以八卦是代表八个物体，如《系辞传》
"乾为天，坤为地，艮为山，兑为泽，巽为风，震为雷，坎为水，离
为火"是也。但我以为此八卦，不是代表八个物体，而是标识
八件事体的。何以言之，《说卦传》云：

> 天地定位，山泽通气，雷风相薄，水火不相射。

此以"天地"为一类，"山泽"为一类，"雷风"为一类，"水火"
为一类，探索之亦颇含有意义。今以我之"假设"，说之如次。
《序卦传》云：

> 有天地，然后有万物；有万物，然后有男女；有男女，
> 然后有夫妇；有夫妇，然后有父子；有父子，然后有君臣；
> 有君臣，然后有上下；有上下，然后礼义有所错。

此说自天地而至礼义,其间都是以一对一对配成,如万物则有雌雄,人则有男女、夫妇、父子、君臣、上下等等,即暗含一阳一阴二义。故《乾》卦所说,都是阳的、男的、夫的、父的、君的、上的事;《坤》卦所说,都是阴的、女的、妇的、子的、臣的、下的事。《易传》又言:"女正位乎内,男正位乎外。"是以男女为总代表。故如《说卦传》所云"天地定位"者,即是指男女、夫妇、父子、君臣、上下,都有一定的位置。而关于男的、夫的、父的、君的、上的事,则以《乾》卦标识之;关于女的、妇的、子的、臣的、下的事,则以《坤》卦标识之。此《乾》《坤》二卦,所以称"天地定位"也。此外山与泽为一类,风与雷为一类,水与火为一类,我的假设如下:

"艮为山,兑为泽。"因为初民时代,尚在渔猎,猎则入山,故以入山猎兽之事,以☶(艮)为标识。渔则入泽,故以入泽捕鱼之事,以☱(兑)为标识。

"巽为风,震为雷。"因为初民时代,尚在巢居,而高大的林木,最易被风吹折,亦最易触电,故以修理被风吹折之巢屋的事,以☴(巽)为标识。以修理被电烧毁之巢屋的事,以☳(震)为标识。

"坎为水,离为火。"水火为人生日用必需之物,故以☵(坎)标识用水之事,以☲(离)标识用火之事。

初民的智识,本极简单,故只有八个卦,以为生活所需的事物之标识。而用颜色画卦以代结绳,则始于伏羲。《史记·

太史公自序》云:"余闻之先人曰:'伏义至纯厚,作易八卦。'"
所谓"至纯厚"者,即是至简单、至朴野之别称。则八卦即为伏
羲所画,绝非如后人所说之神秘可知。又《古文尚书·孔序》
第一句云:"古者,包牺氏之王天下也,作八卦以代结绳之治。"
是则更说得明白之至矣。所谓"代结绳之治"者,即是以颜色
画的八卦代绳结的八卦,以发布法律命令也。孔安国之序,虽
系依托,然正因其依托,尤必须取人人所共知习闻之语,冠之
册首,庶使人可信,故此一句,在中国历史,颇关重要也。

复次:伏羲虽改用颜色,而"八卦"之名,仍沿称而不废者,
此乃社会普通之习惯。例如上海初辟商埠时,有人行路,有马
车路。马车路,又简称"马路",今则都已改驶汽车、电车,马车
已近淘汰,而路则一般人仍呼"马路"。其他新辟市场,亦多共
呼为"马路",皆因名称沿用已久,一时不便改易故也。

由八卦而变为六十四卦,其理由极易明了,盖人类智识,
日益增进,社会间政治上的事物,日益增多,只有八卦,势必不
敷用。于是后之圣人,因旧有之卦,重叠之以应用,遂变为
六十四卦矣。其在《系辞传》中,"盖取诸某""盖取诸某"者,
其实非取其象,不过以某卦标识某种事物耳(顾颉刚有"易经
中无观象制器说"最为明白)。故如"盖取诸某"者,应改曰
"作结绳而为罔罟,以佃以渔"之事,以☲(离)标识之。"斫木
为耜,揉木为耒"之事,以☲(益)标识之。"日中为市,致天下
之民,聚天下之货,交易而退,各得其所"之事,以☲(噬嗑)标

识之。"刳木为舟,剡木为楫"之事,以䷸(涣)标识之。姑举数条,以概其余。

还有一层。韦尔斯《世界史大纲》又云:"秘鲁人亦知用地图及算盘,唯无文字,以传知识与经验,故文学、科学,均无发达之基础。"照此看来,秘鲁人不能发明文字,而中国人则能发明文字者,以我推测,则与用颜色画卦,当有关系。何则?因我先民既因用颜色而画三连的"乾"、六断的"坤",更进一步,即可用颜色以画一二三、上中下等指事字,又可画日月山水、耳目手足等象形字。以此而言,以我国文字,因画卦而连带发明,亦无不可。则八卦之重要,更可知矣。(《说文解字》以"视而可识,察而见意"为指事字,"画成其物,随体诘诎"为象形字。我友刘大白说指事字先于象形字,其文载《世界杂志》中。以此而论,秘鲁人能用地图,而不能画象形字;我国因画卦而先发明指事字,盖指事字是虚而无体,其画甚难。象形可象物之形而画之,其事较易。中国人能发明文字,因能造甚难之指事字,则其易者,自连带而及矣。而其源,则由于八卦,我民族食八卦之赐,不亦大乎?)

《易·系辞传》又云:"上古结绳而治,后世圣人,易之以书契,百官以治,万民以察。"而其事,为标识者则为䷪(夬)。照此条看来,更可证明自八卦重为六十四卦之后,始有文字之发明。但文字非一人一时之力所能造成,必须集多数人之心力,多数年之时间,共同造作。而于造文字的进行程途中,即用☰（夬）卦以标识之。及至文字造成以后,则可竟用书契以施行政治。故曰"百官以治,万民以察"也。(汉人所造的《纬书》,以神农氏为结绳之治,时代倒置,可知是胡说。)

如上所述:自伏羲画八卦,后之圣人,重之为六十四卦,又连带而发明文字,其经过之岁月,必定很长,是为"八卦及六十四卦时代",是为中国文化之起点,而《周易》亦从此而产生者也。

第二节　易　经

自文字发明之后,用之施行政治,于是"百官以治,万民以察",其关系之重大,可以想见。而卜筮者,即可用文字以记载所卜之辞。久而久之,积而成册,又经人整理之,遂成为后世之《易经》。故《易经》实为古帝王之政治史,所以能流行数千年而不废,否则,安能有如此之影响哉!

凡各个民族文化初起时,必经过"神权政治"之一阶段,此时握政治主权者,即属司卜筮的人,《国语》中有一节云:

> 古者民神不杂。民之精爽不携贰者,而又能齐肃衷正,其智能上下比义,其圣能光远宣朗,其明能光照之,其聪能听彻之,如是则明神降之。在男曰觋,在女曰巫。是使制神之处位次主,而为之牲器时服,而后使先圣之后之

有光烈，而能知山川之号、高祖之主、宗庙之事、昭穆之世、齐敬之勤、礼节之宜、威仪之则、容貌之崇、忠信之质、裡洁之服，而敬恭明神者，以为之祝。使名姓之后，能知四时之生、牺牲之物、玉帛之类、采服之仪、彝器之量、次主之度、屏摄之位、坛场之所、上下之神、氏姓之出，而心率旧典者为之宗。于是乎有天地神民类物之官，是谓五官，各司其序，不相乱也。民是以能有忠信，神是以能有明德。

梁任公《先秦政治思想史》引此节而申说之曰：

吾侪今日读此，孰不以巫觋祝宗等为不足齿之贱业。殊不知当时之"巫"，实全部落之握最高主权者。其人"聪明圣智"，而"先圣之后""名姓之后"皆由彼所"使"以供其职。而所谓"五官"者，又更在其下。盖古代政教合一之社会，其组织略如此。彼时代殆无所谓政治理想，借曰有之，则神意必其鹄也。

准梁氏所言，可见上古神权时代的政治，握全部落之最高主权者，即是"巫"。"巫"则即是司卜筮、发布法律命令的人。照现今西洋历史学者所言，中国在殷代的君主，还是以教王而兼政治首领。此时兼管政教的君主，即是借卜筮、托神意，以施行政治。如《殷墟书契》中之卜辞,与《周易》中之卜辞,皆同一性质的文字。唯殷之卜辞,无人整集,或虽有整集而亡失,亦未可知。周人之卜辞,则因整集之人,以之分系于六十四卦,即"系辞",即后世所传之《易经》也。此种系辞的性质,皆含有政治的意义。胡适之云:

> 辞字,从𤔔辛,《说文》云:"辞,讼也。""从𤔔辛,犹理辜也。"朱骏声说:"分争辩讼谓之辞。"《后汉书·周纾传》:"善为辞案条教。"注:"辞案,犹今案牍也。"辞的本义,是争讼的"断"语、"判辞"。《易经》的"辞",都含有"断"字、"办"字的意。

胡氏解"辞"字的意义,很为确切。但只知《易经》为卜筮之辞,未知即古帝王施行政治时,卜之以发布法律命令之辞,所以尚未能明晓《易经》之全体作用。若合以我之所说,则无不豁然贯通矣。

今《易经》之卦辞、爻辞,皆出于许多人之手、许多年之积,前已说过。唯集成一书,不能断定为何人。《史记·太史公自序》,虽有"文王囚而演《周易》"一语,后人遂力言《周易》为文王所作。但《易·系辞传》两言,"《易》之兴也,当殷之末世",未言定为文王所作,实其谨慎之处。且《系辞传》出在《史记》以前,自当以《系辞传》所言为正确。且此种卜辞,既为官书,自然历来握政权者,皆可增益。《系辞传》仅言"《易》之兴起",未言书之集成,故亦不必定指成于某一人之手也。

《易经》之卜辞,本为某一事而卜,故每一卦,都含有一事。又其时文化初萌,人智幼稚,于是将社会间所有的事物,不论历史的、社会的,不分性质,都收在一处,故一部《易经》,遂成为无所不包的万宝全书。自是以后,司卜筮的人,遂奉此为经典,流传迄今,一般算命瞎子,尚仍旧贯,然则《周易》一书,在古代为文明之起点,而在今日,反为迷信之渊薮、进化之障碍矣。此亦言《易》者所不可不知之事也。

至《易经》所留存的事迹现今尚可指出者,有顾颉刚所作《周易卦爻辞中的故事》一文,言之颇为确切。今摘录如下:

一、王亥丧牛羊于有易。(《大壮》六五爻辞)

二、高宗伐鬼方。(《既济》九三爻辞)震用伐鬼方。(《未济》九四爻辞)

三、帝乙归妹。(《泰》六五爻辞)

四、箕子明夷。(《明夷》六五爻辞)

五、康侯用锡马蕃庶。(《晋》卦辞)

以上各条,顾氏都有详密的考证,其为历史的事迹,可无疑义。除以上各事外,尚有数条爻辞,经顾氏指出者:

《升》六四云:王用享于岐山。

《随》上六云:拘系之,乃从维之,王用享于西山。

《既济》九五云:东邻杀牛,不如西邻之禴祭,实受其福。

上二条,所称之王,似指文王。东邻指殷,西邻指周,而言东邻不如西邻,明系周人自赞之词;故知《周易》为周人作也。顾氏又云:"此外又有许多爻辞,似在称故事的。"例如:

伏戎于莽,升其高陵,三岁不兴。(《同人》九三)

系用徽纆,置于丛棘,三岁不得,凶。(《坎》上六)

明夷于南狩,得其大首,不可疾,贞。(《明夷》九三)

震来厉,亿丧贝,跻于九陵,勿逐,七日得。(《震》六二)

睽,孤,见豕负涂,载鬼一车,先张之弧,后说之弧。匪寇,婚媾,往遇雨,则吉。(《睽》上九)

或锡之鞶带,终朝三褫之。(《讼》上九)

日昃之离,不鼓缶而歌,则大耋之嗟,凶。(《离》九三)

田有禽,利执言,无咎。长子帅师,弟子舆尸,贞,凶。(《师》六五)

密云不雨,自我西郊,公弋取彼在穴。(《小过》六五)

中行告公从,利用为依迁国。(《益》六四)

丰其蔀,日中见斗,遇其夷主,吉。(《丰》九四)

显,比,王用三驱,失前禽,邑人不诫,吉。(《比》九五)

上面系顾氏所举,三项二十一条,系指历史及社会间故事的。此外尚有记各种杂事者,则有李镜池所作《周易筮辞考》一文,亦举出各种,亦照录之:

《师》卦，卦名与卦辞爻辞完全说师旅之事的。只有六五"田有禽，利执言"句，是说田猎。然古者田猎，也是讲武习兵的，所以也可以说是有关系。《履》卦说的践履行为之事，只有六三"武人为于大君"一句，似乎不同。然其意，盖以为"武人"实现为大君的希望也。《同人》，说的都是战争。《颐》卦，说的都是饮食之事。

……

《鼎》卦，说的都是饮食之事，然而其中又说"得妾以其子"，也是因为与"鼎"有关系。《归妹》，说的是嫁娶之事，然又说"女承筐，无实；士刲羊，无血"，这是从嫁女讲到她夫妇俩的生活。其中又说"征"，说"幽人"，也当因归妹而连类及之的。《旅》卦，说的是商旅之事，然而又讲"射雉"，讲"丧牛于易"，这是因商旅涉及一个旅人之事。

我说《易经》是上古神权政治时代的法律命令，又兼历史的、社会的、夹七夹八的总簿录，今证以顾李二氏之所说，岂不益信而有征耶？

复次：《易经》除上述种种以外，还有其他的特质在。我以前曾把中国之典籍，分作三大部分：一曰哲理的，二曰历史的，三曰文艺的。如上所述的故事，实为中国历史的起源。而哲理、文艺之起源，亦均出于《易经》。今再将李镜池之《周易筮辞考》所指《易经》中之哲理、文艺两项，转录于此。李氏说

《易经》中之格言一节云：

动物尚能在屡次的错误试验中，得到一种概念似的习惯。人是有思想的、能观察的，他在种种经验中，得到一种综合的观念，是很自然的。这种观念，形于言语，就是格言。这种格言……才是真正十足讲哲理教训的"经典"呢。

《周易》有两节话：

（1）无平不陂，无往不复。（《泰》九三）

（2）三人行，则损一人；一人行，则得其友。（《损》六三）

这两节话，跟别卦爻辞不同。别的是叙述事件，就是诗歌式的筮辞，也是叙述事件的；但这两节，却是写概念。第一节说的，是变化循环的哲学，第二节是说旅途结交的经验。

"无平不陂"意思是说，平的亦会变陂，陂的亦会变平，即所谓"桑田变沧海，沧海变桑田"的道理。

"无往不复"意思是往而又复，复而又往，往复循环，不绝之物理也。

这种变化循环的道理，多半是从自然的现象观察出来的，如日月之升降、晦明之交代、晴雨之不时、冬夏之来往，许多许多的自然事物，都是如此，所以他们体验出这种变化循环之理,这两句话,就是表示这个概念。

"三人行,则损一人;一人行,则得其友。"这两句话,是从旅途中经验出来的。"三"是个奇数,是一个不好分配的数目。事情常常是这样的:两个人是亲亲密密地过着平和的生活,一有第三者侵入,就不免把两人的团结破坏了,不是引起纠纷,就是彼此猜忌。三角式的生活,是牵强的,是不能专一的。所以三人行,则损其一人,这两人才舒服。至于一个人呢,一个人在旅途间是很孤独的,不特没人帮忙,要找个人谈谈也没有,这是多么寂寞啊。一个人在寂寞无聊的时候,是要寻朋友的;所以"一人行,则得其友"。

以上都是李氏的话,可知《易经》虽是文化萌芽时代的典籍,然已植有哲理的种子,所以才能萌芽。至《易传》,则因《经》意而推演之,说哲理者,竟占大半矣。再举李氏所举卦爻辞中之诗歌:

明夷于飞,垂其翼。君子于行,三日不食。(《明夷》初九)

鸣鹤在阴,其子和之。我有好爵,吾与尔靡之。(《中孚》九二)

此二节,李氏加以说明曰:

把这两首诗吟诵一番,看它像不像诗。然后把它跟《诗经》的诗,比较一下,看它相类不相类。……论它的韵,"翼""食"同在今韵二十四职,古诗以"翼""食"相叶的常见……"和"与"爵""靡",古音亦相叶。

我们在诗经里,看到几种有"于飞""垂翼",是指鸟说的。又如:

> 黄鸟于飞,集于灌水,其鸣喈喈。(《周南·葛覃》)
> 燕燕于飞,差池其羽。之子于归,远送于野。(《邶风·燕燕》)

等等,其中最与《明夷》初九的话相类的,是《小雅·鸿雁》的头一节,兹录其文以比较之。

> 明夷于飞,垂其翼。君子于行,三日不食。(《明夷》初九)
> 鸿雁于飞,肃肃其羽。之子于征,劬劳于野。(《鸿雁》)

"鸣鹤在阴,其子和之。"在阴,类于《诗》"鹤鸣于九皋,声闻于天"之言。……一对鹤儿,在阴地里藏着,很和谐地一唱一和,这是多么有意思啊;尤其是情人们听到,于是乎豪兴勃发说:"我有好爵,吾与尔靡之。……"至于爻辞之编纂者铸词,除上举的两首诗歌外,我们还见到不少这类的句子,例如:

屯如邅如,乘马班如。(《屯》六二)

乘马班如,泣血涟如。(《屯》上六)

复自道,何其咎。(《小畜》初九)

其亡其亡,系于苞桑。(《否》九五)

贲如皤如,白马翰如。(《贲》六四)

枯杨生稊,老夫得其女妻。(《大过》九二)

枯杨生华,老妇得其士夫。(《大过》九五)

来之坎坎,险且枕,入于坎窞。(《坎》六三)

睽,孤,见豕负涂,载鬼一车,先张之弧,后说之弧。(《睽》上九)

困于石,据于蒺藜;入于其宫,不见其妻。(《困》六三)艮其背,不获其身;行其庭,不见其人。(《艮》)

鸿渐于干,小子厉,有言。(《渐》初六)

鸿渐于磐,饮食衎衎。(《渐》六二)

鸿渐于木,或得其桷。(《渐》六四)

鸿渐于陵,妇三岁不孕,终莫之胜。(《渐》九五)

鸿渐于陆,其羽可用为仪。(《渐》上九)

我们读这些话,仿佛是在读《诗经》了。……《渐》卦
诸爻辞,整套为韵文,而以"鸿渐于"起,简直就是《诗经》
中的诗歌格式。

以上摘录李镜池之说,可见中国历史、哲理、文艺之学,俱
发源于《易经》。而《易》列于群籍之首,确是极正当的道理。
又《易》为中古的产物,是为第二时代,亦曰"《易经》时代"。

第三节　易　传

自《易经》集成一书以后,至春秋时,通行于各国,都将《易
经》做卜筮之用。《左传》云:"国之大事,在祀与戎。"祀,是祀
神、祭祖;戎,是与邻国交战——二者为当时最重大之事件,然
必先之以卜。卜者,问神以休咎。祀者,求神之佑助,冀获胜利
也。至孔子以后,七十子后学,乃更参以儒家之学说,如各卦中
之《象传》,俱系以"君子曰"三字,于是成为儒家之经典矣。

《易传》又称《十翼》——《彖传》上、下,《象传》上、下,
《文言传》,《系辞传》上、下,《说卦》,《序卦》,《杂卦》。《史
记·孔子世家》虽明言其为孔子所作,然后人多疑其不类。最

早者为宋欧阳修,著《〈易〉童子问》,以释其非孔子作。其文曰:

> 《系辞》《文言》《说卦》而下,皆非圣人之作。而众说淆乱,亦非一人之言也。昔之学《易》者,杂取以资其讲说,而说非一家,是以或同或异,或是或非。……
>
> ……《文言》曰:"元者,善之长也;亨者,嘉之会也;利者,义之和也;贞者,事之干也。"是谓乾之四德。又曰:"乾元者,始而亨者也;利贞者,性情也。"则非四德矣。谓此二说出于一人乎?则殆非人情也。《系辞》曰:"河出图,洛出书,圣人则之。"所谓图者,八卦之文也,神马负之,自河而出,以授于伏羲者也。盖八卦者,非人之所为,是天之所降也。又曰:"包牺氏之王天下也,仰则观象于天,俯则观法于地,观鸟兽之文,与地之宜,近取诸身,远取诸物,于是始作八卦。"然则八卦者,是人之所为也,《河图》不与焉。斯二者,已不能相容矣。而《说卦》又曰:"昔人圣人之作《易》也,幽赞于神明而生蓍,参天两地而倚数,观变于阴阳而立卦。"则卦又出于蓍矣。八卦之说如是,是果何从而出也?谓此三说出于一人乎,则殆非人情也。人情常患自是其偏见,而立言之士莫不自信。其欲以垂乎后世者,惟恐异说之攻之也。其肯为二三之说以相抵捂而疑世,使人不信其书乎!故曰,非人情也。凡

此五说,自相乖戾,尚不可为一人之说,其可以为圣人之作乎?

……余之所以知《系辞》而下非圣人之作者,以其言繁衍丛脞而乖戾也。……

……何谓"子曰"者? 讲师之言也。《说卦》《杂卦》者,筮人之占书也。……

按欧阳氏此说,确切不移,岂有一人之口而有二三其说乎? 唯《彖传》《象传》,欧阳氏则尚仍旧说,认为孔子所作。然经最近学者之考论,则认为孔子以后之儒家,以孔子之学说,用以说《易》者也。以我研究之结果,所谓《十翼》者,似非一人之手笔,盖由众说集成一书也。兹举各传之释《乾卦》文以明之:

《易经·乾卦》:

乾,元亨利贞。

初九:潜龙勿用。

九二:见龙在田,利见大人。

九三:君子终日乾乾,夕惕若厉,无咎。

九四:或跃在渊,无咎。

九五:飞龙在天,利见大人。

上九：亢龙有悔。

用九：见群龙无首，吉。

《彖传》：

大哉乾元，万物资始，乃统天。云行雨施，品物流形。大明终始，六位时成，时乘六龙以御天。乾道变化，各正性命，保合大和乃利贞。首出庶物，万国咸宁。

《象传》：

天行健，君子以自强不息。"潜龙勿用"，阳在下也。"见龙在田"，德施普也。"终日乾乾"，反复道也。"或跃在渊"，进无咎也。"飞龙在天"，大人造也。"亢龙有悔"，盈不可久也。"用九"，天德不可为首也。

《文言传》：

元者，善之长也；亨者，嘉之会也；利者，义之和也；贞者，事之干也。君子体仁足以长人，嘉会足以合礼，利物足以和义，贞固足以干事。君子行此四德者，故曰"乾，元亨利贞"。

初九曰"潜龙勿用",何谓也?子曰:"龙,德而隐者也。不易乎世,不成乎名,遁世无闷,不见是而无闷。乐则行之,忧则违之,确乎其不可拔,潜龙也。"

九二曰"见龙在田,利见大人",何谓也?子曰:"龙,德而正中者也。庸言之信,庸行之谨,闲邪存其诚,善世而不伐,德博而化。《易》曰'见龙在田,利见大人',君德也。"九三曰"君子终日乾乾,夕惕若厉,无咎",何谓也?子曰:"君子进德修业。忠信,所以进德也;修辞立其诚,所以居业也。知至至之,可与几也;知终终之,可与存义也。是故,居上位而不骄,在下位而不忧。故乾乾因其时而惕,虽危无咎矣。"

九四曰"或跃在渊,无咎",何谓也?子曰:"上下无常,非为邪也;进退无恒,非离群也。君子进德修业,欲及时也,故无咎。"

九五曰"飞龙在天,利见大人",何谓也?子曰:"同声相应,同气相求。水流湿,火就燥,云从龙,风从虎。圣人作而万物睹。本乎天者亲上,本乎地者亲下,则各从其类也。"

上九曰"亢龙有悔",何谓也?子曰:"贵而无位,高而无民,贤人在下,位而无辅。是以动而有悔也。"

"潜龙勿用",下也。"见龙在田",时舍也。"终日乾乾",行事也。"或跃在渊",自试也。"飞龙在天",上治也。"亢龙有悔",穷之灾也。乾元"用九",天下治也。

"潜龙勿用",阳气潜藏。"见龙在田",天下文明。"终日乾乾",与时偕行。"或跃在渊",乾道乃革。"飞龙在天",乃位乎天德。"亢龙有悔",与时偕极。乾元用九,乃见天则。

乾"元"者,始而亨者也。"利贞"者,性情也。乾始,能以美利利天下,不言所利,大矣哉,大哉乾乎! 刚健中正,纯粹精也。六爻发挥,旁通情也。"时乘六龙",以御天也。"云行雨施",天下平也。

君子以成德为行,日可见之行也。"潜"之为言也,隐而未见,行而未成,是以君子弗用也。

君子学以聚之,问以辩之,宽以居之,仁以行之,《易》曰"见龙在田,利见大人",君德也。

九三,重刚而不中,上不在天,下不在田,故乾乾因其时而惕,虽危无咎矣。

九四,重刚而不中,上不在天,下不在田,中不在人,故"或"之。或之者,疑之也,故无咎。

夫大人者,与天地合其德,与日月合其明,与四时合其序,与鬼神合其吉凶。先天而天弗违,后天而奉天时。天且弗违,而况于人乎! 况于鬼神乎!

"亢"之为言也,知进而不知退,知存而不知亡,知得而不知丧,其唯圣人乎? 知进退存亡而不失其正者,其唯圣人乎！

如上所录，若果出一人，何必释而又释？且所释之义，又未尽同，以此可见作《彖传》者是一人，而又所出最早，故只将一卦大意，解释一番。作《象传》者又一人，以全卦已经有人解过，乃将卦中各爻，分而解之。作《文言传》者又一人，且又只解《乾》《坤》二卦，其意以《乾》《坤》为《易》之门，故反复解释之以求详尽；其余诸卦大义，已可统摄于《乾》《坤》二卦之中也。其"子曰""何谓"者，正如欧阳氏所说，讲师之言也。至《系辞传》，则系汇集诸讲师之说，如说礼者之有《礼记》。《说卦》《序卦》《杂卦》三篇，其出最后，已有人说过，不复赘矣。

或曰：《易传》非出于孔子，则为何人所作乎？答曰：此即我前言孔子以后，七十子后学，及秦汉间讲《易》之经师，陆续以成之者也。按《周易要义》云：

> 自鲁商瞿子木受《易》于孔子，以授鲁桥庇子庸。子庸授江东馯臂子弓。子弓授燕周丑子家。子家授东武孙虞子乘。子乘授齐田何子庄。及秦燔书，《易》为卜筮之书，独得不禁，故传授者不绝。汉兴，田何授东武王同子中、雒阳周王孙、梁人丁宽、齐服生，皆著《易传》数篇。同授淄川杨何，字叔元。叔元传京房。京房传梁丘贺。贺授子临。临授御史大夫王骏。其后丁宽又别授田王孙。

孙授施雠。雠授张禹。禹授彭宣。

　　此文于孔子以后，至汉初传《易》之经师，备载其姓名，又言田何一派，皆著《易传》，则《十翼》自系此派经师所作，可无疑义。又如伏胜传《书》，即有欧阳、大小夏侯之《书传》。高堂生传《礼》，即有大小二戴之《礼记》。齐、鲁、韩，皆有《诗传》，公羊、穀梁，皆有《春秋传》。以此例之，则田何一派，岂无《易传》乎？而后人必欲说为孔子作者，不过欲借孔子之名，使人尊视其书耳。再以《诗序》例之：《后汉书》明白言卫宏作《诗序》，善得风人美刺之旨，乃一般人必欲以《诗序》为孔子作，或子夏作，或毛公作，言之津津，不厌其烦，又何怪以文王作《易经》，以孔子作《易传》哉！然书即尊矣，而于事则诬，又何取焉？

　　此为《易》之第三期，亦可名之曰"《易传》时代"。

第四节　历代易学

　　秦燔《诗》《书》、百家语，禁绝群学，唯《易》因卜筮之书，独得不禁，乃留完全之卷帙于后世，亦可谓不幸中之一幸矣。汉兴，以《易》为三圣制作，首列学官，以迄于今，垂两千年，其间说《易》之书，多至不可以数计，然大抵皆随时代思想而变迁，于《易》之真意本义，实未必然也。故《周易》一书，其真意本义暂勿论，而却可作历代人士思想之总汇，亦可谓一奇观矣。总而言之：历代人士之言《易》者，约可分为三时期、三大派，其间歧出之支流，及非《易》而依附于《易》以张其说者，亦有数宗。兹约举之，俾治《易》者，得知其流变焉。

汉人《易》学，立于学官者，为施、孟、梁丘三家。又有京房，以说灾异称于时，著有《京房易传》，今尚存在。至后汉而郑玄、虞翻辈，皆以《易》名家，所谓"汉《易》"者也，是为第一期。

魏之王弼，尽翻汉人象数旧说，另以老、庄道家之哲理解《周易》。同时韩康伯和之，此派《易》说，当与道家同参，始能悉其妙义。而魏晋二代之思想，实发源于王氏，此派可为"魏晋《易》"。唐人孔颖达作《五经正义》，于《易》独取王氏注者，殆以其说理玄妙之故，是为第二期。

晚唐五代，经学衰歇，至宋而大儒辈起，以道学为号召，而其根源，亦谓出之于《易》。首倡者为周敦颐氏，作《太极图说》曰：

> 无极而太极。
>
> 太极动而生阳，动极而静，静而生阴。静极复动，一动一静，互为其根。分阴分阳，两仪立焉。阳变阴合，而生水、火、木、金、土，五气顺布，四时行焉。
>
> 阴阳一太极也，太极本无极也。

　　五行之生也，各一其性，无极之真，二五之精，妙合而凝。

　　乾道成男，坤道成女，二气交感，化生万物。

　　万物生生而变化无穷焉。

　　自周氏以道学家之"道体说"说《易》，而宋之《易》学遂大盛。程颐承周氏之说而作《伊川易传》，朱熹复承程氏而作《周易本义》，明清二代科举试士，皆宗程朱《易》说，是为"宋《易》"。此期《易》说，须与理学书同参，始能悉其指归，是为第三期。

　　以上三派三期之《易》学，支配中国学者之思想至两千年，影响可谓巨矣。然当唐孔颖达作《周易正义》，因其独取王弼之注遗弃汉人之说也，同时即有李鼎祚，专采汉人《易》说，作《周易集解》一书，以与王、孔相抗衡。其自序谓"刊辅嗣之野文，存康成之逸象"，则其意可知矣。至清代考据家大兴，因鄙弃宋儒，一切经说，均返之于汉。于是治《易》者，有惠栋之《周易述》十九卷，采辑汉人之注而自为之疏。又作《易微言》二卷，以畅谈汉人《易》说之大义。稍后则有张惠言，以汉人经学，各有家法，不容杂乱，谓虞翻为传汉《易》正宗，乃特作《周易虞氏义》九卷、《虞氏消息》二卷、《虞氏易礼》二卷、《易言》二卷、《易候》二卷，其于虞氏，可谓笃好而详说之矣。张氏又于虞氏之外，辑《周易郑氏义》二卷、《周易荀氏九家义》一卷、

《易义别录》十四卷，其于汉人《易》说，可谓搜括无遗。惠、张二氏，为清代治汉《易》最著名之人，用力亦不可谓不勤，然此风一启，继而趋之者綦众，于是又有姚配中之《周易姚氏学》八卷、《周易通论月令》三卷、孙星衍亦辑《周易集解》十卷，焦循有《易学》三种，此外未甚著名之《易》解、《易》说，尚不下数十家，可谓盛极矣。然大抵取材于唐李鼎祚之《集解》，与古传记注中之辑引汉说者，此派虽盛，然只能附于汉《易》之旗帜下，不能独立自成一宗也。

以上三大派：一曰"汉《易》"，二曰"魏晋《易》"，三曰"宋《易》"。皆曾立于学官，为士夫学者所诵习，可为《易》学之正宗。此外汉代尚有焦赣，作《焦氏易林》，体例悉仿《易传》，唯所论皆为方士之说。汉末，又有魏伯阳，作《周易参同契》一书，所论兼及炉火炼丹之术，后世道士，多奉以为宗，是为"方士易"。

汉之扬雄，本一文士，因好名心盛，乃作《法言》以拟《论语》，作《太玄经》以拟《周易》，书虽无甚可取，唯扬氏精于小学，于古人所无之字，能以自己意思，创造新字，所谓"《太玄》奇字"是也。其书在当时，无人重视，至宋司马光甚爱好之，并为之作注，又自作《潜虚》一书以拟之，二书后皆采入《四库全书》子部术数家，然亦《易》之支流余裔也。

宋太祖黄袍加身，道士陈抟闻之，以手加额曰："天下自此定矣。"自有此一言，一般人遂以陈抟能知过去未来之事，奉之如神仙。宋儒邵雍,与陈抟颇有关系,乃推阐其说,作《皇极经世书》十二卷,于是一般人又以邵氏能知过去未来,崇而奉之,是又一《易》之支流余裔也。

《四库全书总目提要·易类总叙》曰:"《易》道广大,无所不包,旁及天文、地理、乐律、兵法、韵学、算术,以逮方外之炉火,皆可援《易》以为说,而好异者又援以入《易》。"盖《易》实为上古社会政治之总簿录,关于上说种种——天文、地理等等,均有一二点记及之,故人皆可援《易》以为说;推而广之,又可援之以入《易》矣。治《易》者能知此义,则于《易》之全体大用,无不明矣。而于是所谓是丹非素、入主出奴之见,皆可以不作矣。此我于《周易》一章,所以缕缕数千言,尚觉不惮其烦也。

第三章 《尚书》

第一节 《尚书》中伪篇章

古者,左史记言,右史记事,言为《尚书》,事为《春秋》。古字"尚"与"上"通,《尚书》者,记上古帝王之言之书也。至其来历,据旧时传说:古书甚多,经孔子删定为百篇,上起唐尧,下讫秦缪,以教弟子。秦燔书禁学,济南伏生,名胜,独壁藏之。汉兴,亡失,求得二十九篇,以教于齐鲁之间。讫孝宣世,有欧阳、大小夏侯之学,立于学官。古文《尚书》者,出孔子壁中,武帝末,鲁恭王坏孔子宅,欲以广其居,而得古文《尚书》;及《礼记》《论语》《孝经》,凡数十篇,皆古文也。孔安国者,孔子后也,悉得其书,以考二十九篇,得多十六篇。安国献之,遭巫蛊事,未列于学官,此《尚书》今古文之来历也。——见《汉书·艺文志》。

孔安国之古文《尚书》,因未列于学官,不久旋亦亡失,而后世遂有伪古文《尚书》之出现。《四库全书提要》小学类《说文解字》按语云:

　　慎《序》自称:"《易》孟氏、《书》孔氏、《诗》毛氏、

《礼》、《周官》、《春秋》左氏、《论语》、《孝经》，皆古文。"
考刘知几《史通》，称："《古文尚书》，得之壁中，博士孔安
国以校伏生所诵，增多二十五篇。（原注：按此亦据梅赜
《古文尚书》而言，实则孔氏原本，仅增多十六篇。）更以
隶古字写之，编为四十六卷。司马迁屡采其事，故迁多有
古说。至于后汉，孔氏之本遂绝，其有见于经典者，诸儒
皆谓之逸书。"是孔氏壁中之书，慎不得见。《说文》末载
慎子冲上书，称慎古学受之贾逵。而《后汉书·儒林传》，
又称扶风杜林，传《古文尚书》，林同郡贾逵，为之作训，马
融作传，郑玄注解。由是《古文尚书》，遂显于世。是慎所
谓孔氏书者，即杜林之本。顾《隋志》称杜林《古文尚书》
所传仅二十九篇，又杂以今文，非孔旧本（原注：按古文除
去无师说者六篇，正得伏生二十九篇之数，非杂以今文。
《隋志》此文，亦据梅赜古文，未及与《汉书》互校），自余
绝无师说。陆德明《经典释文》采马融《注》甚多，皆今文
尚书，无古文一语。即《说文》注中所引，亦皆在今文二十
八篇之中。朱彝尊《经义考》辨之甚明。（原注：按彝尊
又谓惟"若药不瞑眩"一语，出古文《说命》，殆因《孟子》
所引而及之。然此句乃徐锴《说文系传》之语，非许慎之
原注。彝尊偶尔误记，移甲为乙，故今不取其说。）则慎所
谓孔氏本者，非今五十八篇本矣。以意推求，《汉书·艺
文志》称"刘向以中古文校欧阳大、小夏侯三家经文，《酒

诰》脱简一,《召诰》脱简二,文字之异者七百有余,脱字数十"云云;所谓"中古文",即孔氏所上之古文存于中秘者,是三家之本,立在博士者,皆经刘向以古文勘定,改其讹脱,其书已皆与古文同。儒者据其训诂言之,则曰大小夏侯、欧阳《尚书》。据其经文言之,则亦可曰孔氏《古文尚书》。第三家解说,只有伏生二十八篇,递相授受,余所增十六篇,不能诠释,遂置不言。故马融《书序》称逸十六篇,绝无师说也。(原注:按《融序》今不传,此语见孔颖达《尚书正义》中。)使贾逵所传杜林之本,即今五十八篇之本,则融尝因之作传矣,安有是语哉?又《后汉书·杜林传》,称"林前于西州得漆书《古文尚书》,尝爱宝之,虽遭艰困,握持不离身"云云,是林所传者乃古文字体,故谓之"漆书"。是必刘向校正三家之时,随二十八篇传出,以字非隶古,世不行用。林偶得之以授逵,逵得之以授慎,故慎称为孔氏本,而亦止二十八篇,非真见安国旧本也。论《尚书》者,惟《说文》此句,最为疑窦。阎若璩《古文尚书疏证》,牵于此句,遂误以马郑所注为孔氏原本,亦千虑之一失,故附考其源流于此。

按作《四库全书提要》者,皆当时考据专家,且经阎若璩等于伪古文《尚书》证明以后,其于《尚书》在汉时之授受,已能得其真相,特为详录其说。至后世所传之古文《尚书》,乃系晋人梅赜，辑拾古籍中所引《尚书》之语，串而成篇，传亦出于梅氏，而托名于孔安国，使当世重视其书。自唐以来，皆不知其伪。孔颖达且为之作《正义》，列于《五经》之中。至宋代吴棫、朱熹、陈振孙，元代吴澄，明代梅鷟、归有光，多疑其文辞，不类于三代，而未能揭其底蕴。至清初阎若璩，乃因诸家之说，更一一推求其实证，共得一百二十八条，作《古文尚书疏证》八卷，于是梅氏伪托之事，始大明于世，此后世所称古文《尚书》之真相也。

后世所传之古文《尚书》，经阎氏之证明，人皆知为晋人梅赜之伪托矣，然仍沿用之而不废者，则有下列之各理由：

（一）梅氏之书，虽非真本，但其编作时，去古尚未甚远，其所见之古书，自然比后世为多，故其书全体，虽非古人原样，若分别观之，或许有一两段，是古人原本。或其语出于古人，而伪造者，断章取句，入之于书；或其语虽非古人，而其意则系古人所传，故其书亦不无可取。

（二）又一譬喻：人有拾得古鼎碎片，零落不全，乃摹其形式，重新加以铸造，即以古鼎之名名之。说其真，实非真，说其伪，则亦有真的原质在内，故亦不无可取。

（三）梅氏书，自晋以后，文人学士，已多所称引，许多典故，皆出其中，骤然废之，后人将不知彼所称引者出于何处，故亦毋宁过而存之。

上列三说，亦颇具有理由，故虽有阎氏之《古文尚书疏证》,辨之于前。复有惠栋之《古文尚书考》,继之于后,而清代二百数十年试士,仍用梅氏古文《尚书》。但我人既知其依托,分别观之可矣。至梅氏之伪孔传《四库全书简明目录》于《尚书正义》论之曰:"安国传虽梅赜所依托,然去古未远,训诂皆有所受。"又评孔颖达《正义》曰:"名物典制,终为考证家所取资。"故自唐以来,梅《传》孔《疏》,终列于"五经""十三经注疏"之中,存而不废也。

夫古文《尚书》之伪,经诸家之考证,已成定谳矣。然亦有逞其博辩出而相争者,则有毛奇龄之作《古文尚书冤词》一书,反对阎氏,大旨以孔《传》为伪,而以古文为真,假《隋志》之文,巧相辩诘,其词虽辩,然终不敌阎氏之有实证也。

今将伏生所传之今文《尚书》,与梅赜所依托之伪古文《尚书》之篇目,两列于此,以供学者之参考。

伏生今文《尚书》之篇目:

一《尧典》 二《皋陶谟》 三《禹贡》 四《甘誓》五《汤誓》 六《盘庚》 七《高宗肜日》 八《西伯戡黎》 九《微子》 十《牧誓》 十一《洪范》 十二《金滕》 十三《大诰》 十四《康诰》 十五《酒诰》 十六《梓材》 十七《召诰》 十八《洛诰》 十九《多士》 二十《无逸》 二十一《君奭》 二十二《多方》 二十三《立政》 二十四《顾命》 二十五《费誓》 二十六《吕刑》

二十七《文侯之命》 二十八《秦誓》

梅赜依托之伪《古文尚书》篇目：

一《尧典》 二《舜典》 三《大禹谟》 四《皋陶谟》 五《益稷谟》 六《禹贡》 七《甘誓》 八《五子之歌》 九《胤征》 十《汤誓》 十一《仲虺之诰》 十二《汤诰》 十三《伊训》 十四《太甲上》 十五《太甲中》 十六《太甲下》 十七《咸有一德》 十八《盘庚上》 十九《盘庚中》 二十《盘庚下》 二十一《说命上》 二十二《说命中》 二十三《说命下》 二十四《高宗肜日》 二十五《西伯戡黎》 二十六《微子》 二十七《泰誓上》 二十八《泰誓中》 二十九《泰誓下》 三十《牧誓》 三十一《武成》 三十二《洪范》 三十三《旅獒》 三十四《金滕》 三十五《大诰》 三十六《微子之命》 三十七《康诰》 三十八《酒诰》 三十九《梓材》 四十《召诰》 四十一《洛诰》 四十二《多士》 四十三《无逸》 四十四《君奭》 四十五《蔡仲之命》 四十六《多方》 四十七《立政》 四十八《周官》 四十九《君陈》 五十《顾命》 五十一《康王之诰》 五十二《毕命》 五十三《君牙》 五十四《问命》 五十五《吕刑》 五十六《文侯之命》 五十七《费誓》 五十八《秦誓》

梅氏古文《尚书》篇目,具如上列。其中将《尧典》之下半截,另加二十八字,名为《舜典》。将《皋陶谟》下半截,名为《益稷》。《盘庚》则分为上、中、下三篇。将《顾命》下半截,名为《康王之诰》。依托者,为《大禹谟》,《五子之歌》,《胤征》,《仲虺之诰》,《汤诰》,《伊训》,《太甲》上、中、下,《咸有一德》,《说命》上、中、下,《泰誓》上、中、下,《武成》,《旅獒》,《微子之命》,《蔡仲之命》,《周官》,《君陈》,《毕命》,《君牙》,《问命》等篇,观其将原有之文,分为二或分为三,而依托者,如《说命》《泰誓》,都分作上、中、下、三篇,亦可见其搜辑材料之不易矣。

伏生所传之《尚书》,本为二十九篇,后又亡失《泰誓》一篇,故仅存二十八篇。清人孙星衍作《尚书今古文注疏》,取《史记·周本纪》中之一段,权为《泰誓》,以足二十九篇之数。唯司马迁虽采《尚书》,而于文字,多有改易,故亦与原书不同,不能认其为真的《泰誓》焉。

复次:《尚书》自梅氏之伪古文证明以后,至最近又有人以《尧典》《皋陶谟》《禹贡》等篇,因其文字顺易,亦以为系后人所伪造。其理由如下:以为《殷盘》《周诰》,出在虞、夏之后,文字已不易解,而《尧典》等篇,其出远在殷周以前,文字反平顺易解,因此疑非真书。又有人以为观于《殷墟书契》,其纪事尚属单词双义之短简,其文字亦尚在创造进行之途程中,而虞、夏时安得有如此整齐完备之书?此所持之理由甚强,然我则谓其目能见千里而不能自见其睫者也。何则？如《尧典》开端即曰："曰若稽古。"是明为后人所追述，而未尝言必虞、夏时人之作品可知矣。且所谓"曰若"者，犹含有疑词，亦如章回小说，开端多有"话说"某某时有某人，如何如何耳。况更加之以"稽古"，又明言昔人所传之故事矣。关于此事，唯近人王国维所言，最为平允。其所著《古史新证》中曾有一节，言及《尚书》者，兹照录如下。其文曰：

> 《虞夏书》中，如《尧典》《皋陶谟》《禹贡》《甘誓》，《商书》中，如《汤誓》，文字稍平易简洁，或系后世重编，然至少亦必为周初人所作。至《商书》中之《盘庚》《高宗肜日》《西伯戡黎》《微子》，《周书》中之《牧誓》《洪范》《金縢》《大诰》《康诰》《酒诰》《梓材》《召诰》《洛诰》《多士》《无逸》《君奭》《多方》《立政》《顾命》《康王之诰》《吕刑》《文侯之命》《费誓》《秦誓》诸篇，皆当时所作也。

第二节 《尚书》的意义与作用

自庄子迄司马迁，皆言"书以道政事"，故《尚书》者，实古帝王施行政治之书也。唯当时中国，尚在"神权政治"时代，一切命令设施，都托之于天与上帝。此时代之社会心理，以为天有感觉、有情绪、有意志，完全与人无异。天既与人无异，故特命其子来施行政治,所以执最高政权者,称为"天子"。天子实受天之指挥监督,以为政治行动,所以此时之帝王,皆称为"受天命"。顺天命者昌,逆天命者亡,夏、殷、周之兴亡,皆托于此说者也。其最显著而有征者,如《书·洪范》曰:

> 我闻在昔,鲧堙洪水,汨陈其五行。帝乃震怒,不畀"洪范"九畴,彝伦攸斁;鲧则殛死,禹乃嗣兴,天乃锡禹"洪范"九畴,彝伦攸叙。

"汨陈其五行"者,五行,即水、火、木、金、土。水性是就下的,"鲧堙洪水"者,是鲧不因就下之水性,而专思用力以堵塞洪水,所以谓之"堙",是"汨陈其五行"也。于是"帝乃震怒","不畀洪范九畴,"而"彝伦攸斁",而"鲧则殛死"矣。禹则能顺水之性,疏导江河,使洪水入海,是不汨陈五行也,于是"天乃锡禹洪范九畴,彝伦攸叙",而禹遂为三代之王矣。观此节,明明是鲧治水不得其法,禹则得其法耳,乃亦必托之天命,盖神权之政治,非如此,人皆不信之也。而忽言天忽言帝者,细察之,亦有分别。如《诗》中屡言"昊天上帝",其所谓"昊天"者,犹人间之言朝廷;"上帝"者,犹人间之言皇帝。故有时合而称之,犹言朝廷之皇帝;分言之,亦称朝廷,或称皇帝,其义一也。《诗》《书》中称昊天或旻天,称上帝或帝者,多至七八十处,可见当时神权政治之盛况矣。又如《皋陶谟》云:

天工,人其代之。天叙有典,敕我五典五惇哉!天秩有礼,自我五礼有庸哉!……天命有德,五服五章哉!天讨有罪,五刑五用哉!政事,懋哉!懋哉!

是则更明白说出人之一切行动,皆受天之指挥与监督矣。然谓此神权政治,竟一无效果乎,是亦不然。盖人是进化的动物,及人智进步,而此种观念与心理,亦能随之而变迁,而进化。梁任公于《先秦政治思想史》中引上二节而申说之曰:

则也,范也,叙也,秩也,皆表自然法则之总相。因则而有彝,因范而有畴,因叙而有典,因秩而有礼,则自然法则之演为条理者也。此总相即后世儒家道家之所谓"道",其条理,则后此儒家之所谓"礼",法家之所谓"法"也。而其渊源则认为出于天。前此谓有一有感觉、有情绪、有意志之天,直接指挥人事者,既而此感觉、情绪、意志,化成为人类生活之理法,名之曰"天道",公认为政治所从出而应守,若此者,吾名之"抽象的天意政治"。

观上所述:则《尚书》所谓"道政事"之意义与作用,可窥见一斑矣。此种神权政治,在今日虽已成为过去之陈迹,而在当时实为一非常重大之事件,且为偌大一个中华民族理法思想之所从出,《尚书》在经籍中占一重要地位,亦其宜矣。

神权政治之弊病，即为迷信。如《皋陶谟》中所说之"凤凰来仪""百兽率舞"；《金縢》中所说之"天大雷雨以风，禾尽偃，大木斯拔。……王出郊，天乃雨，反风，禾则尽起，二公命邦人，凡大木所偃，尽起而筑之，岁则大熟"。此种迷信，亦流行至数千年之久，盘根错节于社会心理，实为进化一大障碍。虽今日欧化科学，已逐渐灌输，而大部分人士，尚锢蔽于迷信雾圈中，未易拔除之也。

《尚书》虽为"六经"之一，而实质则记古帝王之政治行动，研究中国上古史者，亦为一重要之典籍，故于史学门中，亦列其书焉。

历代之为《尚书》学者，亦有汉、晋、宋之三派。自唐以梅氏之古文及伪《孔传》作《正义》，立于学官，以至北宋，是为"晋人之《尚书》学"。自朱子弟子蔡沈，作《书经集传》，明、清以之试士，是为"宋人之《尚书》学"。汉人说《尚书》之传注，自唐以后，均已散失，如伏生之《尚书大传》，其中或说《尚书》，或不说《尚书》，未能据为《尚书》之正传。至清人大兴"汉学"，孙星衍搜辑汉人《书》注，散在各籍者，作《尚书今古文注疏》三十卷；又江声作《尚书集注音疏》十二卷，《尚书经师系表》一卷，于是"汉人之《尚书》学"始复兴于世。此外专言西汉《尚书》大义者，有魏源之《书古微》；专言《禹贡》地理者，有胡渭之《禹贡锥指》——皆清代汉学家关于《尚书》之名著也。欲专门研究《尚书》者，上述诸书，皆可博考而详参之。

抑尤有一言:《尚书》为记古帝王政事之书,每篇自具其首尾,只需就训诂解释其文字,自能明白其意义。不似《诗》《易》《春秋》,异言杂出,各是其是,以互相攻击,故自伪古文之辨明以后,尚无若何之异说。唯其文多殷周时之语言,韩愈《进学解》已谓其"佶屈聱牙",不易读,兼不易解。《汉书·艺文志》于《尚书》叙云:"古文读应《尔雅》,故解古今语而可知也。"是言须求古训诂之学,始可读《尚书》,此实治《尚书》者,必要的工具也。

第四章 《诗经》

第一节 《诗经》的名称与经过

《论语》记孔子教弟子学《诗》，屡称"诗三百"，并无所谓"经"也。秦灭以后，汉人传《诗》者，有齐、鲁、韩、毛四家。齐为辕固生，鲁为申培，系以传《诗》人之地名《诗》；韩为韩婴，毛为毛亨，系以传《诗》人之姓名《诗》——尚无所谓经也。其后齐、鲁、韩之诗尽亡，唯毛亨所传独存，故世举称之曰"毛诗"，亦无"经"字之称也。自宋儒尽翻旧说，而自己又并非传《诗》之人，不敢以自己之姓冠于《诗》上，于是称之曰"诗经"。如朱熹作《诗经集传》是也。因此之故，蔡沈于《书》，不曰"尚书集传"，而亦称"书经集传"以配之，此"诗经"一名，所由立也。

又有一义：中国人于名物，向多单音独字，而听者则未易猝喻，故往往足成二字以名之。如道路、如墙壁等等，本皆单音独字，后乃悉易双音二字。又如虎、如鼠，尚单名独字也，而呼者必加一老字。于是虽初生之虎、鼠，亦无不呼为老虎、老鼠矣。（甚者，如宁波人于一切狗，皆呼黄狗，是将乌狗、白狗，尽消灭其毛色，可发一笑。然例则一也。）《诗》因一字不易使人即喻,故称之曰"诗经",亦此义耳。

旧说称古诗三千余篇,经孔子删定为三百零五篇,然《论语》屡称"诗三百",足征孔子以前,早有此三百篇之诗总集流行于世,故孔子删诗之说,实不足信,此节已经近人论定,可不必赘言。唯孔子教弟子学《诗》,确是真事。且古时《诗》与乐相连,似不能分为二事。《论语》记孔子自言:"吾自卫反鲁,然后乐正,《雅》《颂》各得其所。"又《史记·孔子世家》云:"《诗》……三百五篇,孔子皆弦歌之,以求合韶武《雅》《颂》之音,礼乐自此可得而述。"以是知诗与乐,本相连为一事,诗系口中所唱,乐则用器按其声而和之,如后世唱曲,用器相同。全诗之与乐,何以分而为二,今已无从考知,唯近人顾颉刚作有《诗经的厄运与幸运》一文,所言尚为近理,内一节云:

> 战国时,诗的形式变了:有长篇的"骚",有不歌而诵的"赋",有《佹诗》之类不规则的"诗"。乐也不同了:春秋时乐调简单,乐与歌诗合一,战国时乐调复杂了,离得开歌诗了,所以那时器乐重于歌乐,甚至齐宣王有三百人吹竽,而不必有歌诗。《诗经》到这时候,几乎与社会断绝关系了。

此说诗与乐所以分离之故,尚为近理。至乐亡而诗独存,顾氏"厄运与幸运"文中,亦推言之,其说为:

（1）战国时诗失其乐，大家没有历史的知识，而强要把《诗经》乱讲到历史上去，使得《诗经》的外部，蒙着一部不自然的历史。

（2）删诗之说起，使《诗经》与孔子发生了关系，成为圣道王化的偶像。

（3）汉人把三百五篇当谏书，看得《诗经》，完全为美刺而作。

（4）宋人谓淫诗宜删，许多好诗，险些失传。此说若在汉代起了，一定发生效力。

以上四项，顾氏所谓《诗经》的厄运也。至其幸运，则为：

（1）诗篇有了一个结集，不致随许多逸诗一齐亡了。

（2）汉人不当它寻常的诗歌看，所以《汉书·艺文志》中许多歌诗，完全亡失，而此巍然仅存。

（3）宋代欧、朱、王辈，肯求它的真相，不为传统的解释所拘；虽然蒙蔽之处，还是很多，倒底漏了一线曙光。

（4）到现在可以一点没有拘束，赤裸裸地把它的真相表显出来了。

大抵汉求遗经过急，献经者即得禄仕，故一般士人，群趋于献经。献经必须讲经，若照诗人言怀抒情的本旨讲之，在严守旧体教的社会,必不能相容,所以把《诗》推在圣人身上,说这是孔子所删定,里面寓着圣道王化,如此,则不把它当作寻常的诗歌看而尊之为圣经,使不学无识的人主,不敢置喙又以《诗》为美刺而作,所以可把三百篇当谏书,看刘向诸人的奏章,莫不引《诗》以谈时政,而圣道王化的偶像,以此成功,此汉人对于《诗经》之作用也。至宋儒要自立新说,必须推翻汉人旧说,于是指好好的抒情诗,以为是刺淫奔,因此而《诗经》的面目,完全改变,此亦汉、宋两学相争之一点也。至清人大兴汉学,又把宋人《诗》说,一律推翻而返之于汉,真所谓"扶得东来西又倒",于诗人作诗之本来真面目,终不得见。直至欧化输入,激烈者要推翻群经,尽行西来之新学说,于是有识之士,知经亦自有其价值,有其用处,乃折中于二者之间,如昔人之拘束保守,一字不敢置议,固属非是;激烈者之欲尽废古经,亦属一偏之见。不如因《诗》之本身,加以直觉的观察,而《诗》之真面目,始得显露。此顾氏所谓"赤裸裸地把它的真相表显出来",此则我人今日治《诗》之不二法门也。

复次:《诗》又有《小序》,为何人所作,亦传说不一。汉人之说,固多同于《小序》,即宋人推翻汉说,亦不敢非议《小序》;所以然者,因自来传说,多以《小序》为子夏所作,或以为毛公作,故也。但《后汉书》分明有"卫宏作《诗序》,善得风人美刺之旨"之语,则《诗序》之为卫宏所作,可无疑义。宋人因读书不多,使其知为卫宏所作,亦必批斥得体无完肤矣。此实历来经师儒生之真态,非我故意诋毁之也。此亦治《诗经》者,所不可不知之一义也。

第二节　诗的本来面目

昔人曾说:"言为心声。"因心中发生情思,宣之于口,久而久之,遂成一种成语,如童谣、山歌之类,此即诗之起源也。此种成语,念在口中,觉得隽永而有趣味,后乃感而同化,从而效之,遂成为诗。故诗者,实人之情思怀抱之所积也。《诗经》为中国诗之祖,其中分《风》《雅》《颂》三类,《雅》则又分《大雅》《小雅》,《小序》曾言其义,今录其首章,以资考镜:

诗者,志之所之也。在心为志,发言为诗。情动于中而形于言,言之不足,故嗟叹之;嗟叹之不足,故咏歌之;咏歌之不足,不知手之舞之足之蹈之也。

情发于声,声成文,谓之音。治世之音安以乐,其政和。乱世之音怨以怒,其政乖。亡国之音哀以思,其民困。故正得失,感鬼神,莫近于诗。先王以是经夫妇,成孝敬,厚人伦,美教化,移风俗。

……上以风化下,下以风刺上,主文而谲谏,言之者无罪,闻之者足以戒,故曰"风"。至于王道衰,礼义废,政教失,国异政,家殊俗,而变风变雅作矣!国史明乎得失

之迹，伤人伦之废，哀刑政之苛，吟咏情性，以风其上，达
于事变而怀其旧俗者也。故变风发乎情，止乎礼义。发
乎情，民之性也；止乎礼义，先王之泽也。是以一国之事，
系一人之本，谓之"风"。言天下之事，形四方之风，谓之
"雅"。雅者，正也，言王政之所由废兴也。政有小大，故
有小雅焉，有大雅焉。"颂"者，美盛德之形容，以其成功
告于神明者也。是谓"四始"，诗之至也。

"四始"之说，历代学者，多称引之，故亦为学者不可不知
之事。至其所言之理，是否正确，此处可暂置勿论。我人所亟
宜知者，即《诗》之本来面目——言怀、抒情之作，即顾氏所谓
"赤裸裸地把它的真相表显出来"者，是也。此义有刘大白所
作《旧诗新话》第二十，题为《从古墓中掘出抒情诗来》一节，
曾畅发其义，文曰：

　　自从读古人作品的，存了一个"古人作诗，托男女以
寓君臣"的成见，不知埋没了多少抒情诗。诚然，古人作
品中，也确有"托男女以寓君臣"的，如《离骚》之类，但却
不可以执着少数的例，概尽一切。原来中国人，向来主张
男女有别，礼教的防闲，看得很严，总觉得男女言情，仿佛
是一件大逆不道的事，所以不但把别人抒情的作品，看成
"托男女以寓君臣"，就是自己确为抒情而作的诗，也往往

甘心让人家指为"托男女以寓君臣",作避却"离经叛道"的唾骂的保护色。虽然有人说陶潜"白璧微瑕,只在《闲情》一赋",却依旧有人,把"托男女以寓君臣"的话,来给他辩护。如果清代朱彝尊没有"宁不食两庑豚,不删《风怀》二百韵"的自白,也难保人家不说他底《风怀》诗是"托男女以寓君臣"哩。

⋯⋯

这个"托男女以寓君臣"的成见,实在是中国旧文学中抒情诗的坟墓。如果要整理中国旧文学,使旧体抒情诗底"木乃伊",有重见天日的希望,非掘去这个成见的古墓不可!含有抒情诗的《国风》和《古诗十九首》之类,咱们不可不把它们从古墓中掘出来,重新唤醒它们抒情的灵魂。

大白此论,真是"一针见血"之言。中国古代好好的抒情诗,被目豆性奴的腐儒,说成死囚牢里的判决书,岂非是埋没性情、抹杀风景的恶作剧?至于说美刺,说刺淫奔,更讨厌乏味之至矣!

宋儒反对汉儒,把美刺之谬说取消,此顾氏所谓"漏了一线曙光"者。然把好好的抒情诗,指为刺淫奔,其谬误亦与美刺相等。刘大白《旧诗新话》第十九论《〈郑风〉淫》云:

　　我从前很怪朱熹误认郑声淫就是《郑风》淫，把《毛诗·郑风》二十一篇中的十四篇，都指为淫奔之诗。他说："郑卫之乐，皆为淫声。然以《诗》考之，卫诗三十有九，而淫奔之诗才四之一，郑诗二十有一，而淫奔之诗已不翅七之五。卫犹为男悦女之辞，而郑皆为女惑男之语。卫人犹多刺讥惩创之道，而郑人几于荡然无复羞愧悔悟之萌。是则郑声之淫，有甚于卫矣。故夫子论为邦，独以郑声为戒而不及卫，盖举重而言，固有次序也。"这自然是他误以声就是风，淫就是淫奔，存了《郑风》淫的成见去读《毛诗》的缘故。然而他这个错误，总比什么"托男女以寓君臣"的见解好得多。他曾在《诗传序》上说："凡诗之所谓风者，多出于里巷歌谣之作，所谓男女相与咏歌，各言其情者也。"这句话，他明明说《国风》里面，很多男女间抒情的作品。现在我们读《毛诗·郑风》中，他所指为淫奔之诗的十四篇，以及他所未指为淫奔之诗的《女曰鸡鸣》一篇，分明都是抒情诗，都是"男女相与咏歌，各言其情"的作品。不过在他理学家底眼光中，总觉得除了什么"偕老""静好"以外，男女相与言情，就是淫奔。而且受了《小序》"男女有不待礼而相奔""男女失时，思不期会""男女相弃，淫风大行"的暗示，就都指为淫奔之诗了。可是他指为淫奔之诗，虽然不免头脑冬烘，而对于《小序》的大胆的翻案，总不能不说是一种新的发见。这正和从《旧约》中认识《雅歌》是犹太文学的抒情诗,而并非赞美耶和华的寓言,差不多是同样的发见。他如果只说是"男女相与咏歌,各言其情",而不板起理学家的面孔,说什么"皆为女惑男之语",什么"几于荡然无复羞愧悔悟之萌",那就得了。

大白上面的两节话,说得都很不错。就是朱熹于《国风》中所指为刺淫奔之诗,何尝有"刺"的形迹意义?其实都是"男女相与咏歌,各言其情"的作品。不然,何以孔子曰"诗三百,一言以蔽之,曰思无邪"呢?

照上所论,《国风》中大半是抒情的作品。其实不单《国风》,《小雅》中抒情的作品亦不少——第一篇之《关雎》,自来讲《诗》者,都指为美文王后妃之德,今若细索全篇,何尝有半个文王后妃在内?又有人以《关雎》为咏新婚之诗者,实亦非是。刘大白之《白屋说诗》中,论定为诗人单相思之作,是诗人于踏青时,见河洲中之雎鸠,有关关的呼侣声,因而自己想求得一淑女以为配偶,无奈"求之不得",遂至"辗转反侧"而不能成寐。其所谓"钟鼓乐之""琴瑟友之"者,皆诗人求得佳偶时心脑中之幻想,此实确切不移之解释,乃我近遇大白之老友某君,见此说勃然作色曰:"岂有孔子圣人,于《诗经》开端,即言单相思者乎?"噫!以此足见社会心理,被前人之成见所锢蔽,真不易拔濯矣!

大白《白屋说诗》中所论定的:如《静女》,系少年男女,约在城隅中幽会之诗。（此诗与此同意者，尚有多人，具见《白屋说诗》。）《柏舟》，系女子矢志嫁一恋人之诗。《绸缪》，系新婚之家，宾客闹房，对新娘新郎取笑之诗。《有狐》，系男子欲替情妇制新衣之诗。《遵大路》，系女子送别男子之诗。《卷耳》，系思妇纪念征夫之诗。《鸡鸣》，系女子怨丈夫上朝之诗。《缘衣》，系男子悼亡之诗。《葛生》，系男子扫妻墓回家后，思念其妻之诗。又我亦有几首考订者：《召南》之《鹊巢》，系女子出嫁之诗。《小星》，系征夫之怨苦，不得在家之诗。《邶风》之《燕燕于飞》，系诸侯嫁女，嘱其女之诗。《谷风》，系女子被夫所弃，追忆前情之诗。《卫风》之《氓》，系女子被流氓所骗，既复被弃——正如今之拆白党——追悔不止，自怨自艾之诗。《伯兮》，系妇思征夫之诗。《王风》之《君子于役》，亦妇思征夫之诗。《中谷有蓷》，系女子叹遇人不淑之诗。《小雅》中之《谷风》，亦系女子被弃怨夫之诗。《何草不黄》，亦系妇思征夫之诗。

上面所举，不过十之二三，苟就训诂而细索之，则言怀咏事之诗，实与后世诗人一律，是在好学深思之士，不为昔人谬误之成见所锢蔽，斯为得耳。

第三节　今日研究《诗经》应抱的态度与方法

论《诗经》的本旨，固当如上所述，但名物训诂，则不能不仍用古人的书。故如《毛传》《郑笺》，依然可为注释。至如齐、鲁、韩三家的零文剩义，可窥见西汉人士对于《诗经》的思想；《毛传》《郑笺》，可窥见东汉时的《诗经》思想；欧阳修的《毛诗本义》、王质的《诗总闻》、朱熹的《诗经集传》、吕祖谦的《吕氏家塾读诗记》，可窥见两宋时的《诗经》思想；元、明、清各人诗说、诗解，可窥见各时代发生的思想。以之言《诗经》的本旨，固属非是；以之考时代思想变迁，亦仍属有用也。

西汉今文学齐、鲁、韩三家训故，今存者，仅一《韩诗外传》。《四库全书简明目录》论之曰："其书杂引古事古语，证以《诗》词，与经义不相比附，故曰'外传'。所采多与周秦诸子相出入，班固称三家之《诗》，或取《春秋》，采杂说，咸非其本义。"明王世贞亦言"外传引诗以证事，非引事以明诗"，其言亦确。故此种书，只能为《诗经》文辞之旁证。其余如《左传》《国语》，周、秦诸子，刘向之《说苑》《新序》，及汉人奏章中引《诗》语以谈时事者，皆可作如是观。唯不宜胶柱鼓瑟，以为诗人之本意，必如此耳。

三百篇中，《雅》《颂》与《风》，又微有差别。因《雅》《颂》中多藏有殷周之史迹——如《商颂》之《天命玄鸟》，述商代祖先之发迹。《大雅》之《生民》，述周代始祖之诞生。此种故事，虽属神话，而在历史学家观察之，正可见其尚在母系时代，只知有母，不知有父之真况也。故《诗经》亦为辅助史学之一典籍也。

上述各节,于《诗经》的大体与作用,亦已言其概略。至我人对于《诗经》,如欲为专门的研究,则胡适之《国学季刊宣言》中一节,说得最为扼要。兹照录于此:

例如《诗经》,二千年研究的结果,究竟到了什么田地?很少人说得出的。只因为二千年的《诗经》烂账,至今不曾有一次的总结算。宋人驳了汉人,清人推翻了宋人,自以为回到汉人。至今《诗经》的研究,音韵自音韵,训诂自训诂,异文自异文,序说自序说,各不相关联。少年的学者,想要研究《诗经》的,伸头望一望,只看见一屋子的烂账簿,吓得吐舌缩不进去,只好叹口气:"算了罢!"《诗经》在今日,所以渐渐无人过问,是少年人的罪过呢?还是《诗经》的专家的罪过呢?我们以为若想少年学者研究《诗经》,我们应该把《诗经》这笔烂账,结算一遍,造成一笔总账。《诗经》的总账里,应该包括这四大项:

(1) 异文的校勘:总结王应麟以来,直到陈乔枞、李富孙等校勘异文的账。

(2) 古韵的考究:总结吴棫、朱熹、陈第、顾炎武以来,考证古音的账。

(3) 训诂:总结毛公、郑玄以来,直到胡承珙、马瑞辰、陈奂,二千多年训诂的账。

(4) 见解(序说):总结《诗序》《诗辨妄》《诗集传》

《伪集传》,姚际恒、崔述、龚橙、方玉润等二千年猜谜的账。

有了这一本总账,然后可以使大多数的学子,容易踏进"《诗经》研究"之门,这是普及。入门之后,方才可以希望他们之中有些人出来继续研究那总账里未曾解决的悬账,这是提高。……

胡氏此说,实为研究《诗经》之扼要方法,否则东一堆烂账,西一堆烂账,从何整理起?无论何人,皆属茫然矣!且此法不独研究《诗经》为然,其他一切经籍,皆可适用也。

总而言之:我人今日对于《诗经》的研究,应抱三种态度:(一)《诗经》所咏多有殷、周、春秋时代的史迹,可归之于史学。(二)因汉、宋《诗》说之异义,可窥知汉、宋人之思想与时代风尚。(三)对于诗的本质,不妨直截痛快,举而揭之,言怀者认为言怀,抒情者认为抒情,咏事者认为咏事,即间有美刺,亦可承认,因既已咏事,自然不能无褒贬之意寓其中也。以此治《诗》,斯可与言《诗》已矣!

第五章 《春秋》

第一节 孔子作《春秋》说

《春秋》者,古代各国史官记君主行动之书也。因时令之自春及秋,皆有记载,故遂以为名。如前文记《国语》载楚士亹教太子书籍中,亦有"春秋",可见此类记载,各国皆有也。孔子作《春秋》者,则因孔子鲁人,因鲁国旧有之《春秋》,孔子加以笔削,遂称为孔子作《春秋》耳。古代传记中称孔子作《春秋》者,曾屡见之,而以《史记·太史公自序》言之最详,盖因汉人之讲《春秋》学者,以董仲舒为巨擘,而司马迁曾受董氏之学说也。其文云:

> 上大夫壶遂曰:"昔孔子何为而作《春秋》哉?"太史公曰:"余闻董生曰:'周道衰废,孔子为鲁司寇,诸侯害之,大夫壅之。孔子知言之不用,道之不行也,是非二百四十二年之中,以为天下仪表,贬天子,退诸侯,讨大夫,以达王事而已矣。'子曰:'我欲载之空言,不如见之行事之深切著明也。'夫春秋,上明三王之道,下辨人事之纪,别嫌疑,明是非,定犹豫,善善恶恶,贤贤贱不肖,存亡国,

继绝世，补敝起废，王道之大者也。……拨乱世，反之正，莫近于《春秋》。《春秋》文成数万，其指数千，万物之散聚，皆在《春秋》。《春秋》之中，弑君三十六，亡国五十二，诸侯奔走不得保其社稷者，不可胜数，察其所以，皆失本已。故《易》曰：'失之毫厘，差以千里。'故曰：'臣弑君，子弑父，非一旦一夕之故也，其渐久矣。'故有国者，不可以不知《春秋》，前有谗而弗见，后有贼而不知。为人臣者，不可以不知春秋，守经事而不知其宜，遭变事而不知其权。为人君父而不通春秋之义者，必蒙首恶之名；为人臣子而不通于春秋之义者，必陷篡弑之诛，死罪之名。其实皆以为善，为之不知其义，被之空言而不敢辞。夫不通礼义之旨，至于君不君，臣不臣，父不父，子不子。夫君不君则犯，臣不臣则诛，父不父则无道，子不子则不孝。此四行者，天下之大过也。以天下之大过予之，则受而弗敢辞，故《春秋》者，礼义之大宗也。"

关于孔子作《春秋》之说，以司马迁此文，最为明白畅快，所谓"不通春秋之义者"，其结果至于"君不君，臣不臣，父不父，子不子"，即原本《论语》，孔子"君君臣臣，父父子子"之义。盖"君不君，臣不臣，父不父，子不子"，大乱之道也。故《春秋》立"正名"之旨：以为君者，当尽君道，为臣者，当尽臣道，为父者尽父道，为子者尽子道，则治平之基也——此《春秋》之义也。孟子曰:"晋之乘,楚之梼杌,鲁之春秋,一也。其事则齐桓晋文,其文则史,其义则'丘窃取之矣'。"(按《国语》记楚亦有"春秋",而《孟子》则言楚之"梼杌",窃意当时楚与邹、鲁,犹外国之对中国,"梼杌"者其译音,"春秋"者其译义也。)

孔子所谓"窃取其义"者,有近人冯友兰所作《孔子在中国历史中之地位》一文,言之颇为亲切,兹节录如下:

据孟子说,孔子作《春秋》之目的及功用,在使"乱臣贼子惧"。然《左传·宣公二年》,赵穿弑晋灵公:

太史书曰:"赵盾弑其君",以示于朝。宣子曰:"不然。"曰:"子为正卿,亡不越竟,反不讨贼,非子而谁?"……孔子曰:"董狐,古之良史也,书法不隐。"

又《左传·襄公二十五年》,崔杼弑齐庄公:

太史书曰:"崔杼弑其君。"崔子杀之。其弟嗣书而死者二人。其弟又书,乃舍之。南史氏闻太史尽死,执简以往,闻既书矣,乃还。

据此,则至少春秋时晋齐二史之史笔,皆能使"乱臣贼子惧",不独《春秋》为然。赵穿弑晋灵公,而董狐却书"赵盾弑其君",则所谓"诛心"及"君亲无将,将则必诛"等大义。董狐的《晋乘》中,本来亦有,《春秋》不能据为专利品。……

但抑或因鲁是周公之后,"礼义之邦",所以鲁之《春秋》,对于此等书法,格外认真,所以韩宣子聘鲁"观书于太史氏,见《易》象与鲁《春秋》,曰:'周礼尽在鲁矣。'"(《左传·昭公二年》)他特注意于"鲁《春秋》",或者"鲁《春秋》"果有比"晋之《乘》""楚之《梼杌》",较特别的地方。……

孔子以乱臣贼子之当讨,为天经地义,他当然赞成晋董狐、齐太史之史笔,当然赞成《春秋》的观点。孔子主张"正名",是《论语》上说过的。不过按之事实,似乎不是孔子因主张"正名"而作《春秋》。如传说所说,似乎孔子取《春秋》等书之义,而主张"正名"。孟子所说"其义则丘窃取"者,是也。不过孔子能从"晋《乘》……鲁《春秋》"等里面,归纳出一个"正名"之抽象的原理,这也就是他的大贡献了。

昔人对于孔子与《春秋》之关系,争论无已。如今文家以孔子作《春秋》,为百王大法,而古文家以孔子系"述而不作"不过因鲁史之旧文,并未尝作《春秋》。又如昔人尊孔子,视同天神，以为一字不可侵犯，而近人熏染西洋学说者，视孔子为极平常的人物，且因而痛诋《春秋》，实皆一偏之见。唯冯氏之说，最为平允，其对于孔子与《春秋》之关系，亦朴实说理，不涉意见之争，故本书特多录其说也。

综而论之：《春秋》，本鲁之国史，孔子不过据之加以笔削，故亦可曰"述而不作"。而自经孔子笔削之后，孔门弟子以及后之儒家，群奉之以为经典，此亦即冯氏所谓"以述为作"（语见《经学总论》），故亦未尝不可云"作"也。

第二节 《春秋》笔削的意义

《史记·孔子世家》，言孔子于《春秋》，"笔则笔，削则削，子夏之徒，不能赞一辞"。可见其所书字句之严重矣。所以"笔""削"者，即是对于"善善恶恶，贤贤贱不肖""君君，臣臣，父父，子子"等大义。此种意义，近人称之曰"正名主义"。此事胡适之所著《中国哲学史大纲》第四篇第四章，曾详言之。今摘录之，以见《春秋》笔削的意义焉。胡适曰：

《春秋》正名的方法，可分三层说：

第一，正名字。《春秋》的第一方法，是要订正一切名字的意义。这是言语学文法学的事业。今举一例，《春秋》说：

僖公十有六年，春王正月，戊申朔，陨石于宋，五。

　　是月，六鹢退飞过宋都。

　　曷为先言"陨"而后言"石"？陨石，记闻。闻其硠然，视之则"石"，察之则"五"。是月者何？仅逮是月也。……曷为先言"六"而后言"鹢"？六鹢退飞，记见也。视之则"六"，察之则"鹢"，徐而察之，则退飞。……

　　"陨石于宋，五。"先"陨"而后"石"，何也？"陨"而后"石"也。于宋四境之内曰"宋"。后数，散辞也，耳治也。"是月也，六鹢退飞，过宋都。""是月也"，决不日而月也。"六鹢退飞过宋都"，先数，聚辞也。目治也。……君子之于物，无所苟而已。石鹢且犹尽其辞，而况于人乎？故五石六鹢之辞不设，则王道不亢矣。

　　《春秋》辨物之理以正其名，名物如其真，不失秋毫之末，故名陨石则后其"五"，言退鹢则先其"六"，圣人之谨于正名如此。"君子于其言，无所苟而已矣。"五石六鹢之辞是也。

　　第二，定名分。上一条是"别同异"，这一条是"辨上下"。那时的周天子，久已不算什么东西。楚吴都已称王,此外各国,也多拓地灭国,各自称雄。……

孔子虽明知一时做不到"天下有道,礼乐征伐自天子出"的制度,他却处处要保存那纸上的封建阶级。所以《春秋》于吴、楚之君,只称"子",齐、晋只称"侯",宋虽弱小,却称"公"。践土之会,明是晋文公把周天子叫来,《春秋》却说是"天王狩于河阳"。周天子的号令,久不行了,《春秋》每年仍旧大书"春王正月"。这都是"正名分"的微旨。……

第三,寓褒贬。《春秋》的方法,最重要的,在于把褒贬的判断,寄托在记事之中。……即如《春秋》书弑君三十六次,中间很有个分别,都寓有"记者"褒贬的判断。如下举的例:

(例一 隐四年三月戊申)卫州吁弑其君完。

(例二 隐四年九月)卫人杀州吁于濮。

(例三 桓二年春正月戊申)宋督弑其君与夷,及其大夫孔父。

(例四 文元年十月丁未)楚世子商臣弑其君頵。(《公》《穀》皆作髡)

(例五 文十六年)宋人弑其君杵臼。

(例六 文十八年冬)莒弑其君庶其。

(例七 宣二年秋九月乙丑)晋赵盾弑其君夷皋。

(例八 成十八年春王正月庚申)晋弑其君州蒲。

即举此八例，可以代表《春秋》书弑君的义例。例一与例三、四、七，同是书明弑者之名，却有个分别。例一是指州吁有罪。例三带着褒奖与君同死的大夫。例四写"世子商臣"以见不但是弑君，又是弑父，又是世子弑父。例七虽与例一同式，但弑君的人，并不是赵盾，乃是赵穿。因为赵盾不讨贼，故把弑君之罪责他。这四条，是称臣弑君之例。例二、五、六、八、都是称君不称弑者之例，却也有个分别。例二称"卫人"，又不称州吁为君，是讨贼的意思。故不称弑，只称杀。又明说"于濮"，濮是陈地，不是卫地，这是说卫人力不能讨贼，却要借助于外国人。例五也称"宋人"，是责备被弑的君，有该死之罪。但他究竟是正式的君主，故称"其君"。例六与例八，都是称"国"弑君之例。称"人"，还只说"有些人"，称"国"，便含有"全国"的意思。故称国弑君，那被弑之君，一定是罪大恶极的了。例六是太子仆弑君，又是弑父。因为死者罪该死，故不著太子仆弑君弑父之罪。例八是栾书、中行偃使程滑去弑君的。因为君罪恶太甚，故不罪弑君的人，却说这是国民的公意。

上面摘录胡氏之说，其对于孔子笔削《春秋》之意，已窥见一斑，故自来讲《春秋》者，多重公羊、穀梁、董仲舒、何休诸人之说，即是此意。

第三节　历代《春秋》学

《春秋》是一部文字极简短的记事书，如开端第一句是："元年，春，王正月。"连事都没有，欲探索其意义，如何得能知晓？所以王安石讥为"断烂朝报"，近人梁任公说是"流水账簿"。倘若没有传解，何能知其意义？所以历来讲《春秋》学者，都重传过于重经。汉代立于学官者，仅公羊、穀梁。左氏晚出，遂启今古文之争，其剧烈更甚于《诗》与《周易》。大抵今文家以《春秋》是经，故重义不重事；古文家以《春秋》是史，故不能不重事。二者皆似持之有故，言之成理，然不知事之原委，安能褒贬其人之贤否乎？《四库全书总目提要》"卷首凡例"内有一节云：

说经主于明义理，然不得其文字之训诂，则义理何自而推？论史主于示褒贬，然不得其事迹之本末，则褒贬何据而定？如成风为鲁僖公之母，明载《左传》，而赵鹏飞《春秋经筌》谓不知为庄公之妾，为僖公之妾，是不知其人之名分，可定其礼之得失乎？刘子翼入唐为著作郎宏文馆直学士，明载《唐书刘祎之传》，而朱子《通鉴纲目》书：贞观元年，征隋秘书刘子翼不至。尹起莘发明，称特书隋官以美之，与陶潜称晋一例，是未知其人之始终，可定其品之贤否乎?

此言虽讥贬宋人之空疏说理,然自是确论。治《春秋》者,自当先知其人其事之原委,然后始能推求其义理,否则俯视井中之天(韩愈《原道》谓"坐井观天",语实未妥,故用其意而易其词)高论日月星辰之运行,必无当矣。

《春秋》学今文家之反对古文,西汉之末,已启其端。如刘歆欲将《左传》立于学官,诸博士置之不理,歆至作书遗太常博士以责之。逮后汉则《左传》流行渐广,士人之治之者亦日多,今文家乃至著书以相攻击。何休既注《公羊传》,因笃守家法之故,对于公羊以外之《春秋》学说,无不加以排斥。不但古文之左氏,在所嫉视,即今文之穀梁,亦以为不足齿数。于是作《公羊墨守》,以为《公羊传》如墨翟之守围,无人能攻。作《左氏膏肓》《穀梁废疾》,以二传等于垂死之人。郑玄乃更作《箴膏肓》《起废疾》《发墨守》,以与之对敌。《四库全书简明目录》云:"二传诟争,自西汉始。而其著书以相难者,则自休与玄始也。"自是以后,三传鼎立,莫能轩轾矣。

自汉迄唐,经生之治《春秋》者,均主三传。至宋人尽翻旧说,乃于三传之外,别出理论。孙复著《春秋尊王发微》,谓《春秋》二百四十年中,有贬无褒,无一善足述。自后众说蜂起,不可究诘,至废三传而用胡安国之《春秋传》。夫公羊、穀梁,因所知之事甚少(清陈澧《东塾读书记》云云),尚多牴牾;

况生于千载之后,既无师传,又废弃旧说,庸有当乎?《四库全书提要》"春秋类存目"按语云:

> 明科举之例、诸经传注,皆因元制用宋儒。然程子作《春秋传》未成,朱子又未注《春秋》,以胡安国之学出于程子,张洽之学出于朱子,《春秋》遂定用二家。盖重其渊源,非真有见于二人之书,果胜诸家也。后张传以文繁渐废,胡传竟得独行,则又考官举子共趋简易之故,非律令所定矣。……观张朝瑞《贡举考》,备列明一代试题,他经皆具经文首尾,惟《春秋》仅列题中两三字,如"盟密""夹谷"之类,其视经文不为轻重可知矣。是春秋虽列在学官,实以胡传当一经,孔子特拥其虚名而已。

此元、明二代对于《春秋》之概况也。至清则于康熙年间,因胡《传》未能餍人之故,乃敕撰《春秋传说汇纂》一书,颁于学官,其书以左、公羊、穀梁及胡《传》并录之,使人知共尊《春秋》。然至乾隆间,始废胡《传》改习左氏《传》。及清末,又因考官与举子,共趋简易之故,只习坊间流行之《左传》《左绣》等书,以应考试,《春秋》一经,又在若有若亡之间,此清代一般士子对于《春秋》之概况也。

清代之汉学家,因反对宋儒,故于宋人经说,尽皆废弃,唯《春秋》三传,皆出自汉人,故并重之。道光以后,今文学家又起而与古文学家相争,其间如刘逢禄之《春秋公羊传释例》,最称名著。递衍而至廖平、康有为,乃尽斥东汉古文经,以为系刘歆所伪造。康作《新学伪经考》一书,以刘歆曾事新莽,故称为"新学",伪经,则古文经也。又作《孔子改制考》一书,即因何休《公羊传注》而推衍之,所谓"以元统天""张三世""通三统""黜周王鲁""以春秋当新王",即昔人所言"非常异义,可怪之论"也。此说一张,遂以酿成戊戌之变法,是则用经术以入政治,要以此次为最烈矣,是亦学者所不可不知之事也。

第六章　礼

第一节　礼的来源

礼者，系人类社会，人与人交际，以及祭祀鬼神种种的仪式。久而久之，遂成一种公共遵行的习惯，名之曰"礼"。昔人传说，皆称"周公制礼"，其实并无确凿的佐证。以我们的推测，周自克殷以后，正盛行封建制度，此时的阶级极严，自天子以下，有公、侯、伯、子、男、卿大夫、士、庶人等等阶级，上等阶级不肯与下等阶级为伍，所以因旧有的习惯，定出种种仪式，使人人遵而行之，则上等阶级，愈觉其尊严不可侵犯。此种仪式，或在周初始有固定，故一般人有"周公制礼"的传说也。

孔子幼时，最好此种仪式，又时常教人"学礼"。及孔子以后，儒家遂将此种仪式，录成典册，称之曰"仪礼"，此礼之起点，以及成立为"经"之经过概况也。秦燔书籍，此种仪式的典册，自然亦同遭火劫，及汉诏求遗书，此种仪式的典册，已残缺不全。《汉书·艺文志》云："汉兴，鲁高堂生传《士礼》十七篇；讫孝宣世，后仓最明。戴德、戴圣、庆普皆其弟子，三家立于学官。"然汉代所传者有三本。戴德、戴圣二本，其篇次已微有异同，今所传者，为刘向别录本，即郑玄所注，唐贾公彦作疏。意者,二戴本虽立学官,刘向校书时,见其伦次不善,重为更定,故贾公彦谓"别录,尊卑吉凶,次第伦序,故郑用之",即今本之《仪礼》也。今将其篇次照录如下:

士冠礼第一

士昏礼第二

士相见礼第三

乡饮酒礼第四

乡射礼第五

燕礼第六

大射第七

聘礼第八

公食大夫礼第九

觐礼第十

丧服第十一

士丧礼第十二

既夕礼第十三

士虞礼第十四

特牲馈食礼第十五

少牢馈食礼第十六

有司彻第十七

观上所列，自然即高堂生所传之《士礼》十七篇，而诸侯、卿、大夫所行之礼，已亡失无存矣。然即此十七篇而言，苟欲行之，已不胜其烦琐，故唐韩愈《读仪礼》文，已谓其"行于今者盖寡"，又曰"考于今，诚无所用之"。然在唐代，虽已无所用之，而至宋代诸大儒出，以孔子重"礼"之故，亦从而大倡"礼教"，如司马光、朱熹辈，莫不以"礼"教人，"礼教"之名，乃继孔子而兴。且因此"礼教"与"儒学"合为一体，不可复分矣。

第二节　儒学与礼教的关系

儒学之宗主为孔子，而孔子之所以为儒学宗主者，则因孔子重"礼"之故。因此，儒家之学说与礼教，遂凝合为一而不可分离也。其证据即在记录孔子言行总汇之《论语》。《论语》一书，记孔子重礼之处，亦人多知之；而礼与孔子之关系，且因之与孔子以后儒家之关系，则自来经师大儒，多莫能明焉。乃我则不知我自己之狂妄，竟诠释之于此！按《论语》开宗明义之第一章第一节，即记：

子曰："学而时习之，不亦说乎！"（说，即今之悦字）

此"学"字，与"习"字，自来经师大儒，无不解错。所谓"鸟数飞"，所谓"后觉效先觉"，皆非孔子言"学"言"习"之本意也。以我之狂断:此所说之学,即是"学礼"。礼者,系一种行止动作,非"时""时"演"习"不可。及至演"习"既久,则因烂熟之故,迨行礼时,则举止自然,毫无窘迫错误之苦态,所以可喜,故曰:"不亦悦乎!"又《论语》记:

　　子曰:"吾十有五而志于学。"

　　此"学"字,亦即指"学礼"而言。否则孔子虽天纵之圣,其所"学","学""何学"乎?岂如后世读书、读诗、读文之学乎?盖孔子当十五岁时,已有"志"于"学礼"焉尔。此证据,即在《史记·孔子世家》,云:

　　孔子为儿嬉戏,常陈俎豆,设礼容。……孔子年十七,鲁大夫孟厘子病且死,诫其嗣懿子曰:"今孔丘年少好礼,其达者欤?吾即没,若必师之。"及厘子卒,懿子与鲁人南宫敬叔往学礼焉。

　　《史记》此节,即可证孔子"十五志学"是学礼。"常陈俎豆,设礼容",即是"时习"。《论语》于"不亦说乎"下,即接以"有朋自远方来,不亦乐乎",即可证所谓"朋"者,即懿子与南宫敬叔之徒。

　　孔子教人以"学",即是学礼,非如后世之以读书、就工、就商为学也。读书,不过是"文学"。如《论语》子曰:"行有余力,则以学文。"此所指之文,乃为读书耳。而"行"与"礼",实为一事。一个人行动,必须遵礼。能遵礼而行,即是会做人。《论语》记孔子教鲤曰:"不学礼,无以立。"此所指之"立",即是能立于社会间做人。故欲在社会间做人,必须学礼也。

孔子因为自己从幼年即好礼,自己遂事事守礼、遵礼,久而久之,成为习惯。到成为习惯以后,觉得有趣味、有意义,而自己又思以"道"易天下。而所谓"道",即可借"礼"以资推行,故孔子之道,人称"儒教",亦称"礼教",二者遂凝合为一而不可分离矣。

所谓孔子之道者,何也? 曰:孔子之道,其中心点即是一个"仁"字(仁的意义,详"子"目"儒家"章)。而"仁"是一个抽象名词,必借礼始可施行。故《论语》记:

> 颜渊问仁。子曰:"克己复礼为仁。一日克己复礼,天下归仁焉。为仁由己,而由人乎哉?"颜渊曰:"请问其目。"子曰:"非礼勿视。非礼勿听。非礼勿言。非礼勿动。"颜渊曰:"回虽不敏,请事斯语矣。"

观此,即可见施行仁道,只需在礼的范围内行动矣。"复",即履。"克己复礼"者,是说做人,时时须制住自己的目、耳、口、身,在礼的范围内视听言动也。"一日克己复礼"

者，即《论语》记孔子曰"有能一日用力于仁，吾未见力不足"者，是也。是说人要求仁，只需在礼的范围内视听言动也。人人能在礼的范围内视听言动，久之，则能成一"仁的社会"，此儒学之最终目的，亦即礼教之最终目的。

或曰：即使人人能在礼的范围内视听言动，何以能成一"仁的社会"乎？曰：此层意颇深远，详言之，虽累万言亦不能尽，兹举其要旨。孔子曰："能以礼让为国乎？"此所说的"让"，并不是让位、让天下之让，是说人人都须遵礼而谦让，才能成一个国家，犹今人言"国民责任"，人人须负也。《大学》言："自天子至于庶人，壹是皆以修身为本。"身如何修？亦即遵礼而行耳。言自天子至于庶人，皆须遵礼而行耳。又《论语》记有子曰："礼之用，和为贵。先王之道，斯为美。小大由之。"和者，即由让而致之者也。人人能让，则无争夺攘窃之事；人人能让，则自能和善亲爱。能和善亲爱，则成"仁的社会"矣。"小大由之"者，亦即"自天子至于庶人"也。儒家之最终目的，即《礼记·礼运》篇所说的"大同"，言礼之运行，能臻此程度，儒学与礼教之关系，盖如此耳。

第三节　礼的意义与作用　上

所谓礼教云者，即无一时，无一事，无不遵礼而行也。如《礼记》所言，一个人至二十岁，戴一顶帽子，即须行"冠礼"。

三十岁娶妻,则有"昏礼"。亲死,则有"丧礼""葬礼""祭礼"。士人相遇,则有"士相见礼"。和乡人饮酒有礼,学射有礼……一个人自少至老,无时无事,无不范围之以礼,此所谓礼教也。《礼记》者,即详言礼的意义与作用之书也。今摘录数则,以见其概要。《冠义》篇曰:

> 凡人之所以为人者,礼义也。礼义之始,在正容体、齐颜色、顺辞令。容体正、颜色齐、辞令顺,而后礼义备。以正君臣、亲父子、和长幼。君臣正、父子亲、长幼和,而后礼义立。故曰:"冠者,礼之始也。"

《昏义》篇曰:

> 礼之大体,而所以成男女之别,而立夫妇之义也。男女有别,而后夫妇有义;夫妇有义,而后父子有亲;父子有亲,而后君臣有正。故曰:"昏礼者,礼之本也。"

《昏礼》篇又总括之曰:

> 夫礼,始于冠,本于昏,重于丧、祭,尊于朝聘,和于射御,此礼之大体也。

观上所言，则礼的意义，可窥见一斑矣。然而犹不止此也。《经解》篇曰：

> 礼之于正国也，犹衡之于轻重也，绳墨之于曲直也，规矩之于方圆也。……故以奉宗庙则敬，入朝廷则贵贱有位，以处室家则父子亲、兄弟和，以处乡里则长幼有序。孔子曰："安上治民，莫善于礼。"此之谓也。

此言礼之效用，可以正国。又引孔子言，以礼为"安上治民"之要具。盖孔子与儒家之政治观，均无不以礼为中心也。《经解》篇又申说之曰：

> 故朝觐之礼，所以明君臣之义也。聘问之礼，所以使诸侯相尊敬也。丧祭之礼，所以明臣子之恩也。乡饮酒之礼，所以明长幼之序也。昏姻之礼，所以明男女之别也。夫礼，禁乱之所由生，犹坊止水之所自来也。故以旧坊为无所用而坏之者，必有水败；以旧礼为无所用而去之者，必有乱患。故昏姻之礼废，则夫妇之道苦，而淫辟之罪多矣！乡饮酒之礼废，则长幼之序失，而争斗之狱繁矣！丧祭之礼废，则臣子之恩薄，而倍死忘生者众矣！聘觐之礼废，则君臣之位失，诸侯之行恶，而倍畔侵陵之败起矣！
>
> 故礼之教化也微，其止邪于未形，使人日徙善远罪而

不自知也，是以先王隆之也。

盖儒家之所谓礼，实包括人类一切道德、伦理、政治等等在内。故能遵礼而行，便是会做人，便算是一个完人。以礼为政治，便能进至国治而天下平。所以《曲礼》篇论之曰：

> 道德仁义，非礼不成。教训正俗，非礼不备。分争辨讼，非礼不决。君臣、上下、父子、兄弟，非礼不定。宦学事师，非礼不亲。班朝治军，莅官行法，非礼威严不行。祷祠祭祀，供给鬼神，非礼不诚不庄。是以君子恭敬、撙节、退让以明礼。

此言礼之全体大用也。反之，而人有不遵礼者，则《曲礼》篇申斥之曰：

> 鹦鹉能言，不离飞鸟；猩猩能言，不离禽兽；今人而无礼，虽能言，不亦禽兽之心乎！

人虽能言，但不遵礼而行动，即无异于禽兽。申言之，无礼，即不是人也。或曰，人尽管不遵礼而行，你虽极力骂斥之为禽兽，彼置之不理，则所谓礼教者，又何以行之乎？曰，此则知其然而未知其所以然也。盖孔子及儒家倡礼教之本旨，在以礼造成一种风俗。所谓"化民成俗"是也至风俗造成以后，则人人皆知礼之可贵，其有不遵礼者，将不齿于人类社会，虽据上位而擅权势，亦将遭众叛亲离之祸而不得不去。故《礼运》篇论之曰：

> 礼义以为纪，……示民有常。如有不由此者，在势者去，众以为殃。

此即申言礼的风俗造成以后，遵礼而行，已成为社会心理。"有不由此者"，虽有权势，而因众人均视之同妖物，将离叛之如周幽王之被人民所驱逐也。故礼之效用，在于无形之中，非如刑法之禁人为恶，为众目昭彰，易见易知也。《礼察》篇又曰：

> 凡人之知，能见已然，不能见将然。礼者，禁于将然之前；而法者，禁于已然之后。……礼云礼云，贵绝恶于未萌，而起信于微眇，使民日从善远罪而不自知也。

孔子及儒家倡礼教之本意盖如此。上言"不学礼，无以立"，故学礼，即是学做人。《文王世子》篇曰：

> 故学之为父子焉。学之为君臣焉。

即《论语》孔子言"君君臣臣，父父子子"之意。而所以能使为君者，不失君道；为臣者，不失臣道；为父者，不失父道；为子者，不失子道——则学礼而已矣！

第四节　礼的意义与作用　下

孔子及孔子以后儒家，如此重礼，已具如上述。但尚有两层意思：一是礼之仪式，虽烦琐已甚，然可以随时变迁，不必拘定为一成不变的。二是礼之意义与作用，则凡属人类社会，无不可以遵而行之的。今分而说明之：

（一）礼之仪式　即世所传之《仪礼》——近人所嗤为节目单——唐代韩愈，已谓其"无所用之"。然唐代虽不行《仪礼》，自有唐代适宜之礼以应用，自汉迄清，无不皆然。若死守《仪礼》之节文，即为不达世务之迂儒矣。然此意，在孔子已早言之。《论语》记：

> 子张问十世可知也？子曰："殷因于夏礼，所损益可知也；周因于殷礼，所损益可知也；其或继周者，虽百世可知也。"

孔子明言礼有损益，其不宜死守呆板式的仪节可知。奈世之迂儒，不知此义，以致敌兵渡河，尚在争论坐立方向，可为

一叹!《论语》又记:

> 林放问礼之本。子曰:"大哉问! 礼,与其奢也,宁
> 俭;丧,与其易也,宁戚。"

"礼之本",即礼之意义与作用,非死板板的条文,故孔子
特"大"其"问",而告之意义与作用,如此如此也。且《论语》
尤有直截痛快之言,孔子特揭而出之以告后世者:

> 子曰:"礼云礼云,玉帛云乎哉? 乐云乐云,钟鼓云
> 乎哉?"

如此大声疾呼,而后世迂腐儒生,犹有未明其义,于是礼
教遂为世诟病,成为无用之废物矣!

(二)礼之意义与作用　中国人对丧、祭等礼,特为郑重,
犹有不失礼教之遗意。至丧、祭等礼之何以重视? 则能知其
故者少矣。唯近人冯友兰有《儒家对于婚丧祭礼之理论》一
文,言之颇为亲切。其中一节云:

> 我们人的心,有情感及理智两方面。我们之所亲如
> 死,自我们的理智观之,则死者不可复生,而灵魂继续存
> 在之说,又不可证明,渺茫难信。不过我们的感情,却又

极望死者之复生,死者之灵魂,继续存在。我们于此,若惟从理智,则对于死者尽可采用《列子·杨朱》篇中所说:"焚之亦可,沈之亦可,瘗之亦可,露之亦可,衣薪而弃诸沟壑亦可。"……

我们对待死者,若纯依理智,则为情感所不许;若专凭情感,则使人流于迷信,而妨碍进步。其有折衷于此二者之间,兼顾理智与情感者,则儒家所说对待死者之道是也。依其所与之理论与解释,儒家所宣传之丧礼、祭礼,是诗与艺术而非宗教。……

对于死者对于无知者,尚崇其德而报其功,况对于生者,对于有知者乎? 社会之中,人人皆互相报答,而不互相争斗,则社会太平矣。

冯氏此论,实发前人所未发。浅见者流,岂知丧礼、祭礼中,含有如此精微重大之意义哉! 至于儒家之重视婚礼,我亦颇有见地,今并述之于此:

儒家之所以重视婚礼,则因有"同姓不婚"之礼禁为之前提也。若同姓结婚,则男女二人,因自幼相昵之故,随性之所欲,无论何时何处,皆草草可以结婚,不必有隆重之仪文矣。唯异姓结婚,则男女两家,不得不存一互相尊敬之意,故对于婚礼,特为隆重矣。或曰:同姓结婚,岂男女二人,必自幼相昵乎? 曰:中国系宗法社会之国家,至今犹有一村落之中,聚族而居者,使逢年龄相当之男女,安有舍近就远求其配偶乎？唯其有同姓不婚之礼禁,乃不得不舍近就远以求配偶,此理势出于自然者也。因此之故,而婚礼乃特为隆重矣。复次:同姓不婚,为中国礼教之特质,世界各国,所未有者。我们研究同姓不婚之原因,乃悟我族从古以农立国,而亚洲东部,地大人寡,又多属平原膏腴之土,苟稍有智力的人民,尽可向外发展,开拓土地以繁衍其种类。而欲向外发展,势必阖族迁徙,故至今日,尚多有一村之人,属于一姓者。于是乃于礼中暗寓一同姓不婚之厉禁,乃不得不向他村之异姓者求其婚媾,如此,则能使各村之人,日增亲善,而灭其嫉视、争斗之事——今日僻壤,虽尚有械斗之事,然已甚微细,不为国族之大患。又因结婚异姓之故,而同化力日益膨胀,以衍成世界唯一之大民族,庸讵知实由同姓不婚产生之结果乎？此礼教之意义与作用,又其一也。

上述二事,亦不过偶尔之发见,而礼教之效用已如此。苟有人做精密的研究,其所获必十倍于此矣。

总而言之:孔子与儒家之重视礼教,自必有其精深的意义,若徒执数十条之条文,以为已尽礼教之能事,固属大谬;若以为礼教一无用处,则亦俯井观天之类也耳,曷足与言精义妙道哉!

第五节　历代礼学

各经之中,独"礼"的争论最少,一则因其难读、难解;二则明知其不适时用，故研究者极鲜，争论自亦因之而少。其说礼之书，如大小二戴，文字皆明白易解，且系记而非经，故亦不必争论。现今所存之三礼，均为郑玄所注，《四库全书简明目录》云：

> 三礼以郑氏为宗，仪礼尤以郑氏为绝学。注文古奥，得疏乃明。数百年来，议礼者钻研不绝，后来著述，皆此书之支流而已。

即此数语，可见郑氏之礼学矣。然犹不独此也，清季陈澧之《东塾读书记》，亦在清代著述界中可占一地位者。其记中之《郑学》一篇，内有云：

> 《孝经正义序》云："魏晋朝贤，辩论时事，郑氏诸经，无不撮引。"澧按：不独魏晋为然，南北朝议礼者，尤多引郑说，见诸史及《通典》者，不可胜举也。盖自汉季而后，篡弑相仍，攻战日作，夷狄乱中国，佛老蚀圣教。然而经学不衰，议礼尤重，其源皆出于"郑学"。即江左颇遵王肃，然王肃亦因读郑君书，乃起而角胜耳。然则自魏晋至隋，数百年斯文未丧者，赖有郑君也。

又记，汉献帝时，三公八座，议屯骑校尉不其亭侯伏完与伏后相见礼，请于郑玄。

玄议曰："不其亭侯，在京师，礼事出入，宜从臣礼；若后适离官，及归宁父母，从子礼。"澧按郑君为处士，而诸豪杰讨贼，则引以为重（按系指汉末各州起兵讨董卓，求郑玄列名其中）。三公八座议礼，则问以取决，千古处士所未有也。

又引宋人林希云：

当汉之末，奸雄竞起，玄脱一身于污浊之世，独全其道，至使黄巾望玄而拜，不入其境。嗟夫！历千百年及此者，乃几人，尚敢辄讪玄哉！

观上录各节，则郑氏品学，可不必再赘一词。而礼为郑氏之绝学，古今来曾无第二人，可与比拟，亦属彰明较著之事矣。兹所述者，唯二戴《礼记》及《周官》一经，不可不置一言耳。

自来士人，皆奉小戴《礼记》为五经之一，科举时代，多诵习之。而大戴《礼记》，则无人过问焉。其实二记中文字，皆七十子后学，及秦汉间儒家陆续作成，至戴德辑而成书，因其中十九，皆言礼意，故名其书曰《礼记》。戴圣者，就戴德所辑，更选其较精粹者若干篇，以资授受，书名则仍为《礼记》。因二人皆姓戴，故有大戴小戴之称。二人之书，在汉代皆立学官，至唐孔颖达，为小戴《礼记》作《正义》，独遗大戴。然戴德之书，被戴圣采取以外之诸篇，仍流行于世，其价值亦与小戴所采诸篇相等，故在宋代，曾有十四经之目。今日而言治礼，亦宜二书并重，实无所轩轾也。

《周礼》本名《周官》，系胪载同代职官之书。至西汉之末，刘歆始表章之，所谓古文《礼经》也。因此之故，历代今文家经师，多诋刘歆为献媚王莽而伪造此书。因王莽曾自比周公，故歆以《周礼》为周公所作，乃周代所以致太平之书。据《汉书·艺文志》云："六国之君，魏文侯最为好古，孝文时，得其乐人窦公，献其书，乃《周官·大宗伯》之《大司乐》章也。"又《桓谭新论》云："窦公百八十岁，两目皆盲。文帝奇之，问曰：'何因至此？'对曰：'臣年十三失明，父母哀其不及众技，教鼓瑟。臣导引无所服饵。'"观上述，虽似可信，但《汉志》本出刘歆《七略》，桓谭所言，亦属得之传闻，故《周官》一书，终在疑似之间。或以为其书虽出刘歆之手，然其中埋藏有周代一部分典制，故亦不无可取，则平心之论也。至王莽及宋代王安石，皆因模仿《周官》，行新法而失败，遂引为世诟詈，则以成败论人，庸夫之见，不足语于学术也。

抑更有一言：礼经之学，与他经不同。如上述礼教与儒学之关系，则研究礼学，当并入子学儒家。宋儒如司马光、朱熹，皆以礼教人，则礼学与理学，亦有密切关系。又历代正史，莫不载有礼乐二志，则与史学，亦不能分离。而欲会通古今之礼制，则清人秦蕙田之《五礼通考》一书，实集古今礼学之大成。曾国藩因此书，并将秦氏列入《圣哲画像》中，其记中有"古今万事万物，无不经之以礼，可谓体大而思精"等语，则此书之价值可知。其余说礼、记制之作，则皆支流余裔而已。

第三编

第一章　子学总论

第一节　子学源流

中国学术思想，植本于古初，其表见者，即为《八卦》《六十四卦》。萌芽于殷周之际，其表见者为《易经》。稍次，则为《尚书》与《诗》。至春秋、战国时，而枝叶扶疏，开花结果，极光华灿烂之大观，即诸子之学说是也。原诸子之学术思想，其所以产生于此时际者，则时势与环境之要求，有以迫之使然耳。当西周盛时，封建阶级甚严，天子高踞于上，诸侯拱卫于下，各国稍有不顺者，则有方伯连帅之类，奉天子之令以讨伐之，故四境晏然，极少兵革之事，此旧史家所颂为成周之盛世也。及犬戎外寇逼入，平王东迁，天子之威势，已一落千丈，而各国诸侯，强并弱，大吞小，周初各国，至此时，已去其大半，于是强大者与强大者相遇，各自称雄，各自图霸，时局遂发生一大变化。强大者之欲抵抗强大，不得不求人才以自辅；弱小者，欲求不为强大者所并吞，亦不得不求人才以自辅。于是才智之士，乃奋臂以起！又因各国之交通频繁，聘问之使，不绝于道，智识因交换而益增，于是学术思想之花，遂怒开而齐放！此即时代之特色，诸子学之所以盛也。

诸子之中，自以孔子倡道之儒家，为首屈一指。唯孔子则"述而不作"，不自立说著书，仅于旧有之典籍中，灌输以自己之理义与思想，此庄子所谓"邹鲁之士，缙绅先生之学"也。此外如庄子所举，则有墨翟、禽滑厘之学，宋钘、尹文之学，彭蒙、田骈之学，关尹、老聃之学，惠施、桓团、公孙龙之学，及庄周自己之学。稍后于庄子者，则有荀子之《非十二子》篇，所举者为它嚣、魏牟之学，陈仲、史鳝之学，墨翟、宋钘之学，慎到、田骈之学，惠施、邓析之学，子思、孟轲之学。夫庄子本道家，乃不愿附于老聃之后，自立一宗以示异也。荀子本儒家，乃排斥子思、孟轲，以为自承孔子之后也。此二说者，皆存一自私之偏见，非可语于子学之派别得失也。

诸子之学，虽各以其"道"鸣，而道则必借文辞而后显，故语诸子之学，势必兼举诸子之文，乃无遗漏。关于此事，有清章学诚所作《诗教》一文，言之颇详，今摘录如下。其文云：

> 周衰文弊，六艺道息，而诸子争鸣。盖至战国而文章之变尽，至战国而著述之事专，至战国而后世之文体备。故论文于战国，而升降盛衰之故可知也。……
> ……诸子之为书，其持之有故而言之成理者，必有得于道体之一端，而后乃能恣肆其说，以成一家之言也。所谓一端者，无非六艺之所该，故推之而皆得其所本，非谓诸子果能服六艺之教而出辞必衷于是也。老子说本阴

阳,庄、列寓言假象,《易》教也;邹衍侈言天地,关尹推衍五行,《书》教也;管、商法制,义存政典,《礼》教也;申、韩刑名,旨归赏罚,《春秋》教也;其他杨、墨、尹文之言,苏、张、孙、吴之述,辨其源委,挹其旨趣,九流之所分部,《七录》之所叙论,皆于物曲人官,得其一致,而不自知为六典之遗也。

上所言本于某教某教,虽未必尽确,然其因受六艺之影响,则彰明较著之事。即反对圣王,欲毁灭一切文物如老子,亦因受六艺之影响,激而为是言耳。《诗教》篇又曰:

后世之文,其体皆备于战国。……今即《文选》诸体,以征战国之赅备:京、都诸赋,苏、张纵横六国,侈陈形势之遗也;《上林》《羽猎》,安陵之从田,龙阳之同钓也;《客难》《解嘲》,屈原之《渔父》《卜居》,庄周之惠施问难也;韩非《储说》,比事征偶,《连珠》之肇也,而或以为始于傅毅之徒,非其质矣。孟子问齐宣王之大欲,历举轻暖肥甘,声音采色,《七林》之所启也,而或以为创之枚乘,忘其祖矣。邹阳辨谤于梁王,江淹陈辞于建平,苏秦之自解忠信而获罪也。《过秦》《王命》《六代》《辨亡》诸论,抑扬往复,诗人讽谕之旨,孟、荀所以称述先王,儆时君也。淮南宾客,梁苑辞人,原、尝、申、陵之盛举也。东方、司马,

侍从于西京,徐、陈、应、刘,征逐于邺下,谈天雕龙之奇观
也。遇有升沉,时有得失,畸才汇于末世,利禄萃其性灵,
廊庙山林,江湖魏阙,旷世而相感,不知悲喜之何从,文人
情深于《诗》《骚》,古今一也。

子书之变为文集,亦系时代出于不得不然,而其体,实出
于诸子。章氏此言,可谓知文章之祖矣。后世选古文者,多不
及子书(唯曾国藩知之,故其选上及经子),皆因不知此义故
也。《诗教》篇又言至战国而著述之事专一节,亦颇有见地,可
见诸子著述之所始。文曰:

古未尝有著述之事也。官师守其典章,史臣录其职
载,文字之道,百官以之治,而万民以之察,而其用已备
矣。是故圣王书同文以平天下,未有不用之政教典章而
以文字为一人之著述者也。道不行而师儒立其教,我夫
子所以功贤尧、舜也。然而"予欲无言""无行不与",六
艺存周公之旧典,夫子未尝著述也。《论语》记夫子之微
言,而曾子、子思,俱有述作以垂训。至孟子而其文,然后
闳肆焉;著述至战国而始专之明验也。春秋之时,管子尝
有书矣,然载一时之典章政教,则犹周公之有官礼也。记
管子之言行,则习管氏法者所缀辑,而非管仲所著述也。
兵家之有《太公阴符》,医家之有《黄帝素问》……

……至战国而官守师传之道废,通其学者述旧闻而著于竹帛焉。中或不能无得失,要其所自,不容遽昧也。以战国之人,而述黄、农之说,是以先儒辨之文辞而断其伪托也。不知古初无著述,而战国始以竹帛代口耳,实非有所伪托也。然则著述始专于战国,盖亦出于势之不得不然矣。

　　此言黄农之书非伪托,因当时未知历史进化之理故。然言著述至战国而始专,则确论也。

第二节　诸子道术之批评

　　诸子者,各因所生之时代,所处之环境,认为有种种不合,乃各以己之识见思想,衍为道术,著之竹帛,于是各有书籍以传世。其识见浅而思想薄者,虽曾著于竹帛,而因感人不深,不久遂归于自然淘汰矣。其能流传于后世者,必其感人甚深,而世亦受其影响者也。故周秦诸子,其传于今而非出于后人伪托者,弥足宝贵矣。至诸子之道术,各家各有其可以独立之点,其是非得失,如庄子、孟子、荀子诸人之议论,固多入主出奴之私见,不足以为依据。其论诸子最平允者,要以汉太史公司马谈之论“六家要旨”为首屈一指矣。今将原文,照录于此,以见古代子学盛行之梗概焉。文曰:

《易·大传》:"天下一致而百虑,同归而殊涂。"夫阴阳、儒、墨、名、法、道德,此务为治者也,直所从言之异路,有省不省耳。

尝窃观阴阳之术,大祥而众忌讳,使人拘而多所畏,然其序四时之大顺,不可失也。儒者博而寡要,劳而少功,是以其事难尽从,然其序君臣、父子之礼,列夫妇、长幼之别,不可易也。墨者俭而难遵,是以其事不可遍循,然其强本节用,不可废也。法家严而少恩,然其正君臣、上下之分,不可改矣。名家使人俭而善失真,然其正名实,不可不察也。道家使人精神专一,动合无形,赡足万物,其为术也,因阴阳之大顺,采儒、墨之善,撮名、法之要,与时迁移,应物变化,立俗施事,无所不宜,指约而易操,事少而功多。儒者则不然,以为人主,天下之仪表也,主倡而臣和,主先而臣随。如此,则主劳而臣逸。至于大道之要,去健羡,绌聪明,释此而任术。夫神大用则竭,形大劳则敝,形神骚动,欲与天地长久,非所闻也。

夫阴阳、四时、八位、十二度、二十四节,各有教令,顺之者昌,逆之者不死则亡,未必然也,故曰:"使人拘而多畏。"夫春生、夏长、秋收、冬藏,此天道之大经也,弗顺则无以为天下纲纪。故曰:"四时之大顺,不可失也。"

夫儒者以六艺为法。六艺经传以千万数,累世不能通其学,当年不能究其礼,故曰:"博而寡要,劳而少功。"

若夫列君臣、父子之礼，序夫妇、长幼之别，虽百家弗能易也。

墨者亦尚尧、舜道，言其德行，曰："堂高三尺，土阶三等，茅茨不翦，采椽不刮，饭土簋，啜土刑，粝粱之食，藜藿之羹，夏日葛衣，冬日鹿裘。"其送死，桐棺三寸，举音不尽其哀。教丧礼，必以此为万民之率，使天下法若此，则尊卑无别也。夫世异时移，事业不必同，故曰："俭而难遵。"要曰强本节用，则人给家足之道也。此墨子之所长，虽百家弗能废也。

法家不别亲疏，不殊贵贱，一断于法，则亲亲尊尊之恩绝矣。可以行一时之计，而不可长用也。故曰："严而少恩。"若尊主卑臣，明分职，不得相逾越，虽百家弗能改也。

名家苛察缴绕，使人不得反其意，专决于名而失人情，故曰："使人俭而善失真。"若夫控名责实，参伍不失，此不可不察也。

道家无为，又曰无不为，其实易行，其辞难知。其术以虚无为本，以因循为用，无成势，无常形，故能究万物之情。不为物先，不为物后，故能为万物主。有法无法，因时为业；有度无度，因物与合。故曰："圣人不朽，时变是守。"虚者，道之常也；因者，君之纲也。群臣并至，使各自明也。其实中其声者谓之端，实不中其声者谓之窾。窾言不听,奸乃不生,贤不肖自分,白黑乃形。在所欲用耳,何事不成。乃合大道,混混冥冥,光耀天下,复反无名。凡人所生者,神也;所托者,形也。神大用则竭,形大劳则敝,形神离则死。死者不可复生,离者不可复反,故圣人重之。由是观之,神者,生之本也;形者,生之具也。不先定其神,而曰我有以治天下,何由哉?

观上所说,可见在汉初,尚六家并重。文中虽颇侧重道家,则因谈、迁二人,均喜道家学说,故班固讥迁,有"先黄老而后六经"之语也。此文载在《史记·太史公自序》篇中,下即接以司马迁自己之论六艺,又可见自汉武以后,学者之精力,俱移在六艺上面,思想定于一尊,而百家之学,遂以衰歇。一方面尊崇圣道,是好现象;另一方面,是阻止思想之进步,于民族精神,实受损不少也。复次:此文虽称司马谈所论,然细察之,上半截之语,系谈常以语迁者,下半截,则迁既述父语,觉其意犹未尽,故重言以申说之。至各家道术之旨义与得失,则具详下文,此不赘矣。

第二章　儒家

第一节　孔子与儒家

《春秋》，是上承成周之治，下启战国之乱，中国社会与政治，皆于此时发生极大的变动。孔子适生于此时，以"天纵之圣"，遂订定六艺，倡设儒家，孟子所谓"守先王之道，以待后之学者"，此孔子所以为"圣之时"，为百世之师表也。

孔子，名丘，字仲尼，鲁国人，生于周灵王二十一年，鲁襄公二十二年，西历纪元前551年；卒于周敬王四十一年，鲁哀公十四年，西历纪元前479年，年七十三岁。

孔子之时，乱机已动，人民处在封建制度的压迫下，困苦异常，孔子想以"王道"救济时弊，而无可下手之处。孔子在生长的鲁国，虽做过司寇、司空等官，并摄行相事，仅三月，鲁已大治，齐国恐鲁国兴盛，乃设计破坏，于是选国中美女八十人，良马百二十匹，送给鲁国的君主。鲁君乃怠于政事，三日不听政，又值祭郊，不致膰俎于大夫。郊祀分膰，为古时最重要的典礼，孔子又是恭敬遵礼的人，见此失礼之事，遂辞宫去国。

孔子离鲁以后，乃周游列国，诸侯虽多闻孔子之名，然都不能用孔子。孔子到六十余岁，回到鲁国，乃修订六艺，教授弟子,遂为儒家之祖。

在孔子以前,儒为学者之通称。如《论语》:"子谓子夏曰:'女为君子儒,毋为小人儒。'"因学者虽众,而人品则有君子小人之分,故孔子勉子夏为君子的学者,而毋为小人的学者。至孔子以后,一般学者,因诵读孔子修订的六艺,又信服孔子的人格,以为如孔子者,始可为儒家之宗主,于是孔子一派的学者,遂都称为儒家矣。

孔子的学说教旨,博大精深,本想寓在礼的里面,以资推行,所以亦称礼教。后世因佛教输入,道教又起而角立,儒家者流,思奉孔子以与佛道相抗衡,于是又名孔子之学为儒教。故孔子也,礼教也,儒学也,儒家也,儒教也,其实,则一而已矣。

儒家之宗主,既为孔子,后世儒家,亦均诵法孔子,故孔子的言论,实为儒家的中心理论。唯古传记及诸子中,都无不竞载孔子之言,然都不可靠。何则?诸子不过借重孔子之言,以自张其旗鼓,非真孔子之言也。只看《庄子》中所载,宛然是道家言。《韩非子》中所述,又宛然是法家言。因此,可见都是借重孔子之故矣。故孔子之言,所可征信者,实只有一部《论语》。《汉书·艺文志》云:"《论语》者,孔子应答弟子时人及弟子相与言而接闻于夫子之语也。当时弟子各有所记,夫子既卒,门人相与辑而论纂,故谓之《论语》。"故其所载,可深信为孔子之言也。至二戴《礼记》所载孔子之言,乃是七十子后学,及秦汉间儒生,推衍孔子之意,遂托为孔子所说耳。《汉书·艺文志》"记百三十一篇"注云"七十子后学者所记"是也。但其言,虽非孔子,其意义系从孔子之言而推出者,故亦可作参究之资也。

第二节　仁为孔子学说教旨的中心理论

儒教亦称礼教,上文已经说过,而孔子学说教旨的中心理论,则为"仁"。蔡子民作《中国伦理学史》内云:

> 孔子所说的"仁",乃是统摄诸德,完成人格之名。

此说实为前人所未道过,以人格训"仁",与《中庸》所记"仁者,人也"、《孟子》所说"仁也者,人也",义实贯通。《论语》中所说的"为仁",易言之,就是说"做人"。或曰:孔子之教,既已称礼教矣,何以不称为"仁教"乎?答曰:"仁"如果实之核心——果实核心亦称仁——藏于中心者也。礼则如果木之枝叶扶苏,表见于外面者也。故"礼"则人人可学,而"仁"则一时不容易表见,此所以称礼教也。总而言之:孔子之儒家,是"以仁为体""以礼为用",一蕴于中,一表于外,二者不可须臾离也。观颜渊问"仁",孔子告以"克己复礼",即此旨已。(说详经学门礼章。)

　　至于"仁"的意义,如蔡氏所说,固为举全体而言,就是
"做人"。然而人应如何做法,也须将"仁"的意义,详细解释
之,始能知其运用。按《论语》中记弟子问"仁",孔子所答,各
人不同,此乃因所问的人,于人格欠缺某部分者,孔子告以须
补充某部分,故所答不能尽同耳。且智如子贡,尚不免以慈善
事业为"仁",故孔子答以"博施济众""尧舜其犹病诸"。且知
子贡之智,正可告以"仁"之全体大用,乃继续语之曰:

　　　　夫"仁"者,己欲立而立人,己欲达而达人,能近取譬,
　　可谓"仁"之方也已。

"己立立人""己达达人",实为"仁"之全体大用;此二语的意
义,以梁任公所作《先秦政治思想史》论"儒家思想"章,解释
得最为亲切明白,兹摘录于此。其言曰:

　　　　儒家言道言政,皆植本于"仁"。……"仁"者何?以
　　最粗浅之今语释之,则同情心而已。樊迟问"仁",子曰
　　"爱人"。谓对人类有同情心也。然人曷为而有同情心
　　耶?同情心曷为独厚于人类耶?孔子曰:"仁者,人也。"
　　此言"仁"之概念与"人"之概念相函。再以今语释之,则
　　"仁"者,人格之表征也。故欲知"仁"之为何,当先知
　　"人"之为何,"人"何以名。吾侪因知有我故比知有人。

我圆颅而方趾,横目而睿心,因此,凡见有颅趾目心同于我者,知其与我同类。凡属此一类者,锡予一"大共名",谓之"人"。"人"也者,通彼我而始得名也。彼我通,斯为"仁"。故"仁"字从二人,郑玄曰:"仁,相人偶也。"非人与人相偶,则人之概念,不能成立。申言之,若世界上只有一个人,则所谓"人格"者,决无从看出。人格者,以二人以上相互间之"同类意识"而始表现者也。……

智的方面,所表现者为同类意识;情的方面,所表现者为同情心。……孔子曰:"己所不欲,勿施于人。"于文,如心为恕,推己度人之谓也。惟有同类意识,故可以相推度,吾所不欲者,以施诸犬马,或适为彼所大欲焉,未可知也。我既为人,彼亦为人,我感受此而觉苦痛,则知彼感受焉而苦痛必同于我,如吾心以度彼,而"勿施"焉,即同情心之消极的发动也。故孟子曰:"强恕而行,求仁莫近焉。"消极的恕,近仁而已,积极的仁,则更有进。孔子曰:"夫仁者,己欲立而立人,己欲达而达人,能近取譬,可谓'仁'之方也已。"譬者,比也。以有我,比知有彼,以我所欲,比知彼所欲,是谓"能近取譬"。……我现在所欲立之地位,必与我之同类,相倚而并立;我将来所欲达到之地位,必与我之同类,骈进而共达。何也? 人类生活方式,皆以连带关系(即相人偶)行之,非人人共立此地位,则我决无从独立;非人人共达此地位,则我决无从独达。"立人""达人"者,非立达别人之谓,乃立达人类之谓。彼我合组成人类,故立达彼,即立达人类;立达人类,即立达我也。用"近譬"的方法体验此理,彻底明了,是谓"仁之方"。手足麻痹,称为"不仁",为其同在一体之中,而彼我痛痒,不相省也。二人以上相偶,始能形成人格之统一体,同在此统一体之中,而彼我痛痒不相省,斯谓之"不仁",反是斯谓"仁"。是故"仁""不仁"之概念,可得而言也曰:"不仁"者,同类意识麻木而已矣;"仁"者,同类意识觉醒而已矣。

……

"不仁"之极,则感觉麻木,而四肢痛痒互不相知;"仁"之极,则感觉锐敏,而全人类情义利患之于我躬,若电之相震也。信乎"以天下为一家,中国为一人,非意之也"。

自来解释"仁"的意义者,都没有如梁氏此说之明白亲切。如郑玄解为"相人偶",朱熹《孟子集注》解"孟子见梁惠王"章以"人人相亲为仁",虽意尚近似而义终含混。至韩愈《原道》,以"博爱之谓仁",夫"博爱",谓无所不爱也,是则与墨子之"兼爱"无所区别矣。唯蔡氏以人格训"仁",始得"仁"的大体。梁氏即以孔子所言,"己立立人,己达达人",为"仁"的详细解释,于是孔子最重视的"仁",始得界说与定义,盖亦受西方学术之影响,始克臻此也。

《论语》中记孔子言"仁"者,多至三十余条,多属因问者之人格有所欠缺,而孔子思所以补救之,上已说过。至"为仁"即是"做人"之义,孔子亦常道之。如孔子曰:

> 民之于仁也,甚于水火。水火,吾见蹈而死者矣,未见蹈"仁"而死者也。

此言水火为人生日用所必需,不得可即至于死,然用之不得其当,亦有误蹈之而致死者。若在社会间做人,以"己立立人,己达达人""己所不欲,勿施于人"为心,则人绝未有害之者,此所谓"未有蹈仁而死者也"。"仁"之重要如此,所以一刻不可与之相离。子曰:

> 君子无终日之间违仁,造次必于是! 颠沛必于是!

因为"为仁",就是"做人",除非"不做人",可以"不讲仁"。若还是"要做人",也就还是"要为仁"。还有一层:若是"不要为仁",只求行尸走肉,顾全性命的"做人",却还是"不如死"。故孔子又曰:

> 志士仁人,无求生以害仁,有杀身以成仁。

观上所述，则于"仁"的意义，可谓博深切明矣。孔子倡立儒教的中心点是此。就是传受孔子儒教的曾子，亦曾痛切说明"仁"的重要。其言曰：

> 士不可以不弘毅，任重而道远。仁以为己任，不亦重乎？死而后已，不亦远乎？

然则孔子之道，"仁"而已矣。

第三节　儒学与礼教

已述于经学门，此处不赘。

第四节　孝弟忠信为行仁的初步

中国人有句老话："在家靠父母，出门靠朋友。"浅见者，以为此系吃江湖饭的口头话，不知其中，实含有至理，且不知其实为孔子之教，又为行"仁"之初步也。

"在家靠父母"，试问父母何以可靠？则自己，必先能孝悌，如此，父母亦慈爱之而可靠矣。若自己不能孝悌，父母亦将恶之厌之，又何能可靠乎？我自己先能孝悌，则父母亦必慈爱，即"仁"的活用也。《论语》记有子曰：

其为人也孝悌，而好犯上者鲜矣。不好犯上而好作乱者，未之有也。君子务本，本立而道生，孝悌也者，其为仁之本与！

世称有子之言似夫子，此节即可代表孔子之孝悌观念。"孝悌为仁之本"，明明说孝悌，即为仁的初步。儒家之重孝悌，亦即是因为仁的初步，故曾子之徒，竟作《孝经》，以阐发孝道也。（《孝经》称仲尼居，曾子侍，即此可见系曾子弟子所作。汉人以为孔子作《孝经》，《纬书》妄说耳。）

"出门靠朋友"者，一个人离家以后，必须与社会间人相交际。与社会间人相交际，则自己必先之以忠信，若不忠信，则人皆恶之厌之，又安能得朋友之靠乎？此义则孔子曾明白申言之曰：

言忠信，行笃敬，虽蛮貊之邦行矣。言不忠信，行不笃敬，虽州里行乎哉？

"忠，"是"中心"二字的会意字。（后世引申作忠臣的忠字，非本义。）谓"中心"推度，即梁氏所说，"如吾心以度彼"，与"恕"字相同而且连贯。故曾子曰："夫子之道，忠恕而已矣。"忠恕，犹言道理，可单称一字，亦可二字并举。"信"为"人言"，既为"人"而能"言"，必须真实不诳，否则如鸟口之鸣,犬口之吠,不能称为"人言"矣。人在社会间,在"言"为"忠信",在"行"为"笃敬",二者亦一贯。以如此之人,虽蛮貊可行,否则虽州里亦不能行也。

以上二节,合之即在家须孝悌,出门须忠信,最终目的,即是造成一"仁的社会",即《礼记·礼运》篇所言之"大同"。至大同之极,则可至"不独亲其亲,不独子其子",是合全世界之人,皆游于自由、平等、亲爱之区域矣。此孔子儒教之最终目的也。

孝悌忠信四字,看来虽是并重,而上三字,实包括在"信"之内。盖若言而无信,则所谓孝悌忠者,皆伪而已矣。故孔子复重言以申明之曰:

> 人而无信,不知其可也。大车无輗,小车无軏,其何以行之哉?

证以此言,则人之一切行动,无不需"信"明矣。孔子之道,以仁为体,以礼为用,而所以行之者,信也。孔子对曾子、子贡,皆言"吾道一以贯之",观上所陈,皆"一贯"之明证矣。

第五节　修养身心与对待社会

孔子之道,既是一贯,故其对己对人,无不本此一贯之旨以行。孟子曰"穷则独善其身,达则兼善天下",即此义也。其独善者,如《论语》记:"子之晏居,申申如也。夭夭如也。"即言孔子在闲暇无事之时,无不悠然自得,亦即孔子修养身心之一端。《论语》又记:

> 子曰:"饭疏食饮水,曲肱而枕之,乐亦在其中矣。不义而富且贵,于我如浮云。"

不汲汲于富贵,不戚戚于贫贱,此乃修养身心第一要义,亦即唯上智大哲,始能臻此。孔子曰:"仁者不忧,智者不惑,勇者不惧。"三者为君子之道,做人而能至不忧、不惑、不惧的境域,岂不悠然自得乎? 孔子弟子中,能臻此境者,唯颜渊一人,故孔子赞之曰:

> 贤哉! 回也。一箪食,一瓢饮,在陋巷。人不堪其忧,回也不改其乐。贤哉! 回也。

以孔子如许弟子,而独称颜渊一人,可见修养身心,亦不是一件容易的事。所以孔子独两言"贤哉"以赞美之,即所以明其不易也。孔子又对颜渊曰:"用之则行,舍之则藏,唯吾与尔有是夫!"可见二人之志同道合矣。

孔子对待社会,即思"以道易天下",以天下太平为目的者也。故其在强壮之年,曾奔波劳碌,遍历各国,以期诸侯之用己,始可以行其所怀抱之大道。甚至"在陈绝粮",被围于匡,受长沮、桀溺、楚狂、荷蓧丈人等种种冷嘲热讽,笑其多事,而孔子都不以为意。后来子路宿于石门,看门的晨门,对子路说:"是知其不可而为之者也!"是则孔子救世的热心,连一个看门的人,都已知之,足见其声名传播之广,非一朝一夕之故矣。故孔子对此,自己曾申明之曰:

> 鸟兽不可与同群,吾非斯人之徒与而谁与? 天下有
> 道,丘不与易也。

正因为天下无道,所以想出一个道来,以期改易无道的天下。孔子一生的精神和怀抱,都可于晨门之言与此孔子自述数语见之。而唐代韩愈所作《争臣论》中,有一节对于此义说得最明白。其文曰:

> 自古圣人贤士,皆非有求于闻用也。闵其时之不平,
> 人之不乂,得其道,不敢独善其身,而必以兼济天下也,孜
> 孜矻矻,死而后已。故禹过家门不入,孔席不暇暖,而墨
> 突不得黔。彼二圣一贤者,岂不知自安佚之为乐哉? 诚
> 畏天命而悲人穷也。夫天授人以贤圣才能,岂使自有余
> 而已,诚欲以补其不足者也。耳目之于身也,耳司闻而目

司见。听其是非,视其险易,然后身得安焉。圣贤者,时人之耳目也;时人者,圣贤之身也。

盖欲用之而救世,我的心;世不我用,则唯有如告颜渊之言,"舍之则藏"而已。此即圣人对于社会,对于身心之诚实态度也。可哀者:后世热衷利禄之徒,一心想做官,想发财,钻谋运动,无不竭尽其力,卑鄙龌龊之态度,人视之将呕吐,而若辈尚以忧时救世为标榜。若辈者,皆孔子之罪人,儒家之外道也。既不明白孔子之教训,乃将"舍之则藏"一句,匿而不道,唯孜孜矻矻于升官发财,悲夫!

第六节　孔子讲学的影响与效果

孔子之周游列国,本思行其所怀抱之道以救世也。乃当时诸侯,都不能用。到了晚年,他回到家乡的鲁国,始修订六艺,以教弟子。据《史记》所载,孔子弟子,多至三千人,身通六艺者,七十二人。至其讲学之影响与效果,实属非常伟大,总其要点,约有五项:

（一）春秋以前,封建阶级甚严,贵族以外,一般平民,皆无处求得学问,因之人民之智识,几等于零。自孔子聚徒讲学,凡"自行束脩以上",都一律教以应需的智识。而孔子又不分国界,《论语》记孔子"有教无类",是各国各种之人,都可向之求学。是则,既已打破贵贱阶级,又消灭国种观念,此于中华民族之进化发展,影响是极大的。

(二)孔子以前,一切典籍,皆藏于宫府,非世守其业者,不易得见。一般平民,更无从过问。经孔子讲学以后,此种典籍,遂流布民间,民智遂因之大启。

(三)自孔子聚徒讲学后,才智之士,接踵而起,讲学遂成一种风气。故战国时人才盛极一时,而种种学术思想,皆于此时代发育长成。虽他家学说,多有反对孔子者,然因此之故,竞争愈烈,思想亦愈以精深。

(四)道家学说,虽倡自老子,其时代或在孔子以前,然在当时,知者极少,影响亦极微。墨子倡导墨家学说,已在孔子之后,然墨子及身,即已大盛。可知一聚徒、一不聚徒之故。而墨子之聚徒,实因效法孔子而来。

(五)孔子周游列国时,学生虽已不少,但讲学尚未成为一种专门的职业。至孔子回鲁后,讲学述书,后世师之,于是农、工、商以外,别成一种“士”的社会。且有专以教书为职业者,如历来私塾,都崇奉孔子,即是因孔子讲学启之也。

上列五项以外,自汉迄清之人士,无论为汉学,为宋学,为汉学中之今文家或古文家,宋学中之程朱派或陆王派,虽纷争剧烈,而诵法孔子则一。即学术外之政治人物,如诸葛亮之鞠躬尽瘁于汉,文天祥之孤忠殉节于宋,史可法之尽忠竭力于明,都是奉行孔子“是知其不可而为之者”的一义;威武如郭子仪、岳飞,都是奉行孔子"君命召不俟驾而行"一义;颜杲卿、颜真卿诸人之骂贼不屈,视死如归,都是奉行孔子"志士仁人杀身成仁"一义(此外尚甚多,姑举二人);陶渊明之一贫如洗,甚至三旬九食、衣帽不全,而悠然自得、毫无戚容,就是奉行孔子"饭疏食饮水,曲肱而枕之,乐亦在其中矣"一义。两千年来,举凡名人杰士,大抵奉行孔子学说而为立身处世之旨归者,盖不可以数计,其影响与效果,深而且巨至如此,此孔子之所以为大也。

第七节　孟　子

孔子以后之儒家,为战国时卿相师传者甚多。至著书阐发儒家学术者,如《孝经》及二戴《礼记》所载,皆七十子以后儒家之所作也(其余亡佚者甚多,观《汉书·艺文志》可知)。其有独著一书以阐明儒学,尚传于今者,则为孟轲、荀卿二子。唐韩愈作《进学解》,称:"孟轲好辩,孔道以明。荀卿守正,大论是宏。是二儒者,吐辞为经,举足为法,绝类离伦,优入圣域。"可谓推崇之至矣。此即孔子以后,在汉人尚未尊崇六艺前之二大儒宗也。

孟荀二人,虽皆诵法孔子,而得力于孔学者,却各自不同。前言孔子之学,以仁为体,以礼为用,其余各种道德,皆包括其中,而孟子独得力于仁,荀子独得力于礼,是则各人之资质既异,见地亦有不同之故。所谓皆得孔子之一枝一节以自立者也。兹分节述之。先说孟子。

"仁"之本旨,即是"推己度人"。孟子根据此义,以为人之心,都是一样的。人心既都是一样,则我以"己立立人,己达达人"为心,是善性也,故主张性善。孟子的全部学说,都以此为出发点。盖孟子哲学,以性善为原则,故性善说实为孟子学说的中心理论。故曰:

> 恻隐之心,人皆有之。羞恶之心,人皆有之。辞让之心,人皆有之。是非之心,人皆有之。恻隐之心,仁之端也,羞恶之心,义之端也。辞让之心,礼之端也。是非之心,智之端也。……凡有四端于我者,知皆扩而充之矣,若火之始然,泉之始达,苟能充之,足以保四海;苟不充之,不足以事父母。

四端之心,"人皆有之",故知性善。"扩而充之",即是"己立立人,己达达人"之谓,故知孟子独得力于"仁"。

孟子以为同是人类,其所欲亦必同。故曰:

> 故凡同类者,举相似也,何独至于人而疑之?……口之于味也,有同耆焉。耳之于声也,有同听焉。目之于色也,有同美焉。至于心,独无所同然乎?

人之口、耳、目于味、声、色,既有同好,则心亦自然不能外此理例。梁任公所谓"以我感受而觉苦痛,则知彼感受焉,而苦痛必同于我",即可为孟子此节注脚。反之,则"吾所不欲者,以施诸犬马,或适为彼所大欲",亦即从同类必同性以为言。盖犬能食粪,马则情愿供人骑坐,是为犬马之性。人则绝不然,人对人,既属同类,则"如吾心以度彼",彼亦必如彼心以度我矣。故知性善。吾人既同有此善性,要"扩而充之",则"四海"虽大,"足以保"其安乐矣。

"扩而充之",即有子言"孝悌为仁之本"。由孝悌而扩充之,即为忠信,可以行于蛮貊者也。孟子曰:

> 老吾老,以及人之老;幼吾幼,以及人之幼。天下可运于掌。诗云:"刑于寡妻,至于兄弟,以御于家邦。"言举斯心,加诸彼而已。

"举斯心,加诸彼",即是"相人偶",即是"己欲立而立人,己欲达而达人",皆为"仁"之极好注脚。孟子因孔子主张的"仁",归纳得一哲学原理,即是性善,全部《孟子》,言仁政,言王道,都从性善的原则原理推衍出来。其说虽不免时有强辩,然大体终不离乎孔子,所以千余年来,无不以"孔孟"并称也。(唐以前多并称"孔墨",宋以后则并称"孔孟"。)

《孟子》书中,记"孟子道性善,言必称尧舜"。所谓古之圣帝明王,都因性善,扩而充之,所以能保四海。后之君主,不知此义,遂至于身丧国亡,此孟子立言之根据也。

复次:儒家所言之"仁",与墨家所言之"兼爱",其不同点在于,仁者亦训"爱人",唯此所言之爱,是从"老吾老,幼吾幼",由亲而及疏,从近而至远,其行爱各有层次。墨子反对此说,以为既言爱人,无所谓此人当爱,彼人不当爱。凡属人类,举宜兼而爱之,无所谓亲疏与近远也。此所谓"兼爱",儒墨异点,此为最大根源。

复次:儒家所言者为仁,桃李之核心,亦称仁。桃李只此一颗核心,而发育长成,能开千花,结万果。仁人亦只一人,苟"扩而充之",能使世界同登仁域。此又仁之一极好解释也。

第八节　荀　子

荀子独得力于"礼"者,则因儒家之学,既成为"礼教",所以荀子专在"礼"上面研究。因而探索圣王制"礼"的原因,荀子曰:

> 礼起于何也?曰:人生而有欲,欲而不得,则不能无求。求而无度量分界,则不能不争;争则乱,乱则穷。先王恶其乱也,故制礼义以分之,以养人之欲,给人之求。使欲必不穷于物,物必不屈于欲。两者相持而长,是礼之

所起也。

"人生而有欲",为人类所同;有欲则必有求,又是出于理势之自然。求无一限制之道,则必出于争,于是乱事起而社会之组织秩序遂遭破坏,故曰"乱则穷"。人生因有欲而至于乱、至于穷,此实性恶之明证。你若说不是性恶,必须设一人生无欲的前提;若人生无欲的前提不能成立,则因有欲而至于穷,岂非人性恶乎?此荀子性恶之原理,由"欲""求""争""乱""穷"五层理由而立论也。然人生则有欲矣,有求矣,以至于争而尚未乱未穷者,则因先王之礼,有以救济之也。有先王之礼,孔子乃因之设为"礼教",正因为人之性恶,故特制礼以遏止争而乱也。此荀子因穷究礼的原因,归纳得性恶的原理。全部《荀子》,都是以此为原则,以此为出发点,所以与《孟子》各张一帜,而莫能相下也。

然所谓"礼"者,不过劝人为善不为恶而已。人既天生有欲,则不能无求,又因求而至于争,则非"法"不能禁止,故荀子之所谓"礼",其意义实等于法家之所谓"法"。故曰:

> 礼,岂不至矣哉!立隆以为极,而天下莫之能损益也。

"立隆为极,莫能损益",几与欧美神圣不可侵犯的宪法等矣。荀子之意,以为只要把礼制定得严密,人有违反之者,即无异犯法,如《礼运》所谓"众以为殃""在势者去"(见经学门礼章),则自无人敢犯之也。故曰:

> 故绳墨诚陈矣,则不可欺以曲直;衡诚县矣,则不可欺以轻重;规矩诚设矣,则不可欺以方圆;君子审于礼,则不可欺以诈伪。故绳者,直之至;衡者,平之至;规矩者,方圆之至;礼者,人道之极也。

此即"立隆为极"的注脚,其所谓"礼",已与法家之"法"无甚异矣。然荀子不言"法"而必言"礼"者,则以"礼"在化民成俗。成俗以后,有违"礼"者,社会能自裁制之,不必如"法"之由国家加以刑罚也。此所谓王道也。

儒家言"礼"不言"法",其根本旨义,在化民成俗,已如上述。然法家亦尝欲立一法以期人之永远遵守,使争与乱无由起,此一层,在儒家以为是做不到的事。故荀子曾驳之云:

> 羿之法非亡也,而羿不世中;禹之法犹存,而夏不世王。故法不能独立,类不能自行,得其人则存,失其人则亡。法者,治之端也;君子者,法之原也。故有君子,则法虽省,足以遍矣;无君子,则法虽具,失先后之施,不能应事之变,足以乱矣。

此荀子反对法家之言"法"也。荀子以为"法"虽良，无良政府，仍不能施行，则等于无法矣。礼则不然，迨化民成俗以后，虽无良政府，而群众心理之所向，违礼者，为众矢之的，所谓"千夫所指，无疾自死"，所以须"立隆为极"，使群众心理归于一致，虽有恶人，不敢违犯，是荀子崇礼的本意也。（附记：如现今日本人之尊视天皇，亦成为群众心理。有违犯天皇者，国人皆指为大逆不道，亦与"立隆为极"之意相类。）

或曰：荀子及一切儒家，处处以礼束缚人的行动，岂不使人失去活泼的生气？且爱逸乐而厌劳苦，亦为人之天性，今使人受如此束缚，岂非反人之性，而人岂不望而生畏乎？答曰：此语亦是。道墨诸家，所以攻击儒家者，亦即为此。所谓"礼经三百，威仪三千""累世不能通其学，当年不能究其礼"，司马谈讥为"博而寡要"也。但儒家必如此主张者，以为行礼之时，有乐以救济之，故曰"礼以节人，乐以道和"，凡儒家所言，必礼乐并举，盖缺一不可也。当行礼受拘束之时，而忽闻悠扬之乐声，使人心境开阔，故礼虽繁，能不以为苦，所谓"乐以道和"者，即使人于劳苦之后，得以逸乐，如《论语》记："子在齐闻《韶》，三月不知肉味，曰：'不图为乐之至于斯也。'"可见乐能移人之心志，使苦繁者，能趋于乐，故虽束缚之以"礼"，而有乐以济之，能使人不视为畏途也。因乐有如此效用，故荀子《乐论》篇曰：

> 夫乐者,乐也。人情之所必不免也,故人不能无乐。乐则必发于声音,形于动静,而人之道,声音、动静、性术之变尽是矣。故人不能不乐,乐则不能无形,形而不为道,则不能无乱。先王恶其乱也,故制《雅》《颂》之声以道之,使其声足以乐而不流,使其文足以辨而不諰,使其曲直、繁省、廉肉、节奏足以感动人之善心,使夫邪污之气无由得接焉。

此即一切儒家注重乐之本意也。因乐有如此作用,故其发生之效果,则又如《乐论》篇所云:

> 凡奸声感人而逆气应之,逆气成象而乱生焉;正声感人而顺气应之,顺气成象而治生焉。故乐行而志清,礼修而行成,耳目聪明,血气和平,移风易俗,天下皆宁,美善相乐。故曰:乐者,乐也。……乐行而民乡方矣。

乐之结果,可使"天下皆宁""美善相乐",亦即完成一"仁的社会",以进世界于大同也。此虽为儒家之奢望,其事实未必能臻此,但理论则固一贯也。

综上所述,则荀子实因研究孔子崇"礼"之故,乃于"礼"中归纳得一性恶的原理,因之更极力主张"礼",以使争无由起,社会不至穷。"礼"太繁苦,则用"乐"以救济之,此荀子全书之主脑,其余皆畅发此义者也。

附　录

乐者,乐也。意义本很明白。乃墨家因自己"非乐",致发生一段谬误的议论,以非难儒家,兹申言其不然。《墨子·公孟》篇曰:

> 子墨子曰:"问于儒者:'何故为乐?'曰:'乐以为乐也。'"子墨子曰:"子未我应也。今我问曰:'何故为室?'曰:'冬避寒焉,夏避暑焉,室以为男女之别也。'则子告我为室之故矣。今我问曰:'何故为乐?'曰:'乐以为乐也。'是犹曰:'何故为室?'曰:'室以为室也。'"

此所说的"乐以为乐",即"乐者,乐也"。上一"乐"字,系"音乐"之"乐"。下一"乐"字,系"娱乐"之"乐"。言"音乐"所以能使人"娱乐",语本极明白清楚。乃墨子弟子所说,非误会,即强辩,与"室以为室",截然不同。不料今人胡适之作《中国哲学史大纲》,引此一节,且加以按语曰:

> 儒家说的,还是一个"什么"。墨子说的,是一个"为什么"。这又是一个大分别。

此以下,胡氏还有长议论,以为墨子的理论,高于儒家一层。殊不知《公孟》篇,把两个"乐"字误看,强引"室以为室"做比拟,实属瞎说。胡氏眼光极锐,心思亦细,乃亦不加细察,用以右墨而左儒,实使人不解其意。且梁任公亦受其误,其所作《先秦政治思想史》中,对于此节,以为"乐以为乐",只能如此对答。如问人:"何故为生活?"亦只得答曰:"为生活而生活"而已。是亦将"乐""乐"二字,认为一物也。呜呼!以胡梁二氏之学识眼光,对于如此误解之义,亦均因仍而不能辨正,岂不异哉!

第三章　阴阳家

第一节　阴阳家用世的历史

阴阳家学说之出世，远在儒、道诸家之前，即儒、道诸家，亦因受阴阳家之学说而产生。然在春秋以后，阴阳家大部分之学说，被儒家所吸收，而阴阳家反附于儒家而行，观《史记·孟子荀卿列传》，附以骈衍，即此可见其梗概矣。故本书遵《史记》之例，以阴阳家列于儒家之后，亦此意也。至阴阳家学说之行于政治中者，其事极为重大，故先述此节。而下节则述阴阳家学说焉。

《汉书·艺文志》云：

> 阴阳家者流，盖出于羲和之官，敬顺昊天，历象日月星辰，敬授民时，此其所长也。及拘者为之，则牵于禁忌，泥于小数，舍人事而任鬼神。

此言"出于羲和之官"，盖托始于《尧典》之命羲和，定历象耳。其言"拘者为之……舍人事而任鬼神"，亦系倒置。盖阴阳家学说，实出于上古时代之"神权政治"，而神权政治，正以鬼神为政治之主脑,如《诗》《书》中之称昊天上帝,即天命其子——天子,代天施行政治者也。昊天上帝之下,则有五帝,以分司各地之神。《周礼》云:

> 祀昊天上帝,则服大裘而冕;祀五帝亦如之。

郑玄注云:

> 昊天上帝者,天皇大帝北辰耀魄宝也。五帝者,五行精气之神也。曰青帝灵威仰,曰赤帝赤熛怒,曰黄帝含枢纽,曰白帝白招拒,曰黑帝汁光纪。

此为最古之五帝说。其曰"五行精气之神"者,即金、木、水、火、土,又寓东、南、西、北、中五处之神。五帝之上,则有昊天上帝以统摄之也。后世人智进化,以此五帝说为不经,于是从故事传说中,取古代最著名之五君主称为帝——故五帝之名,众说纷纭,莫衷一是。而五方之神,代以五岳。青、黄、赤、白、黑,则代以金、木、水、火、土之五行,是皆文化稍启后之更易,非古代之本来面目也。

阴阳家者,将上述各说,参以自然界现象,作为理论,以为自然界之现象,不外一阴一阳,日月寒暑之更迭,即一阴一阳之变化,《周易》一书,即阴阳家学说之大本营。以乾坤二卦,代表阴阳两仪,将宇宙间一切事物,统行包括其中,其卦辞、爻辞,即神权政治时代施行政治之令典,犹殷、周时之誓诰也。稍后,则为《尚书》中之《洪范》,以水、火、木、金、土五行,为施行政治之根据,如"水不润下""火不炎上""木不曲直""金不从革""金木水火渗土",名为灾异。此等灾异之发生,由于阴阳之运行,失其秩序;阴阳运行失其秩序,则因人主不修德,天特降灾异以警告之,《周易》所谓"天垂象见吉凶,所以示人也"。此外如日食、彗见、地震、山崩、川竭等等,在《春秋》中,均视为非常重大之灾异。《春秋》万八千字,书灾异者,多至一百余条,其重视可见。其中如鹳鹆来巢,六鹢退飞,多麋,蟹鼠食牛角,蛇斗,有蜮,螟等蠢微动物,以少见之故,亦认为灾异,以为皆与政治有关系,此《春秋》中留传之阴阳学说也。又如《礼记》中之《月令》即为王者顺气候时令而施行政治之法典,以为必如此施行政治,人君始为不失德,否则天必示以灾异以警告之。再不修德,则祸害乃至。董仲舒对策云:"天变见于上,则人事征于下。"以此为"天人相与之际",是汉代犹大行阴阳家学说。而上述诸书,即儒家六艺之数部分,我故曰,阴阳家学说,被儒家所吸收,至此而阴阳家反附于儒家以行矣。

古者,"三公坐而论道,燮理阴阳",至汉代尚存此制。如汉宣帝时,丞相高平侯魏相,明《易经》,有师法,数表采《易》阴阳,及《明堂月令》上之,以为"阴阳者,王事之本,群生之命,自古圣贤,未有不繇者也"。愿选明经通知阴阳者四人,各主一时,时至明言所职,以和阴阳。上纳用焉。又魏相赖椽吏案事,郡国及休告,从家还至府,辄白四方异闻,或有逆贼风雨灾变,郡不上,相辄奏言之。继魏相而任丞相者为丙吉。尝出,逢群斗,死伤不问。逢牛喘,使问逐牛行几里矣?或讥吉失问。吉曰:"民斗,京兆所当禁,宰相不亲小事,非所当问也。方春未热,恐牛近行暑,故喘。此时气失节,三公调阴阳,职当忧时。"人以为知大体。如上之事迹,俱载于正史,以今日观之,岂非鬼话,而当时以为知大体,足见阴阳家学说,为当时人士所信奉;而汉代名为崇尚儒术,实则尚大行阴阳家学说也。

第二节　阴阳家学说

阴阳家学说,见于六经者,既如上述。其专治此学者,即阴阳家也。《汉书·艺文志》载阴阳二十一家,三百六十九篇,其书今皆不传(其不传之故,实因被儒家所掩)。内《邹子》四十九篇,又《邹子终始》五十六篇。按邹子,即驺衍,为战国时燕昭王师,居稷下,号"谈天衍",系当时阴阳家大师,其书今亦不传。唯《史记·孟子荀卿列传》中,载其(《列传》作驺奭)学说云:

> 驺衍睹有国者益淫侈,不能尚德,若大雅整之于身,施及黎庶矣。乃深观阴阳消息而作怪迂之变,《终始》

《大圣》之篇，十余万言，其语闳大不经，必先验小物，推而大之，至于无垠。先序今以上至黄帝，学者所共术，大并世盛衰，因载其祥度制，推而远之，至天地未生，窈冥不可考而原也。先列中国名山大川，通谷禽兽，水土所殖，物类所珍，因而推之，及海外人之所不能睹。称引天地剖判以来，五德转移，治各有宜，而符应若兹。以为儒者所谓中国者，于天下乃八十一分居其一分耳。中国名曰赤县神州，赤县神州内自有九州，禹之序九州是也，不得为州数。中国外如赤县神州者九，乃所谓九州也。于是有裨海环之，人民禽兽莫能相通者，如一区中者，乃为一州。如此者九，乃有大瀛海环其外，天地之际焉。其术皆此类也。然要其归，必止乎仁义节俭，君臣上下六亲之施，始也滥耳，王公大人初见其术，惧然顾化，其后不能行之。

此一节，系司马迁作《列传》时，于驺衍学说中，采其最精要之点，以著阴阳家言之概况。今分数段说明之。

（一）"必先验小物，推而大之，至于无垠。"即以人类所已见已知之小事小物，研究其变化因果之理，以推测所未见未知之大事大物。例如《易·系辞传》云："日往则月来，月往则日来，日月相推而明生焉。寒往则暑来，暑往则寒来，寒暑相推而岁成焉。"此皆人类今日所已见已知者，执此例以推太古时代之日月寒暑，或未来世纪之日月寒暑，亦必相同。再从空间，推测中国有九州，中国以外，应该如中国者，还有九个九州。当时国人，均以中国为天下，骤闻此言，故以为"怪迂"，以为"闳大不经"，然讵知两千年后，此说竟验，亦一奇矣。

（二）"先序今以上至黄帝，学者所共术，大并世盛衰，因载其机祥度制，推而远之，……人之所不能睹。""机"，即《春秋》所书之灾异；"祥"，则符瑞，古帝王因符瑞而行封禅之盛典者也。"五德"，即金、木、水、火、土之五行。五行，是物之体；五德，是物之用。"转移"者，此五行之德，虽时有变化，然终古存在，此与物质不灭之说，亦颇相符。唯驺衍以为此五德转移得好，即成符瑞，世治，然后有也。此五德转移得不好，即成灾异，世乱，所以见也。以此推测，以为古往今来，亦属相同。

（三）"要其归，必止乎仁义节俭，君臣上下六亲之施。"此即儒家之伦理道德说也。《周易·象传》，于每卦之下，必系"君子以"三字，即借阴阳家言以寓儒家之伦理道德论，而驺衍之旨，与此正同。《史记》之以孟轲、荀卿与驺衍合为一传，即以明阴阳家与儒家，有密切不可分离之故也。观于魏相丙吉诸事迹，其明证矣。

自汉以后，阴阳家学说与儒家学说遂混合。观于正史之《五行志》，无不视为重要之大事。而社会间种种迷信，固结而不可破者，亦因正经正史，尚郑重其事，其来源实出于圣人，故相沿而流行也。若至科学大明，则迷信必归自然淘汰矣。

第四章 墨家

第一节 儒墨之争

自孔子儒家学说昌明以后，于是有墨翟者，起而与之相争。而其原因，一为好胜心所驱，一则认为儒家之说，有未满意之处。《淮南子·要略》中一节，记："墨子学儒者之业，受孔子之术，以为其礼烦扰而不悦，厚葬靡财而贫民，服伤生而害事，故背周道而行夏政。"此即墨子不满意儒家之教，起而相争之故。《墨子·公孟》篇曰：

> 儒之道，足以丧天下者四政焉。儒以天为不明，以鬼为不神，天鬼不说，此足以丧天下。又厚葬久丧，重为棺椁，多为衣衾，送死若徙，三年哭泣。扶后起，杖后行，耳无闻，目无见，此足以丧天下。又弦歌鼓舞，习为声乐，此足以丧天下。又以命为有，贫富寿夭，治乱安危有极矣，不可损益也。为上者行之，必不听治矣；为下者行之，必不从事矣，此足以丧天下。

上述四项，墨子以为"四政"者，盖诸子立说，皆欲以行于政令,所谓"以道易天下"也,故谓之四政。儒家之不信"天""鬼",是儒家之进步,但当时为迷信社会,故墨子特利用此以与儒家相争。"厚葬""声乐"在儒家以为重要,在墨子以为无益人生,故特非之。至"以命为有",系子张之说,所谓"死生有命,富贵在天"。墨子驳斥此层,理由最为充足:若人人"任命",社会间、政治上种种事业,都任其败坏,不必用心力以救治之,此"任命"之恶果也。此墨子之说,较胜一筹矣。然此四者,尚为末节小事,不是儒家之中心理论。墨子欲求胜于儒,必须将儒家之中心理论推倒之,然后可!儒家之中心理论为"仁",墨子则大倡"兼爱",以为同为人类,皆宜"兼而爱之",不应有亲疏远近之差别。故墨家自称"兼士",以儒家之爱人为"别士",此墨家之中心理论也。

儒家受此攻击,自必反唇相讥,故如孟子则斥墨子为"无父",为"禽兽"。其言曰:"墨子兼爱,是无父也。无父,是禽兽也。"夫"兼爱",何至于"无父"而即是"禽兽"?孟子又曰:"墨子兼爱,摩顶放踵,利天下为之。"然则墨子之"兼爱",不过愿自己"摩顶放踵"而已,与"无父"即"禽兽"何涉?盖因儒家教义之《孝经》云:"身体发肤,受之父母,不敢毁伤。"曾子弟子乐正子春曰:"父母全而生之,子全而归之。"如是,始可谓孝。今孟子以墨子愿"摩顶放踵",毁坏父母所给受之身体,即为不孝;不孝,即"无父";"无父"即"禽兽"。此充类至尽之言,亦即孟子好辩过激之言也。其实墨子之"摩顶放踵",与孔子之"杀身成仁"、孟子之"舍生取义",意义无异。乃孟子必欲辞而斥之,至以为"禽兽",非过激之甚乎!

第二节　兼　爱

今请一述墨家"兼爱"之教义。《兼爱》篇曰:

圣人以治天下为事者也,不可不察乱之所自起。当察乱何自起?起不相爱。臣子之不孝君父,所谓乱也。子自爱不爱父,故亏父而自利。弟自爱不爱兄,故亏兄而自利。臣自爱不爱君,故亏君而自利。此所谓乱也。……盗爱其室不爱其异室,故窃异室以利其室。贼爱其身不爱人,故贼人以利其身。……大夫各爱其家不爱异家,故乱异家以利其家。诸侯各爱其国不爱异国,故攻异国以利其国。天下之乱物具此而已矣。察此何自起?皆起不相爱。

此与荀子言"人生而有欲"相类。唯荀子以为"人生有欲",必至于"争"而"乱"而"穷",故制"礼"以治之。墨子"察乱之所自起",以为由于"不相爱",其理亦是。但只言人须"兼爱",人而不肯"兼爱",则无如之何?于是墨子乃称天以临之。《天志》篇云:

> 顺天意者,兼相爱,交相利,必得赏。反天意者,别相
> 恶,交相贼,必得罚。

盖墨子犹笃信神权时代之"天",以为天实能司人间之赏
罚也。故又申言之曰:

> 我为天之所欲,天亦为我所欲。然有不为天之所欲,
> 而为天之所不欲,则天亦且不为人之所欲,而为人之所不
> 欲矣!人之所不欲者,何也?曰:疾病祸祟是也。

墨子之学说教义,必须人人信天畏神之社会,乃能行之。
否则一知疾病祸祟与天无涉,则墨教无立足地矣。

墨子因倡"兼爱",故痛斥战争之非义。《非攻》篇曰:

> 今有一人,入人园圃,窃其桃李,众闻则非之,上为政
> 者得则罚之。此何也?以亏人自利也。至攘人犬豕鸡豚
> 者,其不义又甚入人园圃窃桃李。是何故也?以亏人愈
> 多,其不仁兹甚,罪益厚。至入人栏厩,取人马牛者,其不
> 仁义又甚攘人犬豕鸡豚。此何故也?以其亏人愈多。苟
> 亏人愈多,其不仁兹甚,罪益厚。至杀不辜人也,扡其衣
> 裳,取戈剑者,其不义又甚入人栏厩取人马牛。此何故
> 也?以其亏人愈多。苟亏人愈多,其不仁兹甚矣,罪益

厚。当此，天下之君子，皆知而非之，谓之不义。今至大
为不义攻国，则弗知非，从而誉之，谓之义。此可谓知义
与不义之别乎？

　　杀一人谓之不义，必有一死罪矣。若以此说往，杀十
人十重不义，必有十死罪矣。杀百人百重不义，必有百死
罪矣。……今小为非，则知而非之。大为非攻国，则不知
非，从而誉之，谓之义。此可谓知义与不义之辩乎？

　　此文义正词严，使借兵力以攻人国之野心家，罪状昭著。
然欲制若辈不为战争，则亦无可奈何之事，唯墨子则另有理由
以说明之。《耕柱》篇又曰：

　　今大国之攻小国也，攻者农夫不得耕，妇人不得织，
以守为事。攻人者，亦农夫不得耕，妇人不得织，以攻
为事。

　　战事一起，无论被攻者、攻人者，都受莫大的损失，此乃深
切著明之事。儒家之"春秋无义战"，亦同一理论。只观1914
年欧洲之大战，是极显明的例子。无奈野心家，终不因此而稍
戢其野心，是则深可浩叹者也。然则欲废止战争，非使此等
"非攻"大义，普遍深入人民之心，由战涡中之大多数人民，自
己起来遏止战祸不可矣！

第三节　救　宋

"兼爱""非攻",为墨家的中心理论。且墨子因阻止战争,曾有躬自赴郢,阻楚救宋一事,《墨子》及《吕氏春秋》古传记,多载其事:

> 公输盘为楚造云梯之械成,将以攻宋。墨子闻之,起于齐,行十日十夜而至于郢,见公输盘。公输盘曰:"夫子何命焉为?"墨子曰:"北方有侮臣,愿借子杀之。"公输盘不说。墨子曰:"请献十金。"公输盘曰:"吾义固不杀人。"墨子起,再拜曰:"请说之。吾从北方闻子为梯,将以攻宋。宋何罪之有?荆国有余地,而不足于民,杀所不足而争所有余,不可谓智。宋无罪而攻之,不可谓仁。知而不争,不可谓忠。争而不得,不可谓强。义不杀少而杀众,不可谓知类。"公输盘服。墨子曰:"然乎不已乎?"公输盘曰:"不可。吾既已言之王矣。"墨子曰:"胡不见我于王?"公输盘曰:"诺。"
>
> 墨子见王,曰:"闻大王举兵将攻宋,计必得宋,乃攻之乎?亡其苦众劳民,顿兵挫锐,负天下以不义之名,而不得咫尺之地,犹且攻之乎?"王曰:"必不得宋,且有不义,则曷为攻之?"墨子曰:"甚善!臣以为宋必不可得。"王曰:"公

输盘,天下之巧工也,已为攻宋之械矣。"墨子曰:"令公输盘攻,臣请守之。"

于是公输盘、墨子,解带为城,以牒为械,公输盘九设攻城之机变,墨子九距之。公输盘之攻械尽,墨子之守圉有余。公输盘诎而曰:"吾知所以距子矣!吾不言。"墨子亦曰:"吾知子之所以距我矣!吾不言。"楚王问其故。墨子曰:"公输子之意,不过欲杀臣。杀臣,宋莫能守,可攻也。然臣之弟子禽滑厘等三百人,已持臣守圉之器,在宋城上而待楚寇矣。虽杀臣,不能绝也。"楚王曰:"善哉!吾请无攻宋矣!"

此所记之事,未必虚构,而墨子之精神魄力,无不跃然纸上,我人今日读此,尚为之眉飞色舞,况当日人士,闻此伟人,焉有不千里裹粮从之游学者乎!大抵倡"兼爱"大义,专以扶弱抑强为职志,至自己则吃任何苦楚,皆所不计,此墨子之所以为墨子,古今恐无第二人,可以比拟之也。故《庄子·天下》篇曾称之曰:

墨子称道曰:"昔者,禹之湮洪水,禹亲自操橐耜而九杂天下之川。腓无胈,胫无毛,沐甚雨,栉疾风,置万国。禹,大圣也,而形劳天下如此。"使后世之墨者,多以裘褐为衣,以跂蹻为服,日夜不休,以自苦为极,曰:"不能如此,非禹之道也,不足谓墨。"

墨子之称道大禹,即以禹为拯救万民,治洪水,自己则吃任何苦楚,皆所不计,故崇拜之而效法也。此墨家之真面目也。

第四节　墨学之影响

墨子所怀抱的宗旨为"兼爱",而其下手力行之处,则为抑强扶弱。如上述"赴郢救宋"即其一端。此种风气,后来蜕为游侠一派,如战国时之聂政、荆轲等,都能不顾自己性命,专务救人。《史记·游侠列传》引韩子曰:"儒以文乱法,而侠以武犯禁。"不曰儒墨而曰儒侠者,殆以"侠"为"墨"之代名词。例如孔子学派称"儒",老子学派称"道",尹文派称"名",韩非派称"法",同一意思。然游侠之风,虽盛于战国,至汉以后,为世主所嫉视,如汉武时,郭解之被杀。又为儒家所排斥,如荀悦著《游侠论》,而其风遂衰。即有此种人士,往往不为社会所容,然其影响,则如江湖大盗,常以"替天行道"为号召。又如一般人所传之"雷殛说",以为人干了谋财害命之事,即不为官法所诛,而天常遣雷神以处之死刑,似亦从《天志》之意,蜕化而来,此其影响于后世者也。

至《墨子》一书,则两千余年,流传不绝,不同其他诸子亡佚。唯治之者,仅晋代鲁胜,作《墨辩注》,书亦不传,此殆因墨子被孟子斥为禽兽,故无人敢言及之也。直至清代汉学大兴,士人因比较古籍训诂学,始有人谈墨子。清末孙诒让作《墨子间诂》,于是墨学颇有复兴之象。且因其救世热忱,同于耶稣,故西人亦有治及墨子者。今将胡适之《中国哲学史大纲》论墨学一节,照录于下,以作本章结论。

古代哲学,去今太远,久成了绝学,当时发生那些学说的特别时势,特别原因,现在都没有了。……《墨子》之《经》上下、《经说》上下、《大取》、《小取》六篇,从鲁胜以后,几乎无人研究。到了近几十年之中,有些人懂得几何算学了,方才知道那几篇里有几何算学的道理,后来有些人懂得光学力学了,方才知道那几篇里又有些光学力学的道理;后来有些人懂得印度的名学、心理学了,方才知道这几篇里又有名学知识论的道理。到了今日,这几篇二千年没人过问的书,竟成了中国古代第一部奇书了!

胡氏此言,对于《墨子》一书,可谓推崇备至。唯以《墨经》非墨子所作,而以为墨子以后之"别墨"作,则未免近于武断。我以为墨子因儒道二家,都各有所诵之经,故特作《墨经》以与之鼎立耳。关于此义,予别有文详论之。

第五章 道家

第一节 道家的所谓道

儒家道家皆言"道",而意义则截然不同。道家者,老子倡之,庄子和之,今言道家,自当以老子为之主。老子曰:

> 有物混成,先天地生,寂兮寥兮,独立而不改,周行而不殆,可以为天地母。吾不知其名,字之曰"道"。

此老子之所谓"道"也。盖老子以为"道"者,是"寂兮寥兮",目不可见,耳不可闻,其形其性,皆不可以言语形容。然而它却是"独立而不改,周行而不殆",天地尚是它——道——所化生,故曰"可以为天地母"。故举一"道"字,而古今来之万事万物,宇宙间之森罗万象,无不包括其中矣。

"道"者,本为不可见不可闻的一寂寥之物,即欲言之,亦无确切之语可以解释。故老子又曰:

> 道可道,非常道。名可名,非常名。无名,天地之始;有名,万物之母。故常无,欲以观其妙;常有,欲以观其

徼。此两者，同出而异名，同谓之玄，玄之又玄，众妙之门。

儒家之所谓"道"者，无非古先圣王的仁、义、礼、智，在老子看来，此不过是大人先生们之门面装饰语，不过是平常人之所谓"道"。其实"道"者，唯至人能知之，能道之，故曰"道可道"，而非平常人所能知、所能道也。即"道"之一个名称，亦唯至人能名之，而非平常人之所能名也。然则道家立一"道"的名称，究竟何所指乎？曰：说它是有，亦可是有；说它是无，亦可是无。如以为有，则可以观其徼；如以为无，亦可以观其妙。总之，其妙其徼，唯至人能心领神会，无之与有，"出"点实"同"，"名"称始"异"耳。此种徼妙不可捉摸之理，实在比黑暗的地方还要黑暗，所谓"玄之又玄"也。人能领悟到此境界，则"众妙"毕陈于心脑间，无异走入其门，窥见一切矣。然则如此玄妙之道，从何而来乎？曰：

道法自然。

凡在天地间一切迹象，都是自然而生，自然而灭，非人力所能生灭。人者，生在地上，看见地上种种迹象，因而法之，故老子曰"人法地"。地在天中，任天行动，故曰"地法天"。天亦不自知其所以然，以为不得不如此行动耳，此行动，即"道"

也,故曰"天法道"。道亦不知自己为何如此行动,而自然而然会如此行动,故曰"道法自然"。此道家所言之"道"之根本意义也。而老子发其端,以后之道家,推而衍之,此道家所以立也。

第二节　道家的政治观

上述种种虚无玄妙之言,于政治人生,看来似无甚关系,而不知其关系于人类心理情感,都有极大的影响。故道家之政治观念,与儒家立于截然相反的地位。老子因看得天地,尚不过是自然界中微眇的一物,即种种变化,并无人力或神力运动其间,实不过自然之原因结果。世人不知此义,乃妄生美与恶、善与不善种种无意识的观念,因此弄得扰攘纷纭,如治乱丝,愈治愈不得清楚。若把此等观念,完全消灭,则扰攘纷纭等乱象,自无从而生。故老子曰:

> 天下皆知美之为美,斯恶已!皆知善之为善,斯不善已!有无相生,难易相成,长短相形,高下相倾,音声相和,前后相随,恒也。是以圣人处无为之事,行不言之教。

此道家政治观念之出发点也。天下之事事物物,皆因有比较,有美斯有恶,有善斯有不善,有长斯有短,有高斯有下。

如儒家主张仁政礼教,于是显出种种不仁非礼之事,倘本无此种观念,则天下自然无不美不善等等发生,即仁政礼教,在儒家以为是莫大的要务,殊不知是自然界一种变化的迹象而已。道家此种旨义,与佛家之"不生不灭,不增不减,不垢不净"暗相通同。不过佛家演为"出世法",不问政治,道家则欲于政治上,亦以此旨行之,是则所异之处也。

此种无美恶、无善不善的观念,施之于政治则如何? 老子曰:

> 不尚贤,使民不争。不贵难得之货,使民不为盗。不见可欲,使民心不乱。是以圣人之治,虚其心,实其腹,弱其志,强其骨。常使民无知无欲。

老子看得世界上人类,无非是一样的。因为世俗"尚贤",故人人皆自以为贤,起而相争。世俗竞贵难得之货,故使人生心而为盗。倘使人人不见种种可欲之物,自然不会发生争夺的乱事,所以圣人之治,使人虚其贪得之心,而使人个个不受饥饿,则体魄日强,嗜态日灭矣。

此种办法,虽然未必固能致治,但对于世人所言之治道,却可以痛作针砭。老子曰:

> 天下多忌讳,而民弥贫。人多利器,国家滋昏。人多

伎巧,奇物滋起。法令滋彰,盗贼多有。

凡属政治,每每欲兴一利、除一弊,而利尚未见,别的一弊,反缘之而生,此是我人习见之事。"法令滋彰,盗贼多有",将数千年来不知其本而齐其末的弭盗政策,痛抉无遗,非有一针见血的诊病术,不能立此削除症结的妙方。

或曰:盗贼多有,不治之以法,可听其不理乎? 曰:"盗贼多有",非"滋彰"之"法令"所能治。盖其来源,实有迫之使不得不为盗者。老子曰:

民之饥,以其上食税之多,是以饥。民之难治,以其上之有为,是以难治。民之轻死,以其求生之厚,是以轻死。

此节对于盗贼来源,根本抉出:人民辛辛苦苦种了一年田,本想为生活之资,今乃多征赋税以夺之,使民不得温饱,安得不为盗? 而在上者,以多征赋税,为整兴庶政,所谓"有为"也。民之本心,本在求生,今迫之不能生,所以民乃"轻死",无所不为也。故文曰:

民不畏死,奈何以死惧之!

秦人之繁法峻刑，以为可以致治，而卒以"民不畏死"之故，覆其宗社，陈涉、吴广，所谓"失期亦死，举大事亦死"，即因"不惧死"之故也。故老子之政治观念，与此相反，即主张"无为"以为治也。其言曰：

> 道常无为而无不为。侯王若能守之，万物将自化。化而欲作，吾将镇之以无名之朴。无名之朴，夫亦将无欲。不欲以静，天下将自定。

此老子及以后道家之治术也。"无为"者，一切听民自为，故又曰"无不为"。在上者，能听民自为，万事听其自行变化，而唯静以"镇之"，故曰"无名之朴"。在上者，不为美，不为善，不为长，不为高，则民亦不欲羡此贵此，既无所争，即无所乱，故"天下将自定"也。

老子生当乱世，见一般人所贵羡之文物制度，即所谓文明文化者，适所以为制造争乱之机械，故极力反对之，以为反不如太古时代，无此种种，乃得安乐，故其主张曰：

> 小国寡民，使有什伯人之器而不用，使民重死而不远徙。虽有舟舆，无所乘之。虽有甲兵，无所陈之。使民复结绳而用之。甘其食，美其服，安其居，乐其俗。邻国相望，鸡犬之声相闻，民至老死不相往来。

此老子心意中之理想国也，却未免是一偏之见。何则？老子崇拜自然，然因交通日便，小国并入大国，亦是自然之变化，今老子乃欲返之于太古，不但其事做不到，即理论亦是"开倒车"。然皆因目睹乱世之恶浊社会，有以激之使然也。后世陶渊明之《桃花源诗》，其序中即本此节理论，设一理想社会，与尘世绝隔，不相往来，即可以"不远徙"，而"舟车无所乘""甲兵无所陈"矣！此则我人当悲其遇，不可苛责其人矣。

第三节　道家的处世术

老子的政治观念，因崇信"自然"，乃衍为"无为"，具如上述。至于其个人处世之术，亦与儒墨各家，大异其趣。盖既知文物典章，非可宝贵，则功名利禄，更卑卑不足道矣。人之羡慕功名利禄，所以必出于争，故老子乃持之以"不争"，而以水为喻其言曰：

> 天下莫柔弱于水，而攻坚强者莫之能胜，以其无以易之。弱之胜强，柔之胜刚，天下莫不知，莫能行。
>
> 上善若水，水利万物而不争，处众人之所恶，故几于道。
>
> 江海所以能为百谷王者，以其善下之，故能为百谷王。……以其不争，故天下莫能与之争。

此老子之处世术也。《孔子家语》载《金人箴》云:"强梁者不得其死,好胜者必遇其敌。"皆因争而失败。今处以"不争",则无得失荣辱,永无失败之事矣。此义庄子更畅发之,《天下》篇云:

　　老聃曰:"知其雄,守其雌,为天下谿。知其白,守其辱,为天下谷。"人皆取先,己独取后,曰,受天下之垢。人皆取实,己独取虚,无藏也,故有余,岿然而有余。其行身也,徐而不费,无为也而笑巧。人皆求福,己独曲全,曰,苟免于咎。……曰,坚则毁矣! 锐则挫矣!

庄子集道家之大成,而其旨则与老子同。此节言处世之术,更明白畅晓,好争者,宜奉以为戒,免致失败而后悔也可!

第四节　道家的著述

道家之书,老子发其端,庄子集其成。老子之言,简练玄奥,庄子则畅晓详明。故二人之书,实宜并读。至二人历史,则《史记》谓老子姓李,名耳,又名聃,为周守藏史。孔子适周,问礼于老子。后老子见世乱,骑青牛出关,关尹留之,老子为作《道德经》五千言,出关而去,不知所终。因此,后世遂以为老子成仙。神仙之说,亦托之于老子。复次:所谓"关尹"者,谓管关之官,犹"县令""亭长"也。后人误"关尹"为姓,竟作《关尹子》一书,以为得老子之道者,可发一笑。

庄子者,名周,后于老子,曾作漆园史,因看破世情,乃畅发道家微妙之旨,著有《南华经》,即《庄子》也。据清人考定,其书之《内篇》,当系庄周自著,文则高深华妙,理则识解精微,实可继老子而为道家一大宗。《外篇》《杂篇》,系庄周以后之道家,仿庄周文体而为之,且作者非一人,故其言有极精纯者,亦有极驳杂者。其末《天下》篇,综论周秦间各家学术,而以道家为归宿云。

道家之精义妙道,多已尽于老庄二子书中,其余不过支流余裔。今所传者,有《关尹子》,称周尹喜撰,经清人考定,系宋人依托。又有《列子》,称周列御寇撰,系晋人张湛辑合而成,其中有真有伪。又有《文子》,不知撰人名字,唐柳宗元谓其窃他书以合之。实则皆由作者识力声望不足,故假托他人以名书,其无精义可知。西汉时,淮南王刘安好文学,及道家言,乃大集宾客,辑《淮南鸿烈训》一书,即今之《淮南子》。其书乃采辑旧著,非当时人自作。《四库全书简明目录》评云:"大旨原本道德,而纵横曼衍,多所旁涉。"然实集《庄子》以后之道家学说者也。又有晋人所撰之《抱朴子》,大旨亦属道家,唯兼及神仙、修炼、符箓、劾治诸术,与汉末魏伯阳之《周易参同契》颇相类。大抵自汉以后,道家一派,变为方士神仙之说。又一派,则以道家之说,参入张道陵之"五斗米教",衍为后世之"道教",而皆奉老子为祖师,其实可勿道也。

第六章　名家

名家者,承儒家而启法家,其书虽重辩论,似乎今之"论理学",而亦颇言治术,故亦可独立一家也。

孔子笔削《春秋》,已含有"正名"之义。《论语》记孔子曰:"必也正名乎。……名不正则言不顺,言不顺则事不成,事不成则礼乐不兴,礼乐不兴则刑罚不中,刑罚不中则民无所措手足。"是已因"正名"而推及治术问题矣。法家之言,号曰"刑名之学",亦以刑罚之用,与"名"有密切关系,盖"因名而立法"也。此名家所以承儒而启法也。

诸子立说,皆有辩论,故亦皆重辩论。所以对于辩论一事,亦皆论列为篇。如《墨子》之《小取》,《庄子》之《齐物》,《荀子》之《正名》,《韩非子》之《扬权》,皆重辩论之事,而尚未以为专家之业。其以辩论为专家,而因之以及治术者,今存《尹文子》《公孙龙子》二书。唯《公孙龙子》,经清人考定,以为系后人所伪托,故言名家者,唯《尹文子》一书。其言"名"而涉及人生治术者,颇为精核。其言曰:

> 名定则物不竞,分明则私不行。物不竞,非无心,由名定,故无所措其心;私不行,非无欲,由分明,故无所措其欲。然则心欲人人有之,而得同于无心无欲者,制之有

道也。

此名家之言治道者也。如高官厚禄，人人欲之，而平常人不敢即争者，由"名分""明定"故也。故"定名""明分"，实为治道之要，不可忽矣。尹文子又曰：

> 名者，名形者也；形者，应名者也。今万物具存，不以名正之则乱；万名具列，不以形应之则乖。故形名者，不可不正也。善名命善，恶名命恶。故善有善名，恶有恶名。圣贤仁智，命善者也；顽嚚凶愚，命恶者也。……使善恶尽然有分，虽未能尽物之实，犹不患其差也。故曰：名不可不辨也。名称者别彼此而检虚实者也。自古至今，莫不用此而得，用彼而失。失者，由名分混；得者，由名分察。今亲贤而疏不肖，赏善而罚恶。贤不肖善恶之名宜在彼，亲疏赏罚之称宜属我。……名宜属彼，分宜属我。我爱白而憎黑，韵商而舍徵，好膻而恶焦，嗜甘而逆苦。白黑、商徵、膻焦、甘苦，彼之名也；爱憎、韵舍、好恶、嗜逆，我之分也。定此名分，则万事不乱也。故人以度审长短，以量受少多，以衡平轻重，以律均清浊，以名稽虚实，以法定治乱，以简治烦惑，以易御险难。万事皆归于一，百度皆准于法。归一者，简之至；准法者，易之极。如此则顽嚚聋瞽，可与察慧聪智，同其治也。

此即申论定名、明分之义。其意以为万事万物，只要一定其名，人皆可以因名而行动，不至越分而为非作恶，故曰"顽嚚聋瞽，可与察慧聪智，同其治也"。至曰"万事皆归于一，百度皆准于法"，即法家立法之意矣。盖法家言治，重法而不重人，此说实自名家倡之。而尹文子又辨明"法"与"人"之所以异，其记田子读书一则云：

> 田子读书，曰："尧时太平。"宋子曰："圣人之治，以致此乎？"彭蒙在侧，越次答曰："圣法之治以至此，非圣人之治也。"宋子曰："圣人与圣法何以异？"彭蒙曰："子之乱名甚矣！圣人者，自己出也；圣法者，自理出也。理出于己，己非理也。己能出理，理非己也。故圣人之治，独治者也。圣法之治，则无不治矣。"

此节辨析精严，名家之能独立，良以此故。而其意，实重"法"而不重"人"，与法家同一理想，故世又往往以"名""法"并称也。

第七章 法家

　　法家者,鉴儒家之礼教,已失其效力。见道家欲废灭一切文物典章而卒不可废。墨家之崇尚神权,更为"开倒车"的政策,乃因名家"定名""明分"之旨,归纳得一"法治"的政策,以针对战国之时局,秦人用之,果奏统一之效,此法家之特点也。

　　世所传之法家书,最早者为《管子》。然其书记管仲死时事,可见非管仲所作。大约系战国时人,为管仲学者所辑拾,其中内容或有管仲所作之文,则无从辨之矣。次则为《商君书》,亦系战国时人所辑,有否商鞅作品,亦难辨别。再次则有申不害、慎到二人。《汉书·艺文志》,有《申子》六篇,今已亡失。《慎子》四十二篇,书亦早亡,唯清人严可均辑有《慎子》一卷,然片鳞残甲,亦难窥其旨义。唯《韩非子》一书,今尚巍然独存,其中虽不免有他人之文误入——如《初见秦》为张仪之说——然大体完整。而韩非子又为法家中集大成者,且于道家、儒家,非皆曾经研究,终乃舍之而自立,成一法家也。故其智识,实能知诸家之得失优劣,非漫无根据而专事诋諆者可比也。准此,则《韩非子》之价值可知矣。(非曾作《解老》《喻老》诸文,其深于道家可知,故《史记》以老子、韩非,同列一传,必有依据。至儒家,则非与李斯皆为荀卿弟子。)

　　《史记》载秦王见韩非所著书而好之,至有"恨不与之同时"之言。非与李斯同学，然斯知自己之才不及非，乃卒潜而害之。太史公称"非口吃而善著书"，则非之才与书之价值，更可想见矣。

他家立说著书，皆凭借一古人以张其军，如孟子之言尧舜，墨子之言大禹，老子之言黄帝，许行之言神农，皆恐自己之说，无人信从，故必托一古代著名之人以见重也。法家则不然，对于古之圣贤，皆非所重，唯针对当时之现状以立言，此又其特长之处。如韩非言："周文王行仁义而王，徐偃王行仁义而亡。"证明环境不同，治法亦异，执古方以医今疾，万无生理。故曰："仁义用于古，不行于今。"此又法家特异之点。

法家之根本思想，盖知法律与经济，为一事的两面，故治术须从解剖经济的症结入手。因为人民之作奸犯科，百分之中，为财产而起纠纷者，总在九十以外。即以今之司法机关而言，不但民事诉讼完全为财产问题，即抢窃、谋害等刑事案，亦无不为财产而发生。法家见到此点，故于人民经济，极为重视。韩非子曰：

> 古者丈夫不耕，草木之实足食也。妇人不织，禽兽之皮足衣也。不事力而养足，人民少而财有余，故民不争。是以厚赏不行，重罚不用而民自治。今人有五子不为多，子又有五子，大父未死而有二十五孙，是以人民众而货财寡，事力劳而供养薄，故民争，虽倍赏累罚而不免于乱。

> ……故饥岁之春，幼弟不饷；穰岁之秋，疏客必食。
> 非疏骨肉爱过客也，多少之实异也。是以古之易财，非仁
> 也，财多也；今之争夺，非鄙也，财寡也。

此言对于经济症结、社会心理，可谓洞若观火矣。故法家之为治，必先从整理经济入手，如管仲霸齐，首兴渔盐之利；商鞅强秦，倡开阡陌之制，皆法家一贯之政策。韩非虽不用于时，而此种理论，则由非畅发之。

法家虽重"法"不重"人"，然并非鄙薄古昔圣贤以尊自己，不过以"法治"较"人治"为优，立法能良，虽中材之人，亦可守而勿失；非如"人治"，虽有善政，随人而兴丧也。韩非曰：

> 尧、舜、桀、纣，千世而一出……中者，上不及尧、舜，
> 而下亦不为桀、纣。抱法处世则治，背法去势则乱。今废
> 世背法而待尧、舜，尧、舜至乃治，是千世乱而一治也。抱
> 法处势而待桀、纣，桀、纣至乃乱，是千世治而一乱也。

此明言尧、舜、桀、纣，均非常有之人，世之人主，大抵皆属中材，故只要立法良善，即长能致治。若只盼贤才之降临，而不知立良善之法，是只有乱而无治矣！故非又重言以申明之曰：

夫曰良马固车，臧获御之则为人笑，王良御之则日取乎千里，吾不以为然。夫待越人之善海游者以救中国之溺人，越人善游矣，而溺者不济矣。夫待古之王良以驭今之马，亦犹越人救溺之说也，不可亦明矣。夫良马固车，五十里而一置，使中手御之，追速致远，可以及也，而千里可日致也，何必待古之王良乎？且御，非使王良也，则必使臧获败之！治，非使尧、舜也，则必使桀、纣乱之！此味非饴蜜也，必苦莱亭历也。此则积辩累辞，离理失术，两末之议也。

此节言"法治"之意，尤为深切著明，且为对儒家之专盼尧、舜而发者也。儒家所深赞者尧、舜，所痛恶者桀、纣，不知自己讲求良法以治天下，故千世乱而无一治也。法家知社会基础建于经济，苟使经济分配得法，则穰岁不必食疏客，即饥岁亦可以饷幼弟矣。此法家言"法治"之精神也。

或曰："法治"一名词，始于欧学之输入，古代安得有此？今乃以法家重治法之故，乃用之以为即"法治"，毋乃过尊法家乎？曰："法治"者，因其意义相同，不必诘其名之有无也。语其意，则《商君书》云：

法者，宪令著于官府，刑罚必于民心，赏存乎慎法，而罚加乎奸令者也。

西人所最重者为宪法，所谓神圣不可侵犯者也。故"法治"之意，即寓乎其中，而宪法之原则，无非以人民之利益为前提。今法家之法，"刑罚必于民心"，则不能为妄赏妄罚可知。是其意，非即"法治"乎？且法家之所谓"法"，与专制君主之以命令为法律者，根本不同。《商君书》又曰：

> 法者，编著之图籍，设之于官府而布之于百姓者也。

夫"编著之图籍""布之于百姓"，是又绝对公开，而不容有握政权者之私意行乎其中，从可知矣。又非暗合"法治"之意而何？总而言之：法家者，在周秦间为后出，而亦最进步之学说也。若讥其缺点甚多，则世界安有完全无缺之理论乎？况以之责于二千年以前哉？

研究法家之学说者，自当以《韩非子》为圭臬。《管子》《商君书》《慎子》《邓析子》等，亦可参考。唯其间言之或真或伪，在善读书者，须分别观之。至汉以后，法家言遂绝，唯治律者，世称为"法家"，亦谓之"申韩之学"，然性质意义，均截然不同，未可混而一之也。

第八章　农家

农家之起点，当在春秋之末。《论语》记孔子周游列国时，遇"偶耕"之长沮、桀溺二人，孔子知其为"隐者"，颇愿与之交友，而二人即避而不见。此是实事。所谓"隐者"，乃是有学识思想之士，见世乱而避居乡野，如未出茅庐时之诸葛亮，赋《归去来辞》后之陶渊明，与普通耕田之农夫，有不同之点也。

此种"隐者"，初不过为避乱，为厌恶仕途之龌龊恶浊，所以不愿和若辈同群，乃遁而至山野，情愿与禽兽草木为伍。然至大乱之时，仍不免祸害之波及，仍不得安居而躬耕。而既有智识，即发生思想，于是研究乱之所以发生，及所以弭乱之方法，积而久之，乃有农家之学说出现。

《汉书·艺文志》所载农家之书，今俱不传，只有《孟子》中记孟子与农家之徒陈相，辩驳一段议论，犹得窥见农家学说之旨趣，今节录于此而说明之。《孟子·滕文公章句》云：

> 有为神农之言者许行，自楚之滕，踵门而告文公曰："远方之人，闻君行仁政，愿受一廛而为氓。"文公与之处。其徒数十人，皆衣褐，捆屦、织席以为食。陈良之徒陈相，与其弟辛，负耒耜而自宋之滕，曰："闻君行圣人之政，是亦圣人也，愿为圣人氓。"陈相见许行而大悦，尽弃其学而

学焉。陈相见孟子，道许行之言曰："滕君，则诚贤君也。虽然，未闻道也。贤者与民并耕而食，饔飧而治。今也，滕有仓廪府库，则是厉民而以自养也，恶得贤？"孟子曰："许子必种粟而后食乎？"曰"然。""许子必织布而后衣乎？"曰："否。许子衣褐。""许子冠乎？"曰："冠。"曰："奚冠？"曰："冠素。"曰："自织之与？"曰："否。以粟易之。"曰："许子奚为不自织？"曰："害于耕。"曰："许子以釜甑爨，以铁耕乎？"曰："然。""自为之与？"曰："否。以粟易之。""以粟易械器者，不为厉陶冶。陶冶亦以其械器易粟者，岂为厉农夫哉？且许子何不为陶冶，舍皆取诸其宫中而用之？何为纷纷然与百工交易？何许子之不惮烦？"曰："百工之事，固不可耕且为也。""然则治天下，独可耕且为与？有大人之事，有小人之事，且一人之身，而百工之所为备。如必自为而后用之，是率天下而路也。故曰：或劳心，或劳力；劳心者治人，劳力者治于人；治于人者食人，治人者食于人。天下之通义也。……""从许子之道，则市价不贰，国中无伪。虽使五尺之童适市，莫之或欺。布帛长短同，则贾相若；麻缕丝絮轻重同，则贾相若；五谷多寡同，则贾相若；屦大小同，则贾相若。"曰："夫物之不齐，物之情也。或相倍蓰，或相什百，或相千万。子比而同之，是乱天下也。巨屦小屦同贾，人岂为之哉？从许子之道，相率而为伪者也，恶能治国家？"

观上述一节，"其徒数十人，皆衣褐、捆屦、织席、以为食"，是真能力行劳工神圣主义者。现今日本玉川学园，有"一日不作，一日不食"的口号，农家旨义，颇与之相类。至孟子诘以衣冠、器械等，何不自为？"何为纷纷然与百工交易？"一眼看来，似孟子言之成理，及细察之，其实不然。今将孟子所诘，分三点解释之。

（一）许子见当时之君主卿相，皆骄奢淫逸，毫不劳动而坐享福利，故特倡一"贤者与民并耕"之说，以矫其弊。乃先以己身为之标准，其根本原则，即是平等。孟子则"食前方丈，侍妾数百，不以为泰"，正沾染苏秦、张仪等策士风气，故不觉相形惭愧，乃用"或劳心，或劳力"之说以驳之。

（二）中国向为农国——至今尚然——许子故特侧重农业。其意欲使人民尽为农夫，而又有其副业，如"捆屦""织席"等产品，以与其他农夫之以衣冠、器械为副业者相交易。若使全社会的人，都从其义，则此浩大一农国，又人人皆为农夫，可决无饥馑之荒。而又各以副业互相交易，则成一极平等之社会，其争夺扰攘之事，皆可不发生矣！

（三）孟子以为"物之不齐物之情"，不能"比而同之"，殊不知许子之学说能施行，则社会组织，已根本不同，社会心理，亦随之而异。人的生活，只求饱暖安乐，富贵权势，非人所欲，如俗语所说："广厦千间，夜眠不过一榻；良田万顷，日食不过三餐。"何必贪多而反以自累哉？此许子所倡农家学说之旨义也。

或曰：从许子之说，"布帛长短同，麻缕丝絮同，屦大小同"。"贾"皆"相若"，则人皆取帛取丝，而为屦者皆为小而不为大，则如之何？曰：此亦须从数方面观察解释之。例如古董，本毫无用处，而价则远在布帛粟菽之上，则因物稀为贵耳。使若种种日用品，所出无多寡，供求相平均，亦可以使其价格同。以言衣服，本丝贵而麻贱，而今则细夏布之价格，反在大绸纺绸之上，盖有人工之制造，为之关键。今欲使种种日用品，"则价相若"，自然可以人工人力调剂之。"巨屦小屦同价，人岂为人哉！"然今日一般鞋店，尚有"让大不让小"之风气，是巨屦小屦，本自同价矣。何则，制鞋者，重在工，不重在料故也。总而言之：农家学说，今所存者，仅此单词双义，不能执其一端而论其全体。唯先秦有此一种学说思想，虽片鳞残甲，弥足宝贵耳。即使无用，然比之古董，则固胜万倍矣！

第九章　纵横家

　　纵横家者，系战国时一种口才雄辩之人，专以奔走各国，游说人主为事。倘人主一信其说，即白身立致卿相，故人皆效之，成为一种风气。此种人说人主，必有种种策划，故曰"策士"。纵横者，因战国时秦国最强，其余六国，皆被秦压迫，而策士者，或说六国"合纵摈秦"，或说六国"连横事秦"，此纵横一名词，所以生也。此辈策士，专以揣摩人主之心而下说词，或以长为短，或以短为长，变化无常，并无一定之道术，而却能轰动一时。故此辈策士之言词，又有称为"长短经"者。今所流传之《战国策》，即采辑各策士之著作，汇而成书者也。

　　《战国策》、晁公武《读书志》、马端临《文献通考》《经籍考》，皆列于子部纵横家，从其质也。其余目录家，因其游说之词，关系史事，故多入于史部。《四库全书提要》以为"子之为名，本以称人"，因以称其所著。《战国策》为刘向所校编，其文不出一手，所谓子者何子？其言似甚辩。然《吕氏春秋》，为吕不韦宾客所采辑，文亦不出一手，《淮南子》亦同，何以称子？何收入子部乎？总之，《战国策》一书，为纵横家言词精粹之所萃，以之称子，实无不可。因其与史事有关，以之入史，亦无不可也。

　　纵横家之最著者，为苏秦、张仪，世称之曰"苏张"。苏秦初说秦惠王，出兵攻灭六国，秦惠王不听其言，乃落拓而归，变其策略说六国"合纵摈秦"，计果得售，竟至一身兼相六国，荣极一时。《战国策》中曾有一节记之曰：

> ……说秦王书十上而说不行，黑貂之裘敝，黄金百斤尽，资用乏绝，去秦而归，赢縢履屩，负书担囊，形容枯槁，面目黧黑，状有愧色。归至家，妻不下纴，嫂不为炊，父母不与言。苏秦喟然叹曰："妻不以我为夫，嫂不以我为叔，父母不以我为子，是皆秦之罪也。"乃夜发书，陈箧数十，得太公阴符之谋，伏而诵之，简练以为揣摩。读书欲睡，引锥自刺其股，血流至足，曰："安有说人主不能出其金玉锦绣，取卿相之尊者乎？"期年，揣摩成，曰："此真可以说当世之君矣。"于是乃摩燕乌集阙，见说赵王于华屋之下，抵掌而谈，赵王大悦，封为武安君，受相印，革车百乘，锦绣千纯，白璧百双，黄金万镒，以随其后，约从散横，以抑强秦。……将说楚王，路过洛阳，父母闻之，清宫除道，张乐设饮，郊迎三十里，妻侧目而视，倾耳而听，嫂蛇行匍伏，四拜自跪而谢。苏秦曰："嫂！何前倨而后卑也？"嫂曰："以季子位尊而多金。"苏秦曰："嗟乎！贫穷则父母不子，富贵则亲戚畏惧，人生世上，势位富厚，盖可忽乎哉！"

此虽极写人情世态,然纵横家之所图谋者,亦正为此。即现今之奔走升官发财者,亦何尝不是为此。唯另有一言:纵横家之能盛极一时,著名以取卿相者,亦必副之以学识,始能臻此境地。观苏秦之初说秦王,只有出兵攻人,并无其他策略,故秦王不以为然。及揣摩成而说赵王,则谈六国形势,了如指掌,观《战国策》及《史记·秦本纪》所载,可窥见一斑。则"势位富厚",未始非"引锥刺股"之代价也。世人之妄思不耕而获者,宜为苏秦所笑矣!

次于苏秦者,则为张仪。张仪之时,六国之纵约,已经松懈,而秦之势力,比前更强。张仪遂乘此时机,游说六国,使之"连横事秦",而仪亦因之坐享富贵。此外复有苏秦之弟苏厉、苏代,以及范雎、蔡泽,皆所谓"立谈之间而致卿相"者。盖风气成后,一般人士,群趋此途,为升官发财之捷径焉!

《战国策》一书,不但揣摩世故人情,无微不至,即以文章论,亦为古今稀有之杰作。如八大家中之苏洵,其文即从熟读《战国策》而来,不过因儒家斥苏秦、张仪之人品卑下,乃讳言之,洵遂自谓"文学《孟子》",盖门面语耳。至纵横家之书,尚有《鬼谷子》一种,以为苏秦、张仪及战国时之兵家孙膑、庞涓等,皆其弟子,然实后人伪托也。

第十章　杂家

　　杂家者,其言无一定的宗旨,亦无所谓道术,不过对于其他各家之言论,有精彩者,都可取以为用。因其所采各家之说,皆属子书,故杂家之书,亦仍入于子类。吾友查太爻曾著《诸子研究》一书,中有《杂家通论》八篇,其言颇为精审,今摘录数节以实本书,盖言贵有当,不必己出也:

　　九流之学,八曰杂家。"杂"之义为"集"(见《方言》),为"合"(见《国语注》),为"聚"(见《广雅》),为"会"(见《吕览注》),故班氏言杂家"兼儒、墨,合名、法"。而杂家书之最著者,如《吕氏春秋》,及《淮南子》内外篇,又皆门下食客所合作。是大抵杂家之学,系众手杂纂,而非成于一人,即集合诸家而不偏于一说,家以"杂"名,义盖在此。然杂之为训,亦有驳杂不纯之义。(按《淮南子》高诱注:杂,犹驳。又《方言》郭璞注:"俗不纯为杂。")古人著书,必抱一定之宗旨,贯彻初终,而后足以成一家言。若杂则非家,家则不杂,岂有驳杂不纯之学,而可以名"家"者乎?惟自周末以迄秦汉,杂家之书颇盛,班氏所录,多至二十家,仅逊于儒、道、阴阳三家,而远在纵横、法、农、名、墨诸家之上。魏晋以后,儒学独盛,诸子大衰,各家之学几绝,即有一二传者,亦变本而失其真,惟杂家之书,不绝于世。远若葛洪之《抱朴子》,颜之推之《颜氏家训》,近若贺贻孙之《激书》,亦咸不失杂家之体。以驳杂不纯之学,而竟能独成一家,显扬于古代,继续于后世,何也? 窃以为杂家之学,名虽为杂,实则一贯。考周秦诸子之书,未尝有杂家之名,惟荀子言"杂能旁魄而无用",扬注以"杂能"为多异术,或即指杂家之徒言之。然当时所言学派,究无此名,而为此学者,亦未尝标杂家之目以自号。且儒家者流,可称"儒学",墨家者流,可称"墨学",杂家而称"杂学",则不词! 是不特杂不可以称家,且不可以言学。司马谈论《六家要旨》,亦无杂家。疑杂家之名,实起于汉代而古无之。刘、班二子,纂辑《艺文》,究以书分,非以人分,其于兼括诸家之书,不能分隶于诸家下者,尽归杂家。……

自汉以后,凡以论说名书而涉于政治者,如陆贾《新语》、贾谊《新书》、桓宽《盐铁论》、刘向《新序》《说苑》《世说》、王充《论衡》、王符《潜夫论》、应劭《风俗通义》、桓谭《新论》、荀悦《申鉴》、徐干《中论》、刘劭《人物志》、仲长统《昌言》、王通《中说》、黄宗羲《明夷待访录》之类,均当入诸杂家。自班氏以后之学者,皆以诸书所陈,多涉儒家言,因以多列于儒家,而不知诸家之书,均以议时政之得失为宗,其人虽儒,其书则杂。杂家之学,兼儒、墨,合名、法,无所不包,虽涉儒家言,仍不害其为杂家也。如陆贾《新语》，著秦之所以失天下，汉之所以得天下，及古成败之国以为汉戒，太史公目为辩士。贾谊《新书》，切对时事，其末缀以痛哭者一，流涕者二，太息者四，皆忧世之言。刘向《新序》《说苑》《世说》三书，皆掇取战国、秦、汉间事，及传记百家之所载以为法戒，所以迪教化，辨邪正，以为汉规鉴。桓宽《盐铁论》，辨诘论难，痛言朝廷当毋与天下争利，欲以究治乱成一家之法。王充《论衡》，包罗古今，辨其是非得失，始如诡异，终有实理。王符《潜夫论》，以耿介不同于俗，隐居著书，以讥当时失得，不欲显彰其名，故号曰"潜夫"。范蔚宗取其《贵忠》《浮侈》《实贡》《爱日》《述赦》五篇，以为足以观见当时风政。应劭《风俗通义》，则所以辨物名号，释时嫌疑。仲长统《昌言》，则论说古今，及时俗行事，著论多昌言。其余若《新论》《申鉴》《中论》《中说》《人物志》及《明夷待访录》诸书，亦皆推论于政治教化之大，而阐发其得失利害之故，考其旨趣，莫不大略相同，是则诸书之旨，正隐承议官之遗意，而得杂家之真。大抵杂家之学，包涵诸家，而为其学者，则各有所偏重：如《淮南子》《抱朴子》之类，偏重于道家；《子晚子》《尉缭子》之类，偏重于兵家；《尸子》《吕氏春秋》之类，偏重于法家；《长短经》之类，偏重于纵横家；《人物志》之类，偏重于名家；而今所举《新语》《新书》，则偏重于儒家。盖皆本其各家之学，而发为杂家之论也。后世学者，不明其故，儒、杂二家，遂相混而不能分。故

《抱朴子》一书,或列于道家,或列于杂家。《颜氏家训》一书,或列于儒家,或列于杂家,而不知其人虽儒,其书实杂,以儒家学为杂家言,固无不可也。况贾谊说经,独多异义;陆贾《新语》,谓书不必起于仲尼之门;王充《论衡》,有《问孔》之篇,岂得谓纯然儒学哉!

第十一章　道家别派

第一节　杨朱与道家的关系

　　杨朱之说,见于《列子》的《杨朱》篇。因《列子》至晋代张湛,始传于世,故考据家多疑即张湛所依托。然张湛之序,固自言系从数处凑辑而成,而书中旨义,并不一律,可见当时,实有零篇散简,流行于世,张湛辑成一书,因其旨义多与道家之言相出入,遂托庄周书中之列御寇,名之曰"列子"。至其中篇什,容或有古人作品,未可知也。或以《杨朱》篇所陈之理,似系晋代"清谈"时之学说。然晋代清谈,亦可代表一时代之学说思想,从而述之,又何不可乎?

　　又有以为《杨朱》篇所言,多属纵情嗜欲之事,此种学说,岂可为训?答之曰:此真"自欺欺人"之言也。试问世上众人,有一不爱嗜欲者乎?既爱之矣,正宜疏陈其理,然后人乃知其正当与不正当。若人人口中虽不言嗜欲,而其行动无不时时在嗜欲中讨生活,是非"自欺欺人"而何?

　　且《杨朱》篇所言之嗜欲,亦属人生观之一种。老子、庄子之人生观,人多言之,何独于杨朱之人生观,必讳之而不可言乎?至此人生观之正当或不正当,在人之自择,于言者又何害？且孔子教人"杀身成仁"，孟子教人"舍生取义"，言之谆谆，听而行之者，究有几何？何独于杨朱之人生观，并言而不许之乎？此章之述，正足以证人之行之者多，而言之者竟绝无而仅有，是则弥足宝贵者矣！

至我以杨朱为"道家别派"者，亦自有故。按孟子曰："杨朱、墨翟之言盈天下。"可见战国时，为杨朱学者之众多。孟子不言老聃、墨翟，而言杨朱、墨翟，可见此时杨朱学说，已代老子学说而兴起，而谓之"道家别派"者，则可证之于《列子》。《列子·黄帝》篇曰：

> 杨朱南之沛，老聃西游于秦。邀于郊，至梁而遇老子。老子中道仰天而叹曰："始以汝为可教，今不可教也。"杨朱不答。至舍，进涫漱巾栉，脱履户外，膝行而前曰："向者夫子仰而叹曰：'始以汝为可教，今不可教也。'弟子欲请夫子辞，行不闲，是以不敢；今夫子闲矣，请问其过。"老子曰："而睢睢！而盱盱！而谁与居，大白若辱，盛德若不足。"杨朱蹴然变容曰："敬闻命矣！"

《庄》《列》二子所载，虽多寓言而非事实，然亦其中，必含有意义，否则，何以不言杨朱请教于孔子，而必于老子乎？即细按《杨朱》篇所陈之旨义，实初本于道家，而后自成一宗者也。盖老子欲人返于太古而主张无为，杨朱亦然，此相同之点也。唯老子欲使耳目身意,废绝嗜欲;杨朱则以为耳目身意之有嗜欲,实出于自然,故因老子自然之旨,使耳目身意,纵情于嗜欲,其思想,比老子更进一层,此则相异之点也。且老子之欲废绝嗜欲,无人能行,而杨朱之使人纵情嗜欲,则滔滔者皆是也,则是比老子亦更深一层矣。总之,杨朱学说,初出于道家,后乃自成一宗,故我曰"道家别派"也。

第二节 为 我

孟子之距杨、墨也,其言曰:"杨子取'为我',拔一毛而利天下,不为也。墨子兼爱,摩顶放踵,利天下为之。"此杨、墨立于极端反对之点也。墨子之摩顶放踵,前已说过,今请一述杨子之"为我"。

一个人因知有"我",乃知有人,乃知有世界。使"我"既无,则他人与世界,我皆不知,自然于我无与。我在未生之前,我不知我,不知人,不知世界,则人之如何如何,世界之如何如何,我皆不知,自然于我无与。我在既死之后,亦不知我,则人之如何如何,世界之如何如何,我皆不知,亦自然于我无与。唯我既已生而尚未死,始知有人,始知有世界,然则此所谓人,此所谓世界者,皆因有"我",而始有也。故既已有"我",则"为我"乃我之本分,亦可说是天经地义而不可易者也,此杨子"为我"之旨义也。既已有"我",既已有此宝贵之"我",我岂可使"我"不得其所哉?

然则欲使"我"之得其所,将如何而可? 杨子曰:

可在乐生,可在逸身。

此即使我得其所之唯一方法也。且不特此也,我于既生之后,始有我;我于已死之后,即无我。而我在既生之后,未死之前,有多少时间之"我"乎? 此一问题,不可不研索之也。故曰:

百年,寿之大齐。得百年者,千无一焉。设有一者,孩抱以逮昏老,几居其半矣。夜眠之所弭,昼觉之所遗,又几居其半矣。痛疾哀苦,亡失忧惧,又几居其半矣。量十数年之中,逌然而自得,亡介焉之虑者,亦亡一时之中尔!

则人之生也,奚为哉? 奚乐哉? 为美厚尔。为声色尔。而美厚复不可常厌足,声色不可常玩闻。乃复为刑赏之所禁劝,名法之所进退。遑遑尔竞一时之虚誉,规死后之余荣。偊偊尔,顺耳目之观听,惜身意之是非。徒失当年之至乐,不能自肆于一时。重囚累梏,何以异哉!

以千人无一之百年大齐,即偶尔得之,而为孩抱、昏老、夜眠、昼觉、痛疾、哀苦、亡失、忧惧所占去者以外,亦不过十数年之时间耳。以如此难能可贵之珍宝时间,而我尚不知"乐生",不知"逸身",则有"我"等于无"我",且不如无我矣! 此所以

"为我"也。虽然,我而既知"为我"矣,而美厚、声色复不能如我之心意而得,又有刑赏、名法、虚誉、余荣等等之束缚,使我成一"重囚累梏",可谓"不自由"极矣!西人言"不自由,毋宁死",可知自由为人生所必争者也。唯人之压迫我,使我不得自由,我以死争之,是为"有形的"。如上述种种——刑赏、名法、虚誉、余荣——"无形的"压迫,使我不得自由,我岂可任之而不争乎?争之如何?曰:

> 恣耳之所欲听,恣目之所欲视,恣鼻之所欲向,恣口之所欲言,恣体之所欲安,恣意之所欲行。夫耳之所欲闻者音声,而不得听,谓之阏聪;目之所欲见者美色,而不得视,谓之阏明;鼻之所欲向者椒兰,而不得嗅,谓之阏颤;口之所欲道者是非,而不得言,谓之阏智;体之所欲安者美厚,而不得安,谓之阏适;意之所欲为者放逸,而不得行,谓之阏性。凡此诸性,废虐之主。……录而不舍,戚戚然以至久生,百年、千年、万年,非吾所谓养。

一个人有耳,有目,有鼻,有口,有体,有意。而我所欲听者不得闻,欲见者不得视,欲嗅者不得向,欲言者不得道,欲适者不得安,欲行者不得为。则此耳、此目、此鼻、此口、此体、此意,与非我有者何异!此耳、此目、此鼻、此口、此体、此意,既与非我者何异,则"我"又安在哉?今既已有我,则我者,必使此耳、此目、此鼻、此口、此体、此意,悉供我用,始能算为"有我"。我欲"有我",则须"为我"矣!此杨子哲学原理,凡杨子学说,皆以此为出发点。

前言老子之返于太古,系欲废绝一切文物典章。杨子之返于太古,是欲不顾一切而解脱束缚。故曰:

> 太古之人,知生之暂来,知死之暂往,故从心而动,不违自然所好。当身之娱非所去也,故不为名所劝。从性而游,不逆万物所好,死后之名,非所取也,故不为刑所及。名誉先后,年命多少,非所量也。

世人之不能解脱上述种种束缚者,生时为"名所劝",甚至"死后"还要"取""名",所以"为我"之旨不能行。"我"若看破此点,则种种束缚,自然解脱,故重言以声明之曰:

> 万物所异者,生也;所同者,死也。生则有贤愚贵贱,是所异也;死则有臭腐消灭,是所同也。……
>
> ……十年亦死,百年亦死。仁圣亦死,凶愚亦死。生则尧舜,死则腐骨;生则桀纣,死则腐骨。腐骨一矣,孰知其异?且趣当生,奚遑死后?

人既看破生前之虚誉、死后之余荣,得以自肆于一时,即为已足。此即世人所谓"如心如意做一日人，虽死亦甘心"也。而一般愚人，又贪之不已，于是有求久生、求不死者，古今来信神仙者，大抵如此。故杨子又明明白白解释之曰：

> 孟孙阳问杨子曰："有人于此，贵生爱身，以蕲不死，可乎？"曰："理无不死。""以蕲久生，可乎？"曰："理无久生。生非贵之所能存，身非爱之所能厚。且久生奚为？五情好恶，古犹今也；四体安危，古犹今也；世事苦乐，古犹今也；变易治乱，古犹今也。既闻之矣，既见之矣，既更之矣，百年犹厌其多，况久生之苦也乎？"孟孙阳曰："若然，速亡愈于久生。则践锋刃，入汤火，得所志矣。"杨子曰："不然！既生，则废而任之，究其所欲，以俟于死；将死，则废而任之，究其所之，以放于尽。无不废，无不任，何遽迟速于其间乎？"

"久生""不死"，为理所必无，故大声疾呼以喝破之。此段内含三种意思：（一）所谓"五情好恶"等等，即是美味美色等嗜欲，一个人于未得此嗜欲时，则认为有莫大的乐趣；及其既得，则亦"不过如此"而已。且久而久之，或反生厌，而乐趣亦亡，故不必求久生以贪享之也。（二）昔人崇古心理浓厚时，以为万事皆今不如古。及进化论输入，则新学者流，又多鄙视古代，以为野蛮。殊不知所谓进化者，不过物质一部分的变动,于人情之苦乐等等,古今终是一律。故曰:"古犹今也。"(予别有《进化论商兑》一篇,专说此理。)(三)孟孙阳以为久生既无可恋,不如速亡,以了结此生。杨子乃告以人之生死,本出自然,求久生本无其理,求速亡亦失"为我"之旨。因为既已有我,奈何求其即无!然则我者,亦唯任其"自然"而已矣!此亦老子之旨也。

"为我"之旨,具如上述,而杨子对于儒家墨家之争论厚葬薄葬一事,以为皆费辞而空争。"我"之可贵,因有智识,知有我也。我如既死,则智识已泯,腐朽枯骸,于我何与?如此,则仅可听人处置,我又何必顾及之哉!故曰:

> 既死,岂在我哉!焚之亦可!沉之亦可!瘗之亦可!露之亦可!衣薪而弃诸沟壑亦可!衮衣绣裳而纳诸石椁亦可!唯所遇焉。

此段与"恣耳之所欲听"一段,皆托诸管夷吾与晏平仲二人之谈论。此段又托"管夷吾顾谓鲍叔、黄子曰:'生死之道,吾二人进之矣。'"盖养生送死之道,虽争论万千,至其究竟,实不过如此。

第三节 拔一毛

孟子斥杨子曰:"拔一毛而利天下,不为也。"此自是充类至尽深文周纳之言，不足以论杨子学说之真谛。按《杨朱》篇曰：

> 伯成子高不以一毫利物，舍国而隐耕。大禹不以一身自利，一体偏枯。古之人，损一毫，利天下，不与也；悉天下，奉一身，不取也。

此以一毫与天下对称，不过一则极言其大，一则极言其小，苟不合乎义，皆所不为，与"一介不取，一介不与"之意义，完全相同。然又言：

> 人人不损一毫，人人不利天下，天下治矣。

此则言天下之所以乱，皆由于争。而争的所以屡见，在一方面，由于强者之贪得无厌；另一方面，亦由于弱者之不敢抵抗。使弱者能不让一毛，以与强者死持，则强者亦有所惧惮而不敢妄求，推其极，可以至于"天下治"。此杨子理论，本可自通。唯因一毛与天下对称，未免一太小，一太大，故当时禽子，亦以为过甚而诘之：

> 禽子问杨朱曰："去子体之一毛，以济一世，汝为之乎？"杨子曰："世固非一毛之所济。"禽子曰："假济，为之

乎?"杨子弗应。

此处说得明明白白,"世固非一毛之所济"也。世唯有用一圣人而致治安,或诛一恶人而止祸乱,至于一毛之拔不拔,于世,固无丝毫影响也。故杨子明明白白以复禽子,而禽子又设一"假济"之言以诘之,宜乎杨子之弗应矣!唯下文又有孟孙阳与禽子一段辩论,则非杨子所言,亦非杨子本意,适成"画蛇添足"而已。

总而言之,因孟子之排斥杨墨,墨书虽存而无人过问,杨子学说,亦仅于《列子·杨朱》篇中,述其单词碎义,无从窥其全体真相矣。然以战国时独树一帜之大师——孟子亦谓其言盈天下,则其有影响于社会者必非细,故论诸子学术,不得不及之焉。晋人陶渊明之诗曰:

> 道丧向千载,人人惜其情。有酒不肯饮,但愿世间名。所以贵我身,岂不在一生?一生能复几?倏如流电惊。鼎鼎百年内,持此欲何成?

此与《杨朱》篇之理论,有以异乎?无以异乎?而在腐儒目孔中,一则尊为千载大贤,一则以为不足齿数,甚者直斥为禽兽,所谓"公理"者,究何在耶?

第十二章 理学

理学,亦称道学,盖道即理,理即道,实同一意义。《宋史》于《儒林传》外,又立《道学传》,意在尊之。以为道学高于儒林,故列此传者,人之尊视之,亦高于其他之儒者,数百年来,相沿如此。唯理学关系之大,实非平常儒生可比,在国学中,占一重要地位,固所宜也。

理学之名,起于北宋,成立于南宋,故赵宋亦可称为"理学时代"。当时属于此派之人,称为理学家,亦称道学家,以为道者,必有所授受,故又立"道统"之称号。首出者,为周敦颐,其作《太极图说》(说见经学门易类)以阴阳贯串天道人道,其说比汉人以灾异说天道,自为精进。周氏又作《通书》,大阐儒理。继之者有张载,作《正蒙》一书,及《西铭》等文。同时程颢,称明道先生;其弟程颐,称伊川先生。亦以讲学说理,为世所宗。自是而讲理学者,遂大盛于世。此风自北宋流衍至南宋,朱熹出而集大成。朱熹,字晦庵,世以合之北宋诸大儒,有周、程、张、朱之称,"道统"之传,亦因是成立焉。

宋儒之所以立道统者,其意盖仿于孟子之继孔子也。故从《礼记》中,抽出《大学》《中庸》,合于《论语》《孟子》。以为孔子之道,传于曾子,《大学》,曾子作也。曾子传子思,子思作《中庸》。孟子受业子思之门人,传授皆有渊源,不容杂乱。而

《论语》《大学》《中庸》《孟子》四书，即为先圣后圣传道之具，朱子特采辑宋儒讲说四书之语，作《四书章句集注》一书，科举时代，士人非诵习此书，不能应试，其影响之巨，可概见矣。

朱子者，自以为得程颐之传，以上承周氏，亦与孔、曾、思、孟之授受同。其渊源所自，则因程颐弟子谢良佐，效程颐方法，聚徒讲学，世传有《上蔡语录》，即谢氏以传程氏之道为己任者也。朱子则因承谢氏之学而上接于程氏，故其作《谢良佐先生祠堂记》，称其"以生意论仁，以实理论诚，以常惺惺论敬，以求是论穷理，命意皆精"云云，又称其"以穷理居敬，为入德之门，得明道教人纲领"。此朱子之学，上承二程之渊源也。《宋史·朱子传》云：

> 主敬以立其本，穷理以致其知，反躬以践其实。

此数语，实可为程、朱一派理学传授之渊源与纲领也。唯世界上万事，盛极之后，即不免发生流弊，于是他人因其破绽，起而攻之，自然之势也。故当程、朱派理学极盛之时，即有陆九渊者，起而与之角立。陆氏盖对于程、朱而怀疑者，故其攻朱子，亦从"怀疑"说起。其言曰：

> 为学患无疑，疑则有进。
> 小疑则小进，大疑则大进。一见便有疑，一疑便

有觉。

　　深思俗习俗见之可恶,能埋没性灵,蒙蔽至理,幡然而改,奋然而兴,如出陷阱,如决网罗,如去荆棘而舞蹈乎康庄,翱翔乎青冥。

此盖因当时学者之对于朱子,已成为偶像的崇拜,以为自朱子外,别无圣贤。因之有所不满,乃专寻其隙而攻之。又彼此同以圣贤自任,如村妪谩骂之口吻,非士君子所宜有,乃特发为"唯心论"。其言曰:"东海有圣人焉,西海有圣人焉,此心同也,此理同也。"其意以为岂有此为圣人,而彼不能为圣人乎?自此说出,因而朱陆两派,同为理学家,而彼此对峙,各不相下。然朱则因远承周、张、程之遗绪,己之品学,本足服人,故信从者仍众。陆则因初立异说,信从自不及朱,故虽在宋代,即有"朱陆异同论"之争持,而大势则仍属于朱,陆尚未能与之抗颜行也。

自宋历元而至明,朱子之学说与思想,已支配全社会士人之心脑,盖以为自孔子而后,朱子一人而已。而徒众之弊窦,亦因之而愈甚。当此之时,乃出一王守仁,其品学均足与朱子相抗,而才识则或过之,初尚自立一派,继乃承陆氏之说,大倡"唯心论"之理学,几夺朱子之席而占之。更揭橥四句偈,以为学者之捷径,从此举国风从,自成一"阳明学"。其四句偈,为:

无善无恶心之体。

有善有恶意之动。

知善知恶为良知。

为善去恶是格物。

　　此王氏理学之原则,即世所传之"良知"说也。大抵朱学以格物穷理为前提,用力多而收效迟。王亦初主格物,后因格庭前竹,不能得其理而反致疾,于是一反朱之所为,以为要做圣贤,只要我心欲做即做,何必费此琐碎精力与时间,始能入圣贤这境域? 故朱之理学,似乎西人之"唯物论",王则似乎西人之"唯心论"焉。

　　自王之"良知"说风靡全国后,旧日之诵习朱学者,不甘埋首屈伏,势必与之相抗,于是分党角立,互相敌视,由学说而波及政治,晚明时局之紊乱难理,此亦其一端焉。

　　甲乙相持,势必有第三者之丙起而调和之以归于一宗,或两排斥之,自标一说,以与之鼎立。在政治界有然,在学术界亦何莫不然? 故清之初年,有颜元字习斋者,亦讲学聚徒,独树一帜,以为圣人之学,不在心性理气之空谈,而在礼乐兵农之实用。其徒若李塨、王源等,从而和之,于是程、朱、陆、王二派以外,又有所谓颜氏学者焉。然因其时,适满人入主中夏,讲义理之学者,为所嫉妒,盖恐其衍及政治界也,乃大开博学宏词科,以网罗才俊之士,因此而汉学大兴,理学式微,直至清末,不复振矣。

讲理学之书,其精粹者,程朱派为《近思录》,阳明派为《传习录》,二派弟子,奉为经典者也。其总二派之历史与学说者,有全祖望之《宋元学案》一百卷,黄宗羲之《明儒学案》六十二卷。大抵《宋元学案》侧重程朱派;《明儒学案》侧重陆王派。此亦时代关系使然也。此外各家专著,程朱派有周敦颐之《通书》,张载有《正蒙》及《全书》,程颢、程颐有《二程遗书》,朱熹有《朱子语类》及大全集。陆王派则陆九渊有《象山语录》,王守仁有《王文成公全书》。

第四编

第一章　文学总论

第一节　文学的名称

孔门之四科，其一曰"文学"。但彼时之文学，以能诵《诗》《书》，通掌故之人充之，非如后世以学作诗文者为"文学"，能作诗文者为"文学家"也。汉初，有"文学侍从之臣"，所谓文学，尚如上说。然以吐词文雅为尚，亦由孔子启其端，《论语》记子曰："言之不文，行之不远。"是亦以文辞之雅为言，故曰，孔子启其端也。但非如后世之以诗文为一种专门学业耳。

学术思想，莫盛于周秦之际，然必须以言辞表达之。故文章之盛，亦莫盛于周秦之际，其间如孟、荀、庄、韩之子，屈原、宋玉之骚赋，皆以表达思想为主，文则为表达思想之工具而已，然文亦莫佳于此矣！迨及汉初，尚复如是，如司马相如之赋，司马迁之史，都因胸中有此思想，乃随手写来，遂成天地间至妙之文，非如后世之学作诗文也。及乎扬雄，自己无精深之思想，而酷好古人之文，于是慕而效之，既作《太玄》以拟《周易》，作《法言》以拟《论语》，又拟屈原而为骚，拟司马相如而为赋，拟东方朔《客难》而作《解嘲》。综雄之作品，无一不慕拟古人。雄亦自言学赋,须"读千赋,则自能为之"。又曰:"巧者不过习者之门。"盖至是,始专以"文"为学,后世之所谓"文学",盖起点于此欤。

即诗亦然。古诗如三百篇及十九首等无名氏作品,都是以抒情言志为主,无所谓格律声调也。而亦自成为天地间至妙之诗。至魏陈思王曹植,乃始练句琢字,用意作诗,当时文士,从而和之,所谓"七子风诗"是也。自是而后,始有以诗为专门学业矣,是诗之学,起于植也。

自扬雄、曹植而后,一般学者,竞以学作诗文为事,而"文学"之名,遂以成立。六朝及唐,尤以文艺之学为重。文则于古人文体以外,又出骈文一种;诗亦有律诗。人之精力,专从事于诗文,于是其他之学术思想,遂以衰歇,亦时会使然也。

唐之韩愈,因六朝初唐骈文之靡弊,乃废弃时尚,远追周、秦、西汉而为文,于是"古文"之名,始见于世。诗则自唐朝以之试士后,盛极一时,至开元、天宝间,有李白、杜甫诸大家出于其间,故人称之为"盛唐"。然盛极则衰,物穷必变,于是长短句之"词",继诗而兴焉。

词起点于晚唐,成立于五代,大盛于两宋。两宋之词,犹三唐之诗焉。词盛之后,又变而曲,以元代为最盛。文则自古文骈文而外,唐代佛教大兴,佛教徒乃用浅俗之文,讲说玄奥之理,于是乃有"语录",亦为文中之一体,宋儒讲学,亦沿用其法。另一方面,则有人焉,取古人新奇事迹,讲演之以博人听,故宋代"说话人",盛极一时,后乃成为"小说"一宗。以上所述,两千年来,所谓"文学"之种类、名称,约尽于是矣。

第二节　文学的意义

凡一个人,不能无思想,思想蓄于中,有时必须把此思想达之于外,使同类之人共知之,于是乎有文章。文章之佳者,谓之为"艺术的作品"。学此者,即谓之"文学",善此者,谓之"文学家",此"文学"的意义也。近人罗家伦,取阮元、章太炎论文之语,及西人胡思德、韩德等十五家之文学界说,归纳一文学定义,曰:

> 文学是人生的表现和批评,从最好的思想写下来的,有想象,有感情,有体裁,有合于艺术的组织。集此众长,能使人类普通心理,都觉得他是极明了,极有趣的东西。

罗氏此文,凡数千言,载于《新潮》一卷二号,题曰"什么是文学",与本书第一编所载胡适之答钱玄同书题目相同。前载胡氏之说,为研究普通国学者,自己选文之标准。此录罗氏之说,使专门研究文学者,须知文学有如此的意义。唯罗氏原文太长,不便全录,兹约举其意,述之于此:

（一）文学是人生的表现同批评。因为人生对于现状有兴会的地方,要靠文学表现出来;人生对现状有不满意的地方,也要靠文学表现出来。总之,人生一日离不了爱憎悲喜种种的情绪,就一日离不了文学。所以文学,不但是表现人生的,并且是批评人生的。明白这个道理,才知道文学的本体,文学的实用。

(二)要表现人生,同批评人生,必定要一种很好的思想。缪勒说:"哲学是思想的科学,文学是表白思想的科学。"安麦生说:"文学是最好思想的记述。"凡是可以流传的好文章,总是有思想的。因为思想好,所以能把人生表现得好,批评得当,所以能得人类的喜爱。

(三)想象,是文学家最重要的元素。文学家说一件理,记一件事,总要设身处地地设想。以自己的想象,唤起他人的想象,使读者脑筋里,仿佛有一幅画图,也如身临其境一样,一世也忘它不了,这才真是文学家的手腕。

(四)人生是个感情的动物,文学又可以算是感情的出产品。文学家总要以自己的感情,冲动他人的感情,所以文学不但是主观的,并且是客观的。不但是要写自己的抑郁牢骚,并且是要写他人的悲欢离合。总之,文学的第一要义,是要唤起人类的同情。

(五)文章的形体,各有不同。文学家所秉的性气,又因人而异。就各异的性气,缘附在不同的形体上,所以区别什么叫作体裁(非旧说的笔法、文例)。所以读一篇好文章,总觉得作者的性情、容止、人格,都跃跃欲现。就是文乃德所说:"文学能以作者的生平,毕现于他人之前。"

(六)有了思想、想象、感情、体裁种种,还须有一点艺术的手腕来补助它。所以每篇文章里面,总要有几处"匠心独出"的地方。但是按照美学的道理艺术,只能辅助天然的美,使它愈增其美,绝不能以天然的美来强就它的艺术。以天然的美来强就艺术,那就是矫揉的、僵死的,矫揉的、僵死的,就不成其为美。若是从极细微的曲线里,能够表出自然的美才合乎美学的原理,才是真正的艺术。

(七)人类的审美感情想象种种性质,都是人类普遍的天性,都是一触即发的。文学家的责任,就是用这种普遍的、灵敏的感觉,为人类保全天真。所以堆叠晦涩、"代圣人立言"的文章,只可算少数人的符咒,不能算是人类的文学。人类的文学,是明了有趣,合于人类普遍心理的。(有趣,是包括美学上一切兴趣。)

(八)我们得了一个好思想,总想牢牢记着,世间真美的好文章,是经过多次淘汰而不磨灭的。文学永久的价值,是从以上七条性质决定,不必从界说中另行定出。但是界说里,必定要说它是写下来的,方可以永久保存,这是逻辑上应有的手续。

上面八项,系节录罗氏之说,权作"文学的意义"。唯其中"文章"二字,原文都作"文学",意义未免含混。盖"文章"与

"文学",本非一物,罗氏概作"文学",或一时笔误,故酌而易之。我人以罗氏此说,与前录胡适之答钱玄同书,合而观之,不难知文学之真谛矣。

第三节　治文学须知时代性

昔人因崇古心理太浓厚,所以即对于文学,亦以模仿古人之文为上品。不知时代变迁,古人之文,在古代适用,在今日已不适用,若必事事模仿古人,是执古方以医今病,必难望有生理矣!又古人之文本未佳,或因他故,传而不绝。若不知其故,从而效之,则更自欺欺人,终身迷惘,不可救药矣!处如何之时代,作如何之文章,此治文学,所以须知"时代性"也。此义在古人已有言之者,如明末钱谦益《答唐汝谔论文书》云:

> 夫文之必取法于汉也,诗之必取法于唐也,夫人而能言之也。汉之文,有所以为汉者矣!唐之诗,有所以为唐者矣!知所以为汉者,而后汉之文可为;曰为汉之文而已,其不能为汉可知也。知所以为唐者,而后唐之诗可为;曰为唐之诗而已,其不能为唐可知也。自唐、宋以迄于国初,作者代出,文不必为汉而能为汉,诗不必为唐而能为唐,其精神气格,皆足以追配古人。其间为古学之蠹者,有两端焉:曰制科之习比于俚,道学之习比于腐。斯二者,皆俗学

也。然而文章之脉络，画然如江河之行地，代有其人，人有其传，固非俗学之可得而乱也。弘、正之间，有李献吉者，倡为汉文杜诗，以叫号于世，举世皆靡然而从之矣。然其所谓汉文者，献吉之所谓汉，而非迁、固之汉也；其所谓杜诗者，献吉之所谓杜，而非少陵之杜也。彼不知夫汉有所以为汉，唐有所以为唐，而规规焉就汉、唐而求之，以为迁、固、少陵，尽在于是，虽欲不与之背驰，岂可得哉？献吉之才，固足以颠顿驰骋，惟其不深惟古人著作之指归，而徒欲高其门墙以压服一世，矫俗学之弊，而不自知其流入于缪，斯所谓同浴而讥裸裎者也。嘉靖之季，王、李间作，决献吉之末流而扬其波，其势益昌，其缪滋甚！弇州之年，既富于李，而其才气之饶，著述之多，名位之高，尤足以号召一世。然其为缪，则一而已。今观弇州之诗，无体不具，求其名章秀句，可讽可传者，一卷之中，不得一二。其于文，卑靡冗杂，无一篇不倜背古人矩度，其规摹《左》《史》，不出字句，而字句之讹缪者，累累盈帙。闻其晚年，手《东坡集》不置，又亟称归熙甫之文，有"久而自伤"之语。然而岁月逾迈，悔之无及，亦足悲矣！夫本朝非无文也，非无诗也。本朝自有本朝之文，而今取其似汉而非者，为本朝之文；本朝自有本朝之诗，而今取其似唐而非者，为本朝之诗。人尽蔽锢其心思，废黜其耳目，而唯缪学之是师。在前人犹仿汉、唐之衣冠，在今人遂奉李、王为宗祖，承认踵伪，莫知底止。

仆尝论之，南宋以后之俗学，如尘羹涂饭，稍知滋味者，皆能唾而弃之。弘、正以后之缪学，如伪玉赝鼎，非博古识真者，未有不袭而宝之者也。缪学之行，惑世而乱真，使夫人穷老尽气，至死而不知悔，其为祸，尤惨于俗学。二十年来，亦有知訾謷李、王者矣！学弥粗而识弥下。若近年之谈诗者，苍蝇之鸣，作于蚯蚓之窍，遂欲以一隙之见，上下今古。公安袁小修尝叹息曰："少陵《秋兴》，元白《长恨》诸篇，皆千秋绝调，彼何人斯，奋笔简汰？此辈无心，所以眯目。"贤哉小修！其所见去人远矣！嗟夫！古学一变而为俗，俗学再变而为缪，缪之变也，不可胜穷，五方之音，变而为鸟语；五父之逵，变而为鼠穴。譬诸病症，愈变愈新。自良医视之，其所繇传染，要不离于本病而已。谁生厉阶？至今为梗，岂能不追叹于献吉哉！

此书虽针砭明代前后七子之模拟迁史杜诗，而于"时代性"之义，亦已明白提出，可为论文学者之卓识，我辈不应以其人而废其言，乃为真正的客观态度。即近今之导道文学革命者，其所见亦不过如此而已。兹再录胡适之所作《历史的文学观念论》，以资比较。胡论云：

> 居今日而言文学改良，当注重"历史的文学观念"。一言以蔽之。曰，一时代有一时代之文学。此时代与彼

时代之间，虽皆有承前启后之关系，而决不容完全抄袭；其完全抄袭者，决不成为真文学。愚惟深信此理，故以为古人已造古人之文学，今人当造今人之文学。……

……古文家盛称马、班，不知马、班之文，已非古文。使马、班皆作《盘庚》《大诰》《清庙》《生民》之文，则马、班决不能千古矣！古文家又盛称韩、柳，不知韩、柳在当时，皆为文学革命之人。彼以六朝骈俪之文为当废，故改而趋于较合文法，较近自然之文体。其时白话之文未兴，故韩、柳之文，在当日皆为"新文学"。韩、柳皆未尝自称"古文"，古文，乃后人称之之辞耳。此如七言歌行，本非"古体"，六朝人作之者数人而已。至唐而大盛，李、杜之歌行，皆可谓创作。后之妄人，乃谓曰"五古""七古"，不知五言作于汉代，七言尤不得为古，其起与律诗同时。（律诗起于六朝。谢灵运、江淹之诗，皆为骈偶之体矣，则虽谓律诗先于七古可也。）若《周颂》《商颂》则真"古诗"耳。故李、杜作"今诗"，而后人谓之"古诗"；韩、柳作"今文"，而后人谓之"古文"。不知韩、柳但择当时文体中之最近于文言之自然者而作之耳。故韩、柳之为韩、柳，未可厚非也。

及白话之文体既兴，语录用于讲坛，而小说传于穷巷。当此之时，"今文"之趋势已成，而明七子之徒，乃必欲反之于汉、魏以上，则罪不容辞矣！归、方、刘、姚之志，与七子同，特不敢远攀周、秦，但欲近规韩、柳、欧、曾而已，此其异也。吾故谓古文家，亦未可一概抹煞。分别言之，则马、班自作汉人之文，韩、柳自作唐代之文。其作文之时，言文之分，尚不成一问题，正如欧洲中古之学者，人人以拉丁文著书，而不知其所用为"死文字"也。宋代之文人，北宋如欧、苏，皆常以白话入词，而作散文，则必用文言。南宋如陆放翁，常以白话作律诗，而其文集皆用文言。朱晦庵以白话著书写信，而作"规矩文字"，则皆用文言——此皆过渡时代之不得已，如十六七世纪欧洲学者著书，往往并用己国俚语与拉丁两种文字（狄卡儿之《方法论》用法文，其《精思录》则用拉丁文。倍根之《杂论》，有英文、拉丁文两种。倍根自信其拉丁文胜于英文书，然今人罕有读其拉丁文《杂论》者矣），不能概以古文冤之也。惟元以后之古文家，则居心在于复古，居心在于过抑通俗文学而以汉、魏、唐、宋代之，此种人，乃可谓真正"古文家"，吾辈所攻击者，亦仅限于此一种"生于今之世，反古之道"之真正"古文家"耳。

胡氏此论，与钱氏之书，其所论意义，若合符节，可见人无古今，理无二义，为识者所同认。而昔人之所以竞称古文家者，仍由崇古的社会心理流衍而来。"子学"变为"文学"，文学者之心理，仍承诸子托古的习俗。不过诸子托古是道术，文人的托古，为文章耳。苟能明晓时代的变迁，则模拟古人之弊，可不发生，各自出其心思才力，皆可以自成一家矣。

第四节　治文学须知个性

各人有各人的心思才力，各人各自不同。故各人只能因自己之所长，始可成立一艺一术；对于他人之长，只能吸收之以为我用。若因他人之长而崇拜之，乃至仿之，则与模拟古人之病一律矣。各人因自己之长而利用之，是为"个性"的发展，不发展它则为埋没个性。治文学者，亦须知此义，乃能成立一家。个性之义，近人多已畅白言之，即上述之钱谦益，亦已知之而能言之。其《答徐巨源书》云：

> 仆尝观古之为文者，经不能兼史，史不能兼经；左不能兼迁，迁不能兼左；韩不能兼柳，柳不能兼韩。其于诗，枚、蔡、曹、刘、潘、陆、陶、谢、李、杜、元、白，各出杼轴，互相陶冶，譬诸春秋日月，异道并行。今之人则不然，家为总萃，人集大成。数行之内，苞孕古今。双句之中，牢笼风雅。今人之视古人，亦犹是两耳一口也，何以天之降才，古偏驳，今偏纯？何以人之学术，古偏俭，今偏富？何以斯世之文章气运，古则余分闰气，今则光岳浑圆，上下千载，吾不知其何故也？兼并古人未已也，已而复排击之以自尊。称

量古人未已也，已而复教责之以从我。摧史则晔、寿、庐陵，折抑为皂隶，评诗则李、杜、长吉，鞭挞如群儿。大言不惭，中风狂走，滔滔不返，此吾巨源他日之忧也。

此所说的"不能兼"，即是各人个性，各有长短，善能发展个性者，不以自己之所短，妄学他人之所长，否则力不能胜，即有"举鼎绝膑"的危险。然世人苦不自知，见他人之所长，必谓己亦能之，于是妄效之，不见其美而反增其丑矣！曾记昔人有句云："读书必欲读五车，胸中撑塞如乱麻。作文必欲法前古，婢学夫人徒自苦！"所谓"读五车"者，即是"贪多而嚼不烂"，不但无益而反有损。"婢学夫人"者，夫人有夫人的个性，婢有婢的个性，美艳之婢，若出其活泼玲珑之天真，以与人周旋，人亦爱好之不暇！婢若效夫人之举止，不但天真拘束，而规行矩步，扭扭捏捏，反露其尴尬难看的神情，所谓"徒自苦"也。文学家不知善用个性，其弊亦与此同。

钱书后半段言"家为总萃""摧史""评诗"，则又因误用个性而致然也。盖明季学者，初效李梦阳（献吉）、何景明、王世贞（弇州）、李攀龙等之"文必秦汉，诗必盛唐"说以自标高异，继则效之不像，乃索性废弃古人，屏书不读，以为自己已兼有古人之所长以傲视一切也。而其根源，仍由于不知善用个性之故。又"好胜心"亦为人所同有，此心一激，遂至折抑晔、寿、庐陵，鞭挞李、杜、长吉，以为如此，则我已胜于晔、寿、庐陵，李、杜、长吉矣，否则安敢折抑鞭挞之哉？此虽针砭明季学风，然今日自新文学兴起后，对于古人，亦已露其折抑鞭挞的态度；自己作品，究竟能否胜于古人，胜于同时之他人，不自知也。此风实宜切实戒除之。

第五节　治文学应知应遵的方法

治文学者，须知时代性与个性，具如上述。对于文学，应用何法以治之？此亦一最重要的问题。欲为文学家者，必须多读古人或近人之作品，乃能知其"美"，而吸收其"美"以为我用。否则腹内空疏，神气不接，必不能作美妙的文字，可决言也。所谓多读古人或近人作品者，其法有二：一曰博，一曰精。博者，要把书看得多，杜少陵诗云："读书破万卷，下笔如有神。"所谓博也能读破万卷，则胸中满具种种事物，自能随手应用，不感缺乏。譬如一家大商店，百货俱备，顾客来购买时，我都可应付裕如，不致有甲而无乙，或丙则太多，丁则太缺，此博之效用也。精者，万卷之书，岂能一一记诸胸中而不忘失？我唯择其一二种之最佳者，与我性相近，为我所最爱者，熟读而精思之，然后自能发生效用。苏东坡寄弟子由诗云："旧书不厌百回读，熟读深思子自知。"盖文之精美者，愈读愈有意味发见，久之，能把古人之精神，吸收之而为我用，譬诸食物，融化之后，即能滋养我之身体，所谓精也。钱谦益《复王烟客书》

云："信手抽古文一篇，从容雒诵，行间字里，深知其不能几及。屈指算度，至于什，至于百，至于千万而犹未既也。"包世臣于所著之《艺舟双楫》中，说自己读《过秦论》《古诗十九首》，皆至万遍以上，始能识其窍妙之所在，此皆说精的方法。盖一艺而精，终身可用，今譬诸武艺，或刀或枪，或剑或棍，只要精通其一，至作战时，自能于千军万马中，杀进杀出，来往自如，乃能制胜。若是不精，虽十八般武艺，件件学过，因不能精，一遇能手，势必立即失败。于文学亦同一理。所以看书要博，读文要精，二者相互为用，乃能成为文学家。

既博而精，则于自己作诗作文时，又须忘却所看所读的而一唯我意之所如，所谓如行云流水，极自然之神态也。若所看所读之书，萦绕于脑际，以为此一种章法，或此一种格调，我可仿效之而写在自己作品之中，此即所谓"寠臼"，为文学家之所忌。姚鼐之《古文辞类纂》，于目录后，曾有一段按语曰：

> 文士之效法古人，莫善于退之，尽变古人之形貌，虽有摹拟，不可得而寻其迹也。其他虽工于学古，而迹不能忘，扬子云、柳子厚于斯盖尤甚焉。以其形貌之过于似古人也，而遽摈之，谓不足与于文章之事，则过矣！然遂谓非学者之一病，则不可也。

观此，可知古人之文须学，而摹拟之，实为学者之一病。

又归熙甫尝谓门人曰:"韩子言'唯陈言之务去',何以谓之陈言?"其门人杂然以对。熙甫曰:"皆非也。唯不切者,为陈言耳。"此即言说话要说自己的话,要如何说,便如何说。把自己胸脑中的意思,切切实实发挥出来,然后乃能"切",然后陈言乃能去也。无论古今,凡大文学家,真文学家,皆必如此,乃能卓然树立,故此亦一重要问题也。

第二章　诗

第一节　诗的源流

诗的发生,本书于经学门诗经章已说过。三百篇之《诗》,实中国最古一诗总集。先乎此者,如虞夏时之歌谣,皆后人所依托,论中国之诗,当以《诗经》中之《商颂》《周颂》为最早出。然据近人王国维之考论,以为《商颂》,系周列国中之宋追述其先圣工之诗。准此,则当以《周颂》为最早,而《商颂》《大雅》《小雅》,十五《国风》,大抵皆西周至东周间之作品矣。《诗》三百篇之后,则变而为骚,如《缁衣》《伐檀》等诗,衍长而变化之,则骚之所自出也。今录《缁衣》以资对镜:

缁衣之宜兮,敝,予又改为兮。适子之馆兮,还,予授子之粲兮。

缁衣之好兮,敝,予又改造兮。适子之馆兮,还,予授子之粲兮。

缁衣之席兮,敝,予又改作兮。适子之馆兮,还,予授子之粲兮。

《伐檀》诗亦与此相同。句句用一兮字，即为屈子《离骚》之所从出。唯三百篇中，往往三四章意义相同，仅于章中之每一句中，更易一二字，故兴趣不能畅达，音韵不能悠扬。屈子乃因其体而变化之，成为长篇大作，实为文学一进化也。至汉则变而为赋，此一派也。三百篇之诗，以四言为主，因句短，则气与韵皆不能发舒，其中亦有用五言以达意者，如"蹙蹙靡所骋"是也。前三句皆四言，末一句忽易为五言，则气畅而神足矣！至汉乃悉作五言，亦文学之一进化也。

文至六朝，竞尚对偶靡丽，故成为骈文，而诗亦然。六朝之诗，如谢灵运辈诗句，亦竞以用对偶为丽，至沈约发明四声，于是产生律诗。七言之诗，乃从汉魏诸赋变化而成，试把汉魏用"兮"字之八言句各赋，省去"兮"字，意思仍自连贯。文学家乃省去"兮"字，不要停顿，一气呵成之，此七言古诗之由来也。（吾友刘大白以为七言古，仍从四言之三百篇中化出，其说盖非是。）故诗在一方面，既由赋而变为七言；一方面又由五言对句，成为律诗，二者合而七言律亦因之而成立矣。此文学之又一进化也。

长篇之诗，重在神充气足，乃为上品。诗至李、杜，已成极诣，无以复加，如韩退之之《石鼓歌》，虽竭力追踪李、杜，然卒不能及。于是元、白出而易一腔调，以奔涛怒马之风诗，易往复悠扬之笛韵，所谓"长庆体"是也（元稹、白居易二人诗集，俱名长庆集，因以此为名）。盖诗至此境，已不能再出新制，此为自然之气韵所限,故至长排律诗,七言固少作者——元白曾作之,终不能佳。五排亦鲜佳作,物穷则变,于是长短句之词,因时而兴焉。此亦文学之一进化也。

词生于唐,成于五代,盛极于两宋,再一变则为曲。昔日之旧文学家,鄙视之以为不足齿数;而今日之新文学家,则以为曲能流行闾里,实可为平民文学,其影响较仅供庙堂贵族所用者,效力迥殊,是则亦文学一进化也。唯曲须按乐器始能演唱,实为专门的艺术,本书述者,未解此道,故不敢置论。至白话诗,方在萌芽,俟于下章讲及之。

第二节　诗与韵的关系

综文学之全部而言,可分为有韵文与无韵文之两大类:有韵者,总称之为诗;无韵者,则称为文。此亦自然律所限定,虽古时或称无韵之文为"笔",有韵之文为"文",然不通行,不若竟称"诗"称"文"之适于社会也。

诗之有韵,既为自然律所限定,似可不必加以讨论。唯自近年以来,新学家主张,以为诗体既经解放,韵亦可置而不用,此一说也。其更进者,且反对诗之用韵,于是而文学中之争论,又杂然出矣！反对诗必须用韵者,以刘大白之说为最辩,其所著《旧诗新话》中,曾有一节,论《毛诗》中之无韵诗云:

章太炎氏定了"有韵为诗,无韵为文"的界说,断定现在的语体诗不是诗。他不但不曾看见现在的语体诗,并非全是无韵的,而且忘记了中国旧诗,并非全是有韵的了。所以我们不必从诗底可不可以无韵上头和他辩,只消把中国无韵的旧诗,找出来给他看就是了。

中国第一部诗集,就是《毛诗》。《毛诗》里面的诗,章氏总决不会说它是"向下堕落"的了。然而毛诗中却往往有无韵的诗,例如"小雅"《常棣》《车攻》《小旻》篇。又如"大雅"《常武》篇。至于"周颂"里面,却全篇无韵的多了。例如《清庙》《维天之命》《昊天有成命》《时迈》《思文》《臣工》《噫嘻》《酌》《赉》《般》等篇,都找不出韵来。其余《维清》《武》等篇,其中也常有几句无韵的。可见中国旧诗,并非全是有韵。章氏"有韵为诗,无韵为文"的界说,不但合新的不合,连旧的也不能范围了。

大白此论,一眼看来,似乎"言之成理",但加以仔细研索,实未免"强词夺理"。大抵为好胜心所驱使,以期驳倒章氏耳。至于诗之应该有韵,我实赞同章氏之说。《毛诗》中"雅""颂"之无韵,因为在当时,诗方萌芽,尚未成体,人亦不知用韵,所以有若干篇之无韵诗。到后来文化进步,文学亦进步,而韵亦随之发明,所以到了"国风"作者,都知以用韵为美了。故诗之由无韵变为有韵,正是诗的进化。若至既知用韵,作者自然亦无不用韵,而且用极完美的韵,今若忽然废韵不用,岂不是自安简陋?故章氏以为"向下堕落",尚非过刻之言,而大白断断以"雅""颂"中之无韵诗"给他看",何不引结绳时代之无文字为喻,所谓文学家者,又何必作诗耶?故大白此种"开倒车"的理论,不但不足以服章氏,实未免引人以"自安简陋"之弊,故不得不一置辨焉!

至我以为诗须有韵者,理由是:诗之美者,实是自然的天籁。何谓自然的天籁?例如林间之风,其声飕飕,溪中之水,其声濊濊,即风水自然之音韵。人而作诗,自然须遵此理例。至风或忽然转变方向,水或为石所阻,激而他流,声亦随之改变,正如长篇诗之忽然改韵,亦天籁也若诗而无韵,即为失其天籁,亦即为遗废诗之原则,不如不作之为愈矣!复次:以中国文字而作诗,更有非用韵不可者,请即以大白之说证之。《旧诗新话》十四"论无韵诗"一章云:

> 可是在中国古诗里,竟难找出无韵诗底先例——除《毛诗》外。……据我底观察,大约因为中国语言文字当中,双声叠韵字很多,中国人对于用双声叠韵——尤其是叠韵——字的习惯很深的缘故。有人说,汉族底语言,本来也是多节的。后来虽然渐渐变成单节,却依旧留下许多多节的痕迹来。双声叠韵字底多,就是多节语言底痕迹。所以古时底人名、官名、地名,乃至草木禽兽虫鱼器物底名目,属于双声叠韵的非常多。于是寻常谈话、作

文,都很容易用进去。久而久之,就成为习惯了。这就是中国人用韵的习惯很深的原因,也就是中国很少无韵诗的原因。你看周、秦、汉、魏间人作的那些散文里面,尚且夹入许多韵文,何况作诗呢?肯丢了韵不用吗?

照大白此节所讲,可见中国人用中国文字作诗,更有用韵的必要了。因为中国的语言文字,本是多节的,是多双声叠韵的,诗之用韵,由中国的语言文字自然而来,又何以必要反对固有的、有很深的习惯的自然,而废弃之不用呢?

抑尤有一言:诗以涵养性灵、发抒情感为原则,与其他政治伦理等学不同。政治伦理等学,有反乎国体、戾乎潮流者,不得不力加排斥,而思所以消灭之。至涵养性灵、发抒情感之事物,正期性灵愈能涵养,情感愈能发抒,诗之有韵,所谓"一唱三叹有遗音",其于涵养性灵、发抒情感者,助力正多多,奈何必欲废去之然后为快耶?

第三节　白话诗

上节论诗之必须有韵,因为韵,是与诗相依为命的必需品。美诗如美人,韵即美人之装饰品,能使美人益增其美。否则"西子蒙不洁,人皆掩鼻而过之"矣!故文学可革命,诗体可解放,而文学与诗的原则原理,则终古不易也。

或曰：现在盛行之白话诗，亦能如唐人之诗、宋人之词，成立一艺以传世乎？抑如明七子之倡"复古论"，虽盛极一时，然不久即烟消火灭乎？曰：明七子之复古论，所谓"开倒车"，不久必仍当前进也。现在的白话诗，是顺应潮流而产生，今日虽尚未完全成立，日后必能如唐诗宋词，成为一艺，可无疑也。关于此节，可用胡适之的《文学改良刍议》中论陈伯严诗之义说明之。按陈伯严诗云：

> 涛园抄杜句，半岁秃千毫。
> 所得都成泪，相过问奏刀。
> 万灵噤不下，此老仰弥高。
> 胸腹回滋味，徐看薄命骚。

胡氏评之曰：

> 此大足代表今日"第一流诗人"摹仿古人之心理也。其病根所在，在于以"半岁秃千毫"之工夫作古人的抄胥奴婢，故有"此老仰弥高"之叹。若能洒脱此种奴性，不作古人的诗而惟作我自己的诗，则决不至如此失败矣。

此白话诗必能成立的一反证也。亦即前章所说的"时代性"，有以驱之使然耳。关于此义之言论，不特今人如此，即在

百年前,已早有人见及而道之矣! 赵翼之《瓯北诗钞》中"论诗绝句"云:

> 李杜诗篇万口传,至今已觉不新鲜。
> 江山代有才人出,各领风骚五百年。

瓯北时,白话文之问题,尚未发生,而已知专学李、杜,必不能成家传后。即瓯北自作之诗,亦大半用白话描写,其深刻畅达,比之今人所作,实高出十倍,不过尚用五七字句,未曾改变体裁,今日白话诗人,盍购《瓯北诗钞》而一读之乎。

复次:所谓文学革命、诗体解放云云者,谓昔人之诗,多用古字古典,使人不易索解,故改用今日口头之通行语,使人一见,即知其命意之所在也。今日白话诗人的作品,我所见者,为数寥寥,唯刘大白与我,系二十余年老友,彼此交情,复至深至笃,故其所作出版,必送我一部,如《旧梦》《邮吻》《丁宁》《卖布谣》《春之泪》等,比其所作之旧体诗,反难索解。夫白乐天之古体诗,老妪能诵;今人之新体诗,使人茫然。此则使门外汉之我,不敢妄赞一辞矣!

第四节　学诗的程序

无论学一艺,治一事,必须先有一计划,定一程序,然后按步进行,乃能达到目的之地,学诗自然不能外此理例。尝见今日自命之白话诗人,以为白话诗,只要下笔即写,古人之诗,可以束诸高阁,不必过问,此则使我大惑不解者也。或我所遇者,非真的白话诗人,或系"生而知之"的白话诗人,但以我愚昧之见,不欲为诗人则已,苟欲为诗人,则"学"之一字,无论如何,总不能省。今请一言学诗之程序可乎。

如胡适之、刘大白诸人,皆旧学根底极深,乃改而作新体的白话诗者。我今所欲言者,亦唯有姑述旧体诗的"学诗程序"耳。

三百篇为诗的宗祖,又尊为经,自然必当熟读。唯以学诗的眼光而言,则此处读法,重在文艺而不重经义,所以异也。三百篇以后,可继以清人沈德潜选之《古诗源》,其第一卷,所选三代时作品,多系后人依托,只要大略一看已足。至以下则无名氏之《古诗》,皆最精美的作品,必须熟读。此种诗之作者,并不求名,因其诗之佳,自然流传于人口而竟永存,即罗家伦氏所谓"经过许多的淘汰而不能磨灭者"。古诗十九首,尤为出类拔群之杰构。唯沈氏(德潜)以为非一人一时之作,又以为逐臣弃妇,思其旧君故夫之作,则误解。此诗以我研索所得,乃系夫妇二人赠答之词。事为一北方佳人,流落南方,竟至为倡,嗣遇一士人,结为夫妇,情爱极笃。士人后至洛阳求仕,初遇一知友,允为谋官,后事不能成,友亦避而不见,士人则羁留不返,妇乃作诗寄之,士人亦以诗回答焉。其"行行重行行",岁暮时妇所寄也。不得回音,于次年春深时,妇又寄"青青河畔草"一首,以自己曾为过倡,恐丈夫或因此弃之,故末四句自承前事,以祛丈夫之疑。"青青陵上柏""今日良宴会"二首,夫答词也。言正遇一友,为其谋官,指日可"策高足,据要津"也。"西北有高楼",妇答夫也,言君诚欢乐,亦知西北高楼中,有一久久望夫不归之杞梁妻乎。"涉江采芙蓉""明月皎夜光",夫寄妇也,言前遇之友,忽避匿不见,引燕子之去以作比。"冉冉孤生竹""庭中有奇树""迢迢牵牛星",妇答夫也,奇树一首,正对涉江。"回车驾言迈",夫答妇也,言一时不易回家。"东城高且长""驱车上东门",妇慰夫之词。"去者日以疏""生年不满百",夫回答之语。"凛凛岁云暮""孟冬寒气至",妇忆夫之词。"客从远方来",夫接到妇所寄之"锦衾"而致答。"明月何皎皎",妇望夫不归而叹息。十九首诗,写两人赠答之语,正如元人曲本两人之对语,故虽多至千余字而不觉其烦,真是千秋绝唱。唯固为男女二人作,或诗人设此二人,以写己之情愫,则难确定。然为男女言情作品,则可断为不误。而昔人必欲以"思君"等瞀说解之者,则为"托男女以寓君臣"一谬见所蔽耳!本节此段,缕缕述此者,因谬见相沿,至千余年之久,无一人敢道其真,故不得不详说之,以为好学深思之士告也。

读《古诗源》以后,可继以唐、宋、元、明、清《五诗别裁》。此书亦为沈氏所选,与《古诗源》相衔接,而取去精审,源流毕具,读之,则使自唐至清初诸名家之诗,无不悉其梗概。唯书已较多,可择己所爱之数家熟读之(选法,已见第一编"研究国学方法"章),再取此数家之专集细读之,此为学诗之正当方法也。

取己所爱好者之数家专学之,为学诗者之正当方法,固已。亦有专学一家者,如北宋时士人,竞学李义山之玉谿生诗,名为"西昆体"。杨亿选此派人作品,为《西昆酬唱集》是也。又宋自黄山谷出,以诗名于时,因黄为江西人,当时学其诗之人甚众,遂又有"江西派"之称,此皆专学一人,以底于成立者。又有专取诗之一种性质而学者,如陈代徐陵之选《玉台新咏》、唐代韩偓之著《香奁集》,专讲艳情者也。又如清之王士禛,选《唐贤三昧集》,专标"神韵"二字,以为学诗之妙诀,所谓"不着一字,尽得风流",王氏自己作品,即以此见长者也。又有专学诗之一二体者,如宋代周弼选之《三体唐诗》,专取七言绝句、七言律、五言律三体为学,而于七言绝句,复分七格。七言律,分六格。五言律,分七格。盖精而求之,无底止也。又如宋代郭茂倩选《乐府诗集》,上起陶唐,下迄五代,分为十二类,网罗赅博,其解题叙述,尤为详备,为集乐府之大成。元代杨维桢,以学乐府著名,王渔洋《论诗绝句》,称为"铁崖乐府擅惊奇"者是也。综上所述,合而言之,只一"诗"字。分而求之,则可以学一家、学一派、学一体,皆宜因性之所近而为之,自然有余师矣!

如上述各种选本外，历代名大家之诗集，可取以为法者，魏、晋、六朝，如曹植、阮籍、左思、陶潜、谢灵运、鲍照、谢朓、庾信等等，可于《汉魏百三家集》中求之。唐代最著名者，初唐有王、杨、庐、骆四杰，以后则李白、杜甫、王维、孟浩然、高适、韦应物、韩愈、刘禹锡、柳宗元、白居易、元稹、杜牧、李商隐、温飞卿等。宋代最著名者，为苏轼、黄庭坚、范成大、陆游等。金代有元好问。元代有虞集、杨维桢等。明代有高启、李梦阳、何景明、王世贞、李攀龙等。清初则有钱谦益、吴伟业。稍后则为王士禛、施闰章、朱彝尊、赵执信、查慎行等。清之中叶，有黄景仁、袁枚、蒋忠、赵翼等。道光以降，则为龚自珍诸人，皆有一长可取，所以能成立一家。诗虽以唐为盛，然亦不能谓其一人，兼备众长，清代张之洞之《輶轩语》中，曾言"所谓大家者，谓其体气较大，所能较多，非谓一人而尽兼古今之长也"。（按此语系记忆录之，与原文未知有否异同，唯意义则如此。）观此，则学者不必因执某时代、某一人，苟因性之所近，皆可师矣。

第三章　词

　　词之源流,已详上述,五代时蜀人赵崇祚,编《花间集》一书,自是以后,词遂与诗对抗,而为独立的一学艺。至北宋而大盛,于是"词客"代"诗人"而兴起矣。唯词因长短句,须按律而填,故作者虽不少,而一人所作卷帙,究不能多。盖按律颇难,非如诗之可随便唱作故也。

　　论词之言,亦人各不同,南宋周密编《绝妙好词》,清人厉鹗、查为仁为之笺,为词选之佳本。唯周氏论词,以为词虽盛于北宋,然至南宋而极工,故其选,仅及南宋。而近人王国维,则以南宋之词,已隔一层,不及北宋。二人皆深于词者,而持论之异如此。唯王氏后出,又能以新学家之眼光立论,故本章特采其说,以为学词之标准焉。王氏所著之《人间词话》云:

　　　　词以"境界"为最上。有境界则自成高格,自有名句。五代、北宋之词,所以独绝者在此。

　　　　境界,非独谓景物也。喜怒哀乐,亦人心中之一境界。故能写真景物、真感情者,谓之有境界。否则谓之无境界。

　　刘大白极推崇王氏此说,于《旧诗新话》中引此而评之曰:

"这是他对于'境界'的定义。他的着眼点,就是一'真'字。"又曰:"他又用隔和不隔,来诠释真不真。不隔,就是'真';隔,就是不真。他批评前人底词,都用这一点来做标准,所以很有独到的地方。"今按《人间词话》之论隔不隔云:

美成青玉案词:"叶上初阳干宿雨,水面清圆,一一风荷举。"此真能得荷之神理者。觉白石《念奴娇》《惜红衣》二词,犹有隔雾看花之恨。

白石写景之作,如"二十四桥仍在,波心荡,冷月无声""数峰清苦,商略黄昏雨""高树晚蝉,说西风消息",虽格调高绝,然如雾里看花,终隔一层。梅溪、梦窗诸家写景之病,皆一"隔"字,北宋风流,渡江遂绝,抑真有运会存乎其间耶?

问"隔"与"不隔"之别?曰:陶、谢之诗不隔,延年则稍隔矣。东坡之诗不隔,山谷则稍隔矣。"池塘生春草""空梁落燕泥"等二句,妙处唯在不隔,词亦如是。即以一人一词论,如欧阳公《少年游》咏春草,上半阕云:"阑干十二独凭春,晴碧远连云。千里万里,二月三月,行色苦愁人。"语语都在目前,便是不隔。至云"谢家池上,江淹浦畔"则隔矣。白石《翠楼吟》:"此地宜有词仙,拥素云黄鹤,与君游戏。玉梯凝望久,叹芳草,萋萋千里。"便是不隔。至"酒祓清愁,花消英气",则隔矣。然南宋虽不隔处，比之前人，自有浅深厚薄之别。

"生年不满百，常怀千岁忧。昼短苦夜长，何不秉烛游？""服食求神仙，多为药所误。不如饮美酒，被服纨与素。"写情如此，方为不隔。"采菊东篱下，悠然见南山。山气日夕佳，飞鸟相与还。""天似穹庐，笼盖四野。天苍苍，野茫茫，风吹草低见牛羊。"写景如此，方为不隔。

王氏论隔与不隔，实发前人所未发，不但词宜如此，即以之论一切文艺作品，亦可以此作标准，庶易领会造诣之深浅，亦可无"雾里看花"之恨。王氏持此义以推论一切，故又以用替代字，即成为隔。《人间词话》又云：

美成《解语花》之"桂华流瓦"，境界极妙，惜以"桂华"二字代"月"耳。梦窗以下，则用代字更多。其所以然者，非意不足，则语不妙也。盖意足则不暇代，语妙则不必代。此少游之"小楼连苑""绣毂雕鞍"，所以为东坡所讥也。

沈伯时《乐府指迷》云：说桃不可直说桃，须用"红雨""刘郎"等字。说柳不可直说柳，须用"章台""灞岸"等字。若唯恐人不用代字者。果以是为工，则古今类书俱在，又安用词为耶？宜其为《提要》所讥也。

以《长恨歌》之壮采，而所隶之事，只"小玉双成"四字,才有余也。梅村歌行,则非隶事不办。白、吴优劣,即于此见。不独作诗为然,填词亦不可不知也。

以上所录,皆王氏识见独到之处,洵非他人之所能及,竟可用作学词学诗之南针。但论白、吴优劣,则未甚切。何则?当梅村、渔洋等作诗之时,其风气以"无一字无来历"为赅博,故不得不用典故。用典故,即无异用替代字矣。此《永和宫词》与《长恨歌》不同之点也。至云"梅村歌行,非隶事不办",则王氏于梅村全部诗集,未加细按之故。梅村如《悲歌赠吴季子》《遗闷》六首等,皆未尝隶事,句句皆用情意白描,何尝非美妙作品乎?此则不能不为之附带说明也。

综上所论:我人学词,已有标准矣。至词的书籍,《花间集》为词的宗祖,固不可不读。其他选本,则以清人朱彝尊之《词综》为最佳,所录宋金元之词,凡五百余家,采摭极为繁富,而鉴别精审,辨订详核,迥出诸家词选之上。缘他人精于考证者,多不娴音律;而娴音律者,又多不精于考证,唯朱氏兼斯二长,故所选实出诸家之上也。复次:如初学者以《词综》卷帙繁夥,不易卒读,则予于"研究国学须分普通与专门"章中,曾述张惠言之《词选》,书仅一本,首首皆精,可先读也。

至词家专集,最著名者,如晏殊之《珠玉词》,柳永之《乐章集》,苏轼之《东坡词》,秦观之《淮海词》,晏几道之《小山词》,晁补之之《无咎词》,谢逸之《溪堂词》,周邦彦之《片玉词》,陈与义之《无住词》,李清照之《漱玉词》,辛弃疾之《稼轩词》,姜夔之《白石道人歌曲》,朱淑真之《断肠词》,张炎之《山中白云词》,皆词家名著。元明二代,佳者颇稀。清初以词名家者,有曹贞吉、纳兰性德、顾贞观诸人。道光以后,则龚自珍亦独辟一格,及王国维,皆填词能手云。

第四章　文

第一节　文的选本

论文之要点,已尽于上面"文学"章中。选文读文之法,亦已述于"研究国学方法"章中。兹所言者:(一)选本之佳否。(二)历代文家的优劣异同而已。本节先一述选本。

文之选本,种类不一,大略述之:(一)以时代先后,为选文的次序。如坊间流行的《古文观止》,清代御选的《古文渊鉴》等,都是从《左传》起,至明末止。清人文不选者,因尚难论定其文之佳否也。(二)分类选。以体例同的,自为一类。一类中,再分时代先后,如《文选》《古文辞类纂》等。但《文选》分类太碎,姚姬传讥其"立名多可笑者"。(三)以文的性质分类。如《古文近道集》等,内分教忠、教孝、交友、立身等等。三体之中,自以第二种,以文的体例分类者为佳。如姚氏《古文辞类纂》,分类十三,读之者,即知"论辩"之文如此,"序跋"之文如此,"奏议""诏令"之文,如此如此。使人容易明了文的体裁,不至茫无头绪也。唯姚氏不选诸子、《左传》及《史记》列传,其意以为诸子之文,多悖圣道;《左传》已列为"五经"之一,人人诵读,不必再选;《史记》列传,佳者太多,不胜选也。

因此之故,曾国藩讥之,以为古文立名之由,即因托始于经;若遗经不选,无异"数典而忘祖",故自选《经史百家杂钞》,以备人之诵读。其书上采《诗》《书》,旁及诸子,及《史记》列传。但其所选子书,于反对儒家之文,则摈而不录,是其旨仍为"理"而不为"文",以今日眼光观之,于义实亦未允。其他古文选本,多不及诸子,亦一病也。

姚氏《古文辞类纂》,尚有一病,其书以唐宋八家之后,继以明之归有光。归氏之后,继以方苞、刘大櫆,亦如理学家之争"道统"。其意以刘为方之弟子,己则受业于刘。选方、刘之文以继归氏,即暗以古文之统系,己承之也。但刘氏之文,并不精妙,而以之入选,故《辞类纂》一书,遂为人所讥。然其大体则甚精善,可为学者之读本。

此外古人选本,宋真德秀有《文章正宗》,分辞令、议论、叙事、诗歌四类。唯其书以言理为主,以为文者,不过为言理的工具而已。故讲文学者,多不宗之。明唐顺之选《文编》,其书实本于《文章正宗》,唯真氏主谈理,而唐氏则主论文,本旨与真氏不同。其论文以"法"为先,书中所标举者,皆文家纂要,学者宜由唐宋以适秦汉,当从此入。因唐氏自己,本亦古文家,能心知其得失,故所言大抵中肯,与七子之高谈秦汉者,迥然不同也。又有宋谢枋得选《文章轨范》一书,其中只录汉、晋、唐、宋之文六十九篇,分放胆、小心二格,各有圈点评语,所说亦多中肯。唯《出师表》《归去来辞》二篇,无圈点评语,说者以为此书，殆作于宋亡之后，以此寓意，亦尚近理。唯以上三书——真、唐、谢一时不易觅得，故仍有以《辞类纂》为读本耳。

以上所录，为古今选本之最著名者。又有以一代之文，选为一书者。宋姚铉选《唐文粹》一百卷，去取亦颇精审，自昔称为总集之善本。自后继之者，有南宋吕祖谦，选《宋文鉴》一百五十卷。元苏天爵，选《元文类》七十卷，并目录二卷。明程敏政，选《明文衡》九十卷。清乾隆时，敕选《清文颖》一百二十四卷。则历代皆有一代文选，亦如历代皆有一代史书，欲觇一代文学梗概者，可于此种总集中求之。但唐以前，则无其书，可用无名氏所选之《古文苑》二十一卷以补之。陈振孙《书录解题》，以此书为唐人所选，为《昭明文选》以外，选本之最古亦最佳者。又不题选者之姓名，非如后世之为争名而作也。

自明代李梦阳诸人，高谈秦、汉，大倡复古之论，当时有称唐、宋以与之抗者，于是有"八大家"之目。八大家者，唐韩愈、柳宗元、宋欧阳修、曾巩、苏洵、苏轼、苏辙、王安石也。茅坤遂选《唐宋八大家文钞》一百六十四卷，以与言秦、汉者相抗衡，由是古文又分为秦汉与唐宋之两派。至清代储欣，以为宋之古文家有六人，而唐只二人，人数不均，乃于唐代，益以李翱、孙樵二人，选《唐宋十大家文集》五十一卷，是则选文不以文为主，而以每代之人数平均为分配，可发一笑也。

唐宋八大家之一名词成立后，于是有人以为代代均有古文大家,以之与唐宋相抗衡,如清人李祖陶选金元好问,元姚燧、吴澄、虞集,明宋濂、王守仁、唐顺之、归有光之文,为《金元明八大家文选》五十三卷,又有人选《元明十大家文集》者,是皆为"八大家""十大家"一名词而选文,非为文而选文,其价值可勿论矣。

唐以前,如六朝虽盛行骈文,唯为一时的风尚而已。至唐韩愈出,恶骈文之靡弊,乃返之于周、秦、汉之间,以与骈文示异,后人尊师韩氏,遂有"古文"之名。而古文家则多斥骈文家,以为不足与于文章之事,实一偏之见也。盖文之有骈,犹诗之有律,皆文学自然之趋势,不可是丹而非素,遂至于人主而出奴,斯为正当之理。且骈文之为用,有时或且胜于散文。故虽古文家尽管排斥骈文,而自唐讫清,喜骈文而作骈文者,仍不绝于世也。夫言骈文有时或且胜于散文者,如隋末时之讨炀帝檄文云:

> 罄南山之竹,书罪无穷;决东海之波,流恶难尽。

只此十八字,写尽炀帝一生之罪恶。若由古文家之笔缕举之,则其烝父妾,弑君父,凌虐百姓,穷极奢欲等等,皆举不胜举,书不胜书。若不举不书,又不成为文。且举之,而挂一漏万,反不能尽其罪恶。今以十八字总括言之,使读者觉炀帝之罪恶,真有"死有余辜"之概念焉。又如唐骆宾王讨武后檄云：

> 入门见嫉，蛾眉不肯让人；掩袖工谗，狐媚偏能惑主。

亦只二十字，写武后险鸷的性情、狡黠的手腕，跃然纸上。使武后见之，乃叹："有如此才而不用，宰相之过也！"又宋高宗南渡即位文云：

> 汉家之厄十世，宜光武之中兴；献公之子九人，惟重耳之尚在。

上联写宋室中兴之可能，下联写高宗嗣位之正当，使衰乱时人心为之一振。又明季李自成讨明廷檄文云：

> 君非甚暗，孤立而炀蔽恒多；臣尽行私，比党而公忠绝少。

明宋政局之黑暗，和盘托出，而于庄烈帝，则并未加以贬词。然已足亡国而有余矣！又洪杨时石达开讨清檄文云：

> 忍令上国衣冠，沦于夷狄；相率中原父老，还我河山。

读此二十字，使人种族思想，油然而兴。光复之情，亦因之而愈切，是皆骈文之妙用，胜于古文者。如上所述，不过记忆中之一二而已。此外写景抒情之作，亦均骈文为优，故语文学，骈文必不当废，一般人之訾议骈文，一则不知文之美恶，二则自己不能造此文艺，故不如排斥之，以为不足为文，是则可哂者也。

骈文选本之佳者，首推明王志坚选之《四六法海》。《四库全书简明目录》论之曰：

> 四六，亦古文之变体，犹古诗之为律诗，面貌虽殊，根源不异。世俗溺于华藻，遂判两途。志坚此编，实能溯骈偶之本始，其随事考证，亦皆典核。虽人人习见之坊刻，实四六第一善本也。

《提要》对于群书，从未有如此褒美者，故王氏选本之价值，已可概见。四六之于骈文，犹八分之于汉隶，不过因时代稍有先后，盖异名而同实也。清人李兆洛选之《骈体文钞》三十一卷，亦称善本，可与王氏所选相伯仲，购而读之皆可矣。

第二节　历代文家的优劣异同

唐顺之论治古文，当由唐、宋而适秦、汉，实为深知文学得失之言。盖唐、宋时代在后，容易理解，秦、汉则年代已远，文字与后世殊异者多，了解亦较为难。故先学唐、宋，后学秦、汉，即由浅入深之义也。且秦汉时古文，或因语言之不同，故格调句法，亦因之迥异，此种文字，其本来或并未有美的质素，不知者视为奇异，尤而效之，则正如钱谦益所言，"五方之音，变而为鸟语；五父之逵，变而为鼠穴"矣！然学文虽曰初学唐、宋，其后则仍须多读周、秦、汉初之古书。因唐、宋文之根源，仍从古人而来，而周、秦、汉初之文，当时尚无所谓文学，其文皆直抒胸臆，皆成自然界之妙文，非如扬雄以后之文家，有"故意为文"之弊也。至金、元、明、清之文，虽不无名作，然格调句法，终不外乎唐、宋，故可不必多读。若因性之所近，心之所爱，则无论何人之文，皆可学可读。例如金圣叹之著作，不但四库不收，即一般士夫，亦皆以为不足齿数。然好之者，则视同环宝，故亦未尝不可读不可学也。（金圣叹之读《西厢记》，恸哭《古人》《留赠后人》二篇，实不可多得之极妙文章，昔人虽心爱之，唯囿于风尚，不敢宣之于口耳。）

上言唐宋之文，其根源仍出于周、秦、汉初者，如韩退之《进学解》，自述学文之来历云：

> 沉浸醲郁，含英咀华。作为文章，其书满家。上规姚、姒，浑浑无涯。周诰殷盘，佶屈聱牙。《春秋》谨严，左氏浮夸。《易》奇而法，《诗》正而葩。下逮《庄》《骚》，太

史所录。子云、相如,同工异曲。

此韩氏自述其学之所得也。柳子厚自述所得之处,可于《答韦中立论师道书》中见之。其言曰:

> 本之书以求其质,本之诗以求其恒,本之礼以求其宜,本之春秋以求其断,本之易以求其动,此吾所以取道之原也。参之穀梁氏以厉其气,参之孟、荀以畅其支,参之庄、老以肆其端,参之《国语》以博其趣,参之《离骚》以致其幽,参之太史以著其洁,此吾所以旁推交通而以为之文也。

此柳氏自述其学之所得也。其关于经之数部,固未免皆为二人之门面语,至其得力于周、秦、汉初,如诸子《左》《史》等古籍,实为彰彰明甚之事。又按姚姬传于《古文辞类纂论辨类》评语云:

> 退之著论,取于六经、《孟子》,子厚取于韩非、贾生,明允杂以苏、张之流,子瞻兼及《庄子》。学之至善者神合焉;善而不至者,貌存焉。

此言韩柳二苏之所自出,虽未尽然,但亦有一半是确。欧阳、曾、王三人，初皆学韩，后乃益以他古人之文，熔化之而自成一家耳。至宋后之诸古文家，则钱谦益《复李叔则书》云：

> 眉山之学，流入于金源，而有元好问；昌黎之学，流入于蒙古，而有姚燧。盖至是而文章之变极矣。

又姚姬传屡称归熙甫酷爱曾子固之文，此金、元、明、清诸文家出于唐宋之证也。

周、秦、汉初之文学书，亦有可以略述焉。古称左史记言，右史记事，记言之书，后遂衍为议论类之诸子，其文章之尤美者，如《孟子》《荀子》《庄子》《韩非子》等。记事之书，后遂衍为叙事类之传记，文章之尤美者，为《左传》《史记》。故欲言文学，上述数书，皆必须读者也。唯历代学者，无不以《史》《汉》并称，故《史记》《汉书》文章之优劣得失，非有巨眼，颇难识察，若仅囫囵吞枣曰：《史》《汉》而已，非真能知文者也。钱谦益于《再答苍略书》内一节云：

> 宋人班、马异同之书，寻扯字句，此儿童学究之见耳。读班、马之书，辨论其同异，当知其大段落、大关键，来龙何处？结局何处？手中有手，眼中有眼，一字一句，龙脉历然。又当知太史公所以上下五千年，纵横独绝者在何处？班孟坚所以整齐《史记》之文，而瞠乎其后不可几及

者，又在何处？《尚书》《左氏》《国策》，太史公之粉本也。舍此而求之，见太史公之面目焉，此真《史记》也。天汉以前之《史》，孟坚之粉本也。后此而求之，见孟坚之面目焉，此真《汉书》也。由二史而求之，千古之史法在焉，千古之文法在焉，宋人何足以语此哉！

钱氏此论，实发前人之所未发，读《史记》当从三代以后着眼（我于"研究国学方法"章，言读《史记菁华录》，与此意正同），读《汉书》当从天汉以后着眼，如此，则司马迁、班固文学的个性，泾渭分明，无所混杂矣。否则夹在一处，《史记》中有《尚书》之文、《国语》《国策》之文，《汉书》中有《史记》之文，势难辨别其途径也。

抑尤有一言，为昔人所未道及。马、班之优劣，虽多已有人言之，至于《汉书》与班固，自来皆混认为一，而不知亦当分别观之。今欲晰此理由，须明白《汉书》之来历如何？班彪者，曾有"续史记"之作，后此稿为其子班固所窃，乃割裂汉以来之《史记》，合于彪之续《史记》，断代为史，名曰"汉书"。又恐其文与《史记》同，为人所訾，乃增减之，涂改之，此所谓班固之著作也。昔人言其改《史记》之处，"不弱即劣"，确为定评。我人不必深求，只取《史记》之《项羽本纪》，《汉书》之《项羽列传》，并读一过，无不觉其一如生龙活虎，一如泥马木驴，妍媸美丑，历历如绘矣！唯历代以来，班氏书之莫能废者，则因自天汉以后，至王莽代汉之史实，皆在其中。二则班彪之文，虽不及史迁，然亦可等于陈寿、范晔，否则若固者，诚何所取哉！

昔人又有以文之繁简，论《史记》与《汉书》之优劣者，如顾亭林言：

> 韩文公作《樊宗师墓铭》曰："维古于辞必己出！降而不能乃剽贼。后皆指前公相袭，从汉迄今用一律。"此极中今人之病。若宗师之文，则惩时人之失，而又失之者也。作书须注，此自秦汉以前可耳。若今日作书，而非注不可解，则是求简而得繁，两失之矣。子曰："辞达而已矣。"
>
> 辞主乎达，不论繁与简也。繁简之论兴，而文亡矣。《史记》之繁处，必胜于《汉书》之简处。……

顾氏此言，如"作书而非注不可解，是求简而得繁"，又言"辞主乎达"，皆确有至理。唯言《史记》之繁处，必胜于《汉书》之简处""繁简之论兴而文亡"，是则尚未知文之真谛要诀也。何则？文于繁简以外，尚有一"曲"的一问题。"曲"者，必须曲曲折折，抒情而达理。不能"曲"，即情不能抒，理不能达，在作者则为"笨伯"。能"曲"，则为"妙手"。《史记》因能"曲"，故虽繁而人不为厌。《汉书》因不能"曲"，故文虽简，"非弱即劣"。此《史》《汉》之大分别也。若无关曲直之处，自

以唐刘知几"以简要为主"之言为定义。否则同叙一事,如:

> 世子之傅里克谓世子曰:"入自明。入自明,则可以生。不入自明,则不可以生。"世子曰:"吾君已老矣,已昏矣。吾若此而入自明,则骊姬必死。骊姬死,则君不安。"——《穀梁传》
>
> 或谓太子:"子辞,君必辩焉。"太子曰:"君非姬氏,寝不安,食不饱。我辞,姬必有罪。君老矣,吾又不乐!"——《左氏传》

以上二则观之,则《穀梁》繁,《左氏》简,然《左氏》反明白而畅达,岂非简之为得乎?我故曰当以刘知几"叙事以简要为主"之言为定论也。若简而不能"曲",繁而能"曲",则毋宁取繁。如顾亭林又言:

> "齐人有一妻一妾而处室者,其良人出,则必餍酒肉而后反。其妻问所与饮食者,则尽富贵也。其妻告其妾曰:'良人出,则必餍酒肉而后反。问其所与饮食者,尽富贵也。而未尝有显者来,吾将瞷良人之所之也。'""有馈生鱼于郑子产,子产使校人畜之池。校人烹之,反命曰:'始舍之圉圉焉,少则洋洋焉,攸然而逝。'子产曰:'得其所哉!得其所哉!'校人出,曰:'孰谓子产智!予既烹而

食之,曰:"得其所哉!得其所哉!'"此必须重叠而情事乃尽,此孟子文章之妙。使入《新唐书》,于齐人则必曰:"其妻疑而瞷之。"于子产,则必曰:"校人出而笑之。"两言而已矣。是故辞主乎达,不主乎简。

孟子文章之妙,即在乎曲曲折折以达情理,故虽繁而不觉其厌;使不能"曲",而唯重叠以言之,则人将弃之而思睡矣!我故曰:文之真谛要诀,在"曲"与"不曲",繁与简,尤为第二义。若同一不能"曲",则毋宁简之为得矣!

且文之繁简,尤须视事之如何而为之。如《史记》载孙膑败魏兵,杀庞涓一事,先叙明地形,次叙设计,次叙庞涓果中计而死于乱箭之下,其文繁矣!曷不曰"孙膑计而杀之"乎?至叙项羽巨鹿之战,曰"与秦军遇九战皆克之"一句了之矣!我故曰:文之繁简,尤须视事之如何而为之也。唯《史记》之繁处,有繁的妙;其简处,有简的妙——此则非班氏所能知也。亭林亦因未知"曲"之一义,故只言繁简。知文以"曲"为妙者,其唯金圣叹乎!(圣叹批《西厢记》,即以"曲"为标准。与王国维氏论诗词,以"不隔"为标准,皆唯一之创见。)

《史记》一书,实可谓古今文章之总汇。太史公以唯一之天才,又加以博极三代典籍,周历名山大川,奇气磅礴,发为文章,古今无第二人可以几及。而其文章,繁亦能曲,简亦能曲,非他人所能望其项背也。

　　且以繁简论文,实为末谛。夫文者,不过为叙事说埋之用。事之必要者,叙述不厌其详,非繁也。事之不必要者,即删之不为病,亦非简也。说理亦然,此当名详略,而非繁简也。若同叙一事,一则数十字而尚未明白,一则十余字而已明明白白,则简为妙矣,又安得云"繁简之论兴而文亡"哉?若叙一事,如上述《孟子》,非反复说之,不得明畅者,此文之"曲"也,非繁也。若反复说之,而啰唆不清,则正繁之为病,不如简之为愈矣。亭林学识,冠绝群贤,《日知录》一书,尤为罕见,唯文的真谛,则非其所知,故不惮详言之于此。

　　复次:古今言文章者,必曰韩、欧。然又有人言韩得太史公之雄,欧得太史公之逸,唯太史公则兼雄逸二者之长。是犹儒家孟子、荀子之于孔子,各得其一体。故言仁必首孔子,言文必首太史公,皆千载一人而已。

第五章　小说

第一节　小说的来源

小说在科举时代，不但不为人重视，为父兄者，反禁其子弟阅读小说。至欧化输入，思想一变，小说竟居于文学之最上乘，小说之书，风起云涌，几于满天飞舞矣！然欲求一精构杰作，如古人所留贻者，尚不可得，使我人对于古代留贻之小说，不得不重视之，故亦不得不为之详加论述焉。

小说的来源，亦出于古代之神话。古代国家大事，记于史官，成为历史。其里巷琐事，则有稗官记述之，成为小说。《汉书·艺文志》云："小说家者流，盖出于稗官，街谈巷语，道听涂说者之所造也。"如淳注云："细米为稗，街谈巷语，甚细碎之言也。王者欲知里巷风俗，故立稗官使称说之。"此小说之由起也。故后世亦称小说家为稗官，义盖本此。

神权政治时代，帝王多托于神怪，使人民畏而服之。而民间亦竞以神怪相夸说，此即古史之神话，且因此之故，历史与小说之界限，亦常相混杂。例如《山海经》，古代皆著录于地志，《穆天子传》，古代皆著录于史部，至清代纂《四库全书》，因其语多荒诞不经，乃将二书划归小说类中，其实此种荒诞不经之神话,即正经正史中,无不有之,如《诗》之《商颂》:"天命玄鸟,降而生商。"是说商代祖先,乃一黑色的鸟。又如《史记》《汉书》,载高帝斩蛇,一老妪哭曰:"吾子白帝子,为赤帝子所杀。"白帝子为白蛇,则赤帝子为一赤色的蛇矣。又古籍载伏羲、女娲,人首蛇身;神农,牛首人身。汉代石刻,尚有人首蛇身的帝王,此则荒诞不经,何殊于小说哉!

庄子有言:"齐谐者,志怪者也。"此即指民间搜取神怪之事,汇而志之,故曰"志怪"。《桓谭新论》云:"小说家,合残业小语,近取譬喻,以作短书。"此云"短书",即小说别名。盖古代小说,皆短简小篇,因立此名。如上所述,足见小说之来源矣。

古代小说,今所流传者,如《山海经》《穆天子传》,介于小说与非小说之间,盖尚未成立为一宗也。至《汉书·艺文志》,所载小说十五家,一千三百八十篇,今皆亡失。所传者,称东方朔撰《神异经》一卷、《十洲记》一卷,班固撰《汉武帝故事》一卷、《汉武帝内传》一卷,郭宪撰《汉武洞冥记》四卷,又有称刘歆撰《西京杂记》六卷,皆出后人依托,并非真书。中如《神异经》《十洲记》,无非仿《山海经》之志怪;汉武三种,不过侈谈神仙;《西京杂记》,虽兼及琐事,然亦不脱神怪。此亦齐谐志怪之支流,小说初起时之状况也。

以上所述,为中国小说之第一时期。魏晋以后,作者颇众,今所流传者,有晋人张华的《博物志》,干宝的《搜神记》,

伪托陶渊明撰的《搜神后记》，宋刘敬叔的《异苑》，梁吴均的《续齐谐记》，亦是多记神仙鬼怪之说，无甚意义。只有宋临川王刘义庆所撰的《世说新语》，取汉至晋高人逸士之名言轶事，分为三十八门，叙述雅驯，谈论隽趣，为清言之渊薮。后世效之者，代有其人，然终莫能逮焉。且其所载，已渐脱神怪而入于人事，又足见社会进化之一斑。亦可云中国小说之第二时期。

唐代以前，诸家小说，皆随得随写，所以甚类后世之笔记（清人纪晓岚之《阅微草堂笔记》，即仿此而作）。至唐人则有意为文，乃将新异的传说，或自己虚构的思想，以文字点缀之，故称为"传奇"。其颇著名而流传于后世者，有张鷟的《游仙窟》，沈既济的《枕中记》，沈亚之的《湘中怨》《异梦录》《秦梦记》，陈鸿的《长恨歌传》，元稹的《会真记》，李公佐的《南柯太守传》《谢小娥传》《庐江冯媪》，李朝威的《李毅传》，蒋防的《霍小玉传》，许尧佐的《柳氏传》，杜光庭的《虬髯客传》，牛僧孺的《玄怪录》，段成式的《西阳杂俎》，等等，都是记述奇情异迹，可供茶余酒后的消遣。且文笔优美，于文学亦有裨益，此为中国小说第三时期。

人类社会的进化，是从多方面发展的。我们对于文化，也须从多方面观察，才能算得出一篇总账。唐人的传奇小说，虽风行一时，然只能供文人学子的消遣，近人所谓贵族文学、山林文学之类是也。唐末藩镇割据，继以五代之扰乱，文学晦冥,达丁极点。至宋室平定南北,重兴文教,于是搜集各地图书,大事振作,敕编《太平御览》一千卷,将古代重要典籍,分类编纂,供帝王之浏览。其于文艺,又敕编《文苑英华》一千卷,为艺文的渊薮。二书之外,又将以前志怪传奇诸作,汇集一书,名曰《太平广记》,共五百卷,分十五类:(一)神仙,(二)女仙,(三)异僧,(四)报应,(五)征应,(六)定数,(七)梦,(八)神,(九)鬼,(十)妖怪,(十一)精怪,(十二)再生,(十三)龙,(十四)虎,(十五)狐。此外又有杂传记,附于编末。编辑者,亦多属当时名人,如李昉、徐铉、吴淑等,故此书可谓集宋代以前小说之大成。复次:人类文化之推进,是自然的趋势,宋代因大儒辈出,薄文艺而重道德,如志怪传奇等小说,自然为诸大儒所不屑道,却于另一方面,产生了一种"说话人",演说各种故事,极动一般人之视听,积之既久,遂衍为后来的章回小说,其流行之广遍,影响之重大,又迥非以前志怪传奇等小说之所能冀及,此实可喜之事,而亦文学进步之一大关键也。近今白话文风行,实导源于此矣。

第二节　说话人——话本

"说话人"者,手中拿一把黑漆的折叠扇,在茶坊酒肆中摆一条板桌,他立在桌后,把扇一摇,引动众人的视线,他就口若悬河,把故事编成的"话本",滔滔不绝地演说出来。他所立的地方,本来比别人高些,全屋的人,都能望见他的颜色,他又仗着一把扇做手势,显出种种悲欢、恼怒、爱憎的态度,有说有唱,使看的人、听的人,都觉得津津有味,乐而忘倦,不忍舍去,于茶坊酒肆的生意,也大有关系。现在江南有数处地方,尚流行这种"说话人"的流风余韵,至其结果,一方面演成巨部长篇的章回小说,因其有唱,一方面又衍为戏曲。究其原因,即是此种"说话人"心血的结晶。

"说话人"所说的"话本",现在流传的,尚有多种,今取其最动听的《碾玉观音》中的一节,以作楷范。此书是说宋咸安郡王游春的故事,合以当时名人所作的诗句,以作陪衬。先唱《孟春》《仲春》《季春》三首春词,接着就把手中的扇子一摇,对着众人,笑迎迎地说道:

这三词,都不如王荆公看见花瓣儿片片被风吹下地来,原来这春归去是东风断送的。有诗道:

春日春风有时好,春日春风有时恶。
不得春风花不开,花开又被风吹落。

苏东坡道:

不是东风断送春归去,是春雨断送春归去。

有诗道：

雨前初见花间蕊，雨后全无叶底花。
蜂蝶纷纷过墙去，却疑春色在邻家。

秦少游道：

也不干风事，也不干雨事，是柳絮飘将春色去。

有诗道：

三月柳花轻复散，飘扬淡荡送春归。
此花本是无情物，一向东飞一向西。

王岩叟道：

也不干风事，也不干雨事，也不干柳絮事，也不
干蝴蝶事，也不干黄莺事，也不干杜鹃事，也不干燕
子事，是九十日春光已过春归去！

曾有诗道：

怨风怨雨两俱非，风雨不来春亦归。

腮边红褪青梅小，口角黄消乳燕飞。

蜀魄健啼花影去，吴蚕强食柘桑稀。

直恼春归无觅处，江湖辜负一蓑衣。

　　说话的因甚说这春词，绍兴年间，行在有个关西延州延安府人，本身是三镇节庆使咸安郡王，当时怕春归去，将带着许多钧眷游春……

　　看他说四个人诗句，却一层深于一层，故觉得津津有味。此以下，便把咸安郡王怎样游春，怎样热闹，陆续演说下去，使听的人乐而不厌。后来这种"说话人"成了一种营业，取各种有趣味的故事，编为"话本"，传授他人，乃有章回小说之出现。

第三节　神怪小说——《西游记》

　　一般人最喜听的，有三种故事：一种是神话中流衍出来的神怪；一种是武勇莫敌的江湖好汉；一种是能知过去未来事的奇人。三种中，以神怪小说出世为早，而《西游记》即神怪小说的总代表；武勇莫敌的江湖好汉，后来成为《水浒传》；知过去未来事的是诸葛亮，后来或为《三国演义》。这三部在元明时，称为"三大奇书"。今且先说《西游记》。

《西游记》的原因，是唐太宗杀了建成、元吉亲兄弟二人，虽然做了皇帝，心中也总觉不安，于是想求佛力以图禳解。此说初起，先有《唐太宗入冥记》一文，说太宗魂灵，在阴间被判官勘问，太宗因此使人去西域求经，想求佛保护。后来说话人，因《入冥记》演成《大唐三藏取经诗话》一书，以诗为唱的句子，又用话来解释诗中之事，故名"诗话"。《西游记》则又因《诗话》一书，不知经过多少说话人之附益，始由文人编而成书者也。今录《诗话》中之一节，以明《西游记》来源的梗概：

> 僧行六人，当日起行。……偶于一日午时，见一白衣秀才，从正东而来，便揖和尚："万福！万福！和尚今往何处？莫不是再往西天取经否？"法师合掌曰："贫僧奉敕，为东土众生，未有佛教，是取经也。"秀才曰："和尚生前，两回去取经，中路遭难。此回若去，千死万死。"法师云："你如何得知？"秀才曰："我不是别人，我是花果山紫云洞八万四千铜头铁额猕猴王。我今来助和尚取经，此去百万程途，经过三十六国，多有祸难之处。"法师应曰："果得如此，三世有缘。东土众生，获大利益。"当便改呼为"猴行者"。僧行七人，次日同行，左右伏事。猴行者因留诗曰：

> 百万程途向那边，今来佐助大师前。

一心祝愿逢真教,同往西天鸡足山。

三藏法师诗答曰:

此日前生有宿缘,今朝果遇大明仙。
前途若到妖魔处,望显神通镇佛前。

于是借行者神通,偕入大梵天王宫,法师讲经已,得赐隐
形帽一顶,金环锡杖一条,钵盂一只,三件俱全,复反下界。

《大唐三藏取经诗话》,今所传者,第一章已缺,想即述唐
太宗入冥受勘之事。上述系第二章,便有猴行者帮同取经,即
《西游记》之起点也。以后经说话人之陆续添插,遂成巨帙。
至明初有杨志和,编成《西游记传》四十一回。至万历间,又有
淮安府人吴承恩,字汝忠,号射阳山人,以杨志和的《西游记
传》为本,更搜集旧传神怪诸书,如《上洞八仙传》(东游记),
《五显灵官大帝华光天王传》(南游记),《北方真武玄天上帝
出身志传》(北游记)等等,取其精彩,弃其繁芜,镕铸为一,遂
成现在的《西游记》一百回。兼以吴氏本博极群书,又善谐剧,
故叙述魔怪,暗寓人情,并于当时世态,多含讽刺,且文笔畅
达,逸趣横生,故此编一出,以前相类的作品,都被湮没,而《西
游记》遂集神怪小说之大成。

　　《西游记》一书,虽云专载妖怪,然其中颇含哲理。其寓意:以唐僧为一个人,孙悟空喻人的心,猪八戒喻人的眼、耳、鼻、舌,沙和尚喻人的躯壳。一个人心不能定,所谓"心猿意马",成为二心;既成二心,必有一是一非,一善一恶,一真一假,因之自己发生冲突,故忽然有了两个孙行者(悟空),弄得为人的唐僧,走投无路。及至大佛面前,说出"是真难灭,是假易除",心复归一,得达取经目的。猪八戒喻人的眼、耳、鼻、舌,以眼最爱色,舌最贪味,财色为人生祸患根源,皆由眼、耳、鼻、舌而起。故猪八戒遇事惹祸,必须孙行者的心以制定之。沙和尚喻人的躯壳,一任人的驱使,无所动作也。谢肇淛《五杂俎》中有一节云:"《西游记》曼衍虚诞,而其纵横变化,以猿为心之神,以猪为意之驰,其始之放纵,上天下地,莫能禁制,而归于紧箍一咒,能使心猿驯伏,至死靡他,盖亦求放心之喻,非浪作也。"可谓识作者之微旨矣。即作者自己亦云:"三藏道:我弟子曾在化生寺,对佛说下誓愿,使我们法轮回转,皇图永固。"亦已说明作书本意。至评释《西游记》者,有清人陈士斌的《西游真诠》,张书绅的《西游正旨》,刘一明的《西游原旨》等书,虽所见不无一得,但终以穿凿为多,读者宜自己体察之可也。

第四节　武勇小说——《水浒传》

　　英人斯宾塞言,古代部落的酋长,非狡黠的牧师,即武勇的狩猎者。牧师即托神道以治民,武勇的狩猎者,人以其能格猛兽,故亦畏而服从之。此二种人,最为一般人所重视,故神怪小说之《西游记》,武勇小说之《水浒传》,出最早,流行亦最普遍,即此故也。

《宋史》载徽宗宣和三年:"淮南盗宋江等,犯淮阳军,遣将讨捕,又犯京东、江北,入楚、海州界,命知州张叔夜招降之。"又《侯蒙传》:"宋江寇京东,蒙上书言:'宋江以三十六人,横行齐、魏,官军数万,无敢抗者,其才必过人。不若赦江,使讨方腊以自赎。'"又宋洪迈《夷坚乙志》云:"宣和七年,户部侍郎蔡居厚,罢知青州,以病不赴,归金陵,疽发于背,卒。未几,其所亲王生亡而复醒,见蔡受冥谴,嘱生归告其妻云:'今只是理会郓州事。'夫人恸哭曰:'侍郎去年帅郓时,有梁山泺贼五百受降,既而悉诛之,吾屡谏不听也。'"观上述各节,则宋江等实有其人,至言其"三十六人,横行齐、魏,官军数万,无敢抗者",其武勇可以概见。《夷坚志》虽言涉鬼物,亦因其当时,实有此故事的传说,故从而记之。"梁山泺"后人简写为"梁山泊",是亦实有其地也。

因有如此武勇人物,社会间竞说其事,说话人遂取以为话本,其初时之雏形,今亦尚传《大宋宣和遗事》一书,备载三十六人之姓名绰号,虽与《水浒传》微有不同,或由于说话人之话本不一耳。《宣和遗事》,内记宋江以杀阎婆惜出走,伏屋后九天玄女庙中,见官兵已退,江出谢玄女,得见天书之事。原文是:

则见香案上一声响亮,打一看时,有一卷文书在上。宋江才展开看了,认得是个天书,又写着三十六个姓名,又题着四句道:

> 破国因山木,兵刀用水工;
> 一朝充将领,海内耸威风。

宋江读了,口中不说,心下思量:这四句,分明是说了我里姓名。又把天书一卷,仔细看觑,见有三十六将的姓名,那三十六人,道个甚底?(此下即载三十六人姓名绰号,兹从略。)宋江看了人名,术后有一行宁写道:"天书仈天罡院三十六员猛将,使呼保义宋江为帅,广行忠义,殄灭奸邪。"

后又有一节云:

一日,宋江与吴加亮商量:"俺三十六员猛将,并已登数,休要忘了东岳保护之恩,须索去烧香,赛还心愿则个。"择日起行,宋江题了四句放旗上道:

> 来时三十六,去后十八双。
> 若还少一个,定是不还乡。

宋江统率三十六将,往朝东岳,赛取金炉心愿。朝廷不奈何,只得出榜招谕宋江等。有那元帅,姓张名叔夜的,是世代将门之子,前来招诱。宋江和那三十六人,归顺宋朝,各受大夫诰敕,分往诸路巡检使去也。因此三路之寇,悉得平定。后遣宋江收方腊有功,封节度使。

上述《大宋宣和遗事》,似系当时说话人初编之话本。此外尚有宋遗民龚圣兴作的《宋江三十六人赞》,唯姓名与绰号,亦稍有不同。元人杂剧,演宋江、燕青、李逵、鲁智深、武松者甚多。现在杭州西湖,有林冲、武松之墓。可见三十六人,并非虚构。此等可惊可喜可歌可泣的武勇人物,加以说话人之装点,自然很能动人听闻。再经文学家编述成书,其得一般人的欢迎,固其宜矣。

现在流行的《水浒传》有两本:一本仅七十回,题施耐庵撰,有施耐庵自序一篇,金圣叹定为《第五才子书》,并为之加评语。叙事至一百八人梁山聚集后,以卢俊义一梦作结。其中所称之古本,实系圣叹所改,所称之俗本,却是原本。又一部一百回本,名《忠义水浒传》,题罗贯中撰,其书七十回后,宋江受招安,复率众破辽,平田虎,平王庆,擒方腊,累著功勋,为朝臣所忌,宋江至服毒自尽,吴用在宋江墓前吊死,此两本不同之点也。

两本文字之优劣,自以七十回本,经金圣叹修改者,更觉畅达妥切,惟以后事迹,一刀斩断,未免使读者茫然其结果。但描写人物,即七十回中之后二十回,已不及前五十回之跃跃欲活,圣叹重在文学,毅然去其后截,似亦独有见地也。

至《水浒传》一书之寓意,已明言朝有小人,忠义之士,不但不容于朝,并且不容于野。起首写一天性纯孝的王进,被迫而逃。继又写一沉毅有为的林冲,陷以罪而充军,又欲逼之于死。而两个,都是八十万禁军教头。忠良陷害,人心解体,遂至金兵渡河,束手就缚,则由忠义武勇之人,俱被陷害故也。故《水浒传》,实为有资治理之小说也。

第五节　先知小说——《三国志》

前节说一般人最喜听的三项事:一神怪,一武勇,还有一项,是能知过去未来事的奇人。此种人,亦称"先知",与政治社会,也极有关系。例如穆罕默德之创回教,即以"先知"之说,动人听闻,遂成立一大宗教。中国说话人之说三国史事,则因诸葛亮于未出茅庐时,已知三分天下,遂以为非"先知"莫能,此说三国史事之由来也。闻此话本初起时,以刘备见诸葛亮于隆中时起,至五丈原陨大星止,只有七十回。后经说话人陆续加入,乃起于汉灵帝中平元年,终于晋武帝太康元年,完成三国史事的始末,以"天下大势,合久必分,分久必合"数语作起结。编述之人,亦题罗贯中,至清康熙时,有毛宗冈,字序始,仿金圣叹批评小说之法,于《三国志》亦加以评语,且亦有所删改,又冠以金圣叹一序,题为"第一才子书"。因此,原本被其掩没。毛氏所改者,如原本曹丕篡汉时,曹后助兄斥献帝,毛则改为曹后助汉而斥丕。刘先主兵败,夜走白帝城,毛氏增孙夫人在吴,闻猇亭消息,讹传先主死于乱军之中,夫人遂驱车至江边,望西恸哭,投江而死。被削者,如关公斩貂蝉,孔明在上方谷烧司马懿时,并欲烧死魏延。邓艾到成都,贻书诸葛瞻,劝其投降,瞻览毕狐疑。其子尚诘责之,乃决死战。皆毛本与原本之异点也。

说话人之三国话本,今已无传,然可决其必有。苏东坡所作《志林》内有一节云:

> 王彭尝云:"涂巷中小儿薄劣,其家所厌苦,辄与钱,令聚坐听说古话。至说三国事,闻刘玄德败,颦蹙有出涕者;闻曹操败,即喜唱快。以是知君子小人之泽,百世不斩。"

证以此言,则三国事的话本,尚出在东坡以前矣。此种故事,经说话人之装点后,甚至能改变人类之观念,影响实非常重大。即曹操、关羽二人,在宋以前,学者著书,于曹操多称"曹公",未有加以非毁者。自经说话人将曹操的人品极力形容为奸诈狠恶,遂使听的小儿,闻其兵败,无不"喜"而"唱快"。关羽在宋以前,亦无人加以过誉,以忠义论,不及唐之张巡,宋之岳飞,而倨傲自大,至使部下叛而降敌,其才智亦甚平常。以言武勇,则历史中如羽者,不下百十。乃经说话人之极力形容,竟似古今无人可及者。而社会观念,亦因之一变,甚至称王称帝,祠庙遍于全国。奸雄如袁项城,乃至配以岳飞,尊为武圣,皆说话人思想的影响也。但说话人何以产生如此思想?以我推索其原因,殆由宋太祖受柴世宗之厚遇,世宗一死,即驱其孤儿寡妇,自接帝位,而此种篡夺之事,实发端于曹操,故极力贬斥曹操以形容之,亦犹俗语所说,"打丫头羞小姐"也。(王莽董卓,皆不久失败,不为世所重视,然说三国者亦斥之不遗余力,可为旁证。)

因贬斥曹操之奸,乃另写一关羽以反映之。有此成见,则奸者愈形其奸,忠者愈形其忠,如以一丑女与一美女并立,其妍媸可不言而喻矣!此所以为小说而非史实也。

复次:《三国志》与《三国演义》之名,亦宜附带一言。我友杨某,宦游数十年,足迹遍南北各省,识高见广,我甚敬之。一日,杨谓我曰:"在北京遇一戏子,他言:'我辈演三国戏,与《三国演义》中之事,已大半不合。及读《三国志》,则与《演义》所载,又大半不同。可见由《三国志》而《演义》,由《演义》而戏剧,于事的真相,相去不可以道里计矣。'此北京戏子之言也。及遇一诸暨举人,命仆人购《三国志》。及购至,举人怒曰:'我所欲者,绣像的《三国志》也。此《三国志》无绣像,非我所欲。'可见识见不可不广。北京之戏子,知《三国志》与《三国演义》之不同;而诸暨举人,竟不知《三国志》与《三国演义》的分别,岂非可笑。"当时我闻此言,亦深以为是。后十余年,于友人处见一宋版《三国志》,实即《三国演义》,始悟此书初时,仍名"三国志",《演义》乃后人改称耳。本书亦称《三国志》者,仍其初也。

第六节　效颦的小说作品

文人最喜模拟,如扬子云所作皆是也。大凡一部名著出现,因受社会欢迎也,必有许多人起而摹之。如刘义庆以后之摹《世说新语》者,代有其人,是其证也。章回小说,自《西游记》《水浒传》《三国志》,号称"三大奇书",编成之后,识字者,几至人手一编,一般文人,见此情形,自必起而效之,无足怪也。

自《西游记》作者,将以前之神怪记述,都镕铸在一编之中,备受社会之欢迎,于是有人作《封神榜》一书,亦大谈神怪。其书虽不题作者姓名,然亦出于明代,中叙姜太公辅周武王伐纣,彼此驱使许多神怪,继续大战,后纣王兵败自焚,武王封人以报功臣,封神以报功鬼,率意随造,实无甚意义。又有人因《宋史》记"涿州人王则,岁饥,流至恩州,以妖术变乱,庆历七年,僭号东平郡王,改元得圣,六十六日而平"一事,明人龙子犹等,乃附会种种妖术,作成一书,以文彦博率兵讨王则不能克,幸得弹子和尚化身,名曰诸葛遂,助文彦博镇伏邪法。又有马遂,诈降于贼,击破王则之脣。又有李遂,率掘子军,由地道入城,乃擒王则及王则之妻永儿,乱遂平定。因三人都名遂,故名《三遂平妖传》。书无甚可观,亦属神怪小说之支流而已。

武勇小说自《水浒传》之后,或有代梁山泊诸人抱不平者,乃作《水浒后传》一书,以李俊绰号为混江龙。龙为君象,宋江已死,梁山泊之众,遂为李俊所统率。而李俊见中国无事可为,于是经营国外,夺得暹罗国而王之,盖又暗袭《虬髯客传》之故事,以暹罗易安南耳。又有《续水浒》等书,大抵皆对于《水浒传》之章法句法,而拟作成书,有时亦能毕肖,终以东施效颦,无人欢迎也。

《三国志》仿造者尤多,则因历代皆有史书,不必自己构思设计,只将古人之史,随便演述,即成巨册,其事甚易也。故此项书,有《列国演义》《两汉演义》《两晋演义》《隋唐演义》《说唐前传》《说唐后传》《北宋志传》《南宋志传》。演明代开国者,有《英烈传》,又名《云合奇踪》。是皆用历代之史,以作资料者也。更有以纲鉴作资料,总演历代事迹者,则名曰《二十四史演义》。又有专演一人或一事者,如演宋岳飞事迹者,有《说岳全传》及《精忠全录》。演唐薛家者,有《征东征西全传》。演宋杨家者,有《杨家将全传》。演狄青者,有《五虎平西平南全传》。以及妇女们喜听的《白蛇全传》等等,盖作者愈多,佳者愈少,势使然也。

第七节 三大杰作

自"三大奇书"风行后,一般文士,效颦而作白话长篇小说者,已有上节所录之各种。然上录各种,已颇著名而流行于世,至未著名而未传于世,或虽传世而我不知者,更不知凡几也。其闻自明之中叶,至清之中叶,则上述之"三大奇书"外,复有"三大杰作",亦为我国小说之宗匠,为治小说、治文学者不可不读之书,今分而述之于本节。

(一)《金瓶梅》 《金瓶梅》虽不题作者姓名,唯明沈德符所著之《野获编》,以为系嘉靖间一大名士所作。因此,世人均信为王世贞之手笔。其中事迹,借《水浒传》中之西门庆为主人翁,金即潘金莲,瓶为李瓶儿,梅为春梅,以三人之名,串作书名,故觉其香艳而雅驯。结果,以西门庆淫欲过甚,遂以亡身,家亦破产,亦寓有惩戒之意。其开篇即有一节云:

> 有一处人家,先前怎的富贵,到后来煞甚凄凉,权谋术智,一毫也用不着;亲友兄弟,一个也靠不着。享不过几年的荣华,倒做了许多的话靶。内中又有几个斗宠争强迎奸卖俏的,起先好不妖娆妩媚,到后来,也免不得尸横灯影,血染空房。

照此所说，似其所指，确有一户人家，故有人以为以"西门"易"东楼"，所指的即是"严东楼"。但我们对于小说，不是考史事而是重文学，故书中之人，有无真假，都不必置论。今以文学而论，《金瓶梅》一书，在中国文学中，确能占一席重要的地位。它的长处，即在写书中人物，个性无一相同。一开口，一动作，即知某甲必是某甲，必不是某乙。全书一百回，一气贯串，并无一些疏懈之处，自非才赡学博者，不能臻此造诣。近人胡适之，曾评之为中国小说第一部，亦非过誉。此书即日本，亦在通行，唯易名为《多妻鉴》，可以想见其价值矣！唯此书因其中有一二处，涉及淫秽，故中国昔日，悬为禁令，然在今日眼光看来，并没有什么稀奇！且通行之本，此等涉及淫秽者，早经刊印者削去，即青年读之，又有何妨碍乎？

抑尤有一言：于文学亦极有关系者，此书果否为王世贞手笔，难以断定，然如《野获编》所云，"嘉靖间一大名士"，实非世贞，不能当此？今按《四库全书简明目录》，于《弇州山人稿》论之曰：

> 世贞初羽翼李攀龙，后岿然独存，为时耆宿，其声价遂远出攀龙上。而摹拟剽袭，流弊万端，其受攻亦甚于攀龙。要其才学富赡，规模广阔，实足笼罩群材。尊世贞而薄古人，固为不可；必欲并废世贞，亦非通论也。

此实公平之言。然以王氏如此才学,《弇州山人四部稿》多至三百余卷,世均漠然置之,今日且并其名而知者亦题。而《金瓶梅》一书,则不胫而走,人之读之者,无不视同环宝。且四部稿,煌煌著录于《四库全书》;而金瓶梅,则不但政府禁之,即家庭之为父兄者,亦无不严禁其子弟焉,则其故,可深长思矣!所以然者?《四部稿》专事模拟古人,此刘大白《白屋文话》所谓"说鬼话",亦即胡适之所言之"死文字"。《金瓶梅》则专写当时人的"个性",亦即刘大白所谓"说人话",胡适之所言之"活文学"耳!

(二)《儒林外史》 《儒林外史》,系清初安徽全椒人吴敬梓所作。敬梓,字敏轩,晚号文木老人。雍正时,安徽巡抚赵国麟,举敬梓应博学鸿词科,辞疾不赴。乃移居金陵,集同志建先贤祠于雨花台,祀吴泰伯以下二百三十人,称一时之盛。敬梓又性豪放,喜结纳,不数年,将旧积资产,挥霍罄尽,后至卖文以活。此书写当时士林之行径,无不跃然纸上,书中杜少卿,系其自况。金和跋云:"其中事迹,大都当时实有其人,却以象形、谐声或庚词、隐语,寓其姓名。若参以雍、乾间诸家文集,往往十得八九。"然则此书,盖敬梓以亲身之经历,而笔之以作消遣者也。胡适之于《建设的文学革命论》中,曾评之曰:

儒林外史的坏处,在于体裁结构太不紧严,全篇是杂凑起来的。例如娄府一群人,自成一段;杜府两公子,自成一段;马二先生,又成一段;虞博士,又成一段;萧云仙、郭孝子,又各自成一段。分出来,可成无数的札记小说;接下去,可长至无穷无极。《官场现形记》便是这样。

如今的章回小说,大都犯这个没有结构、没有布局的懒病。却不知道《儒林外史》所以能有文学价值者,全靠一副写人物的画工本领。我十年不曾读这书了,但是我闭了眼睛,还觉得书中人物,如严贡生,如马二先生,如杜少卿,如权勿用……个个都是活的人物。正如读《水浒》的人,过了二三十年,还不会忘记鲁智深、李逵、武松、石秀……一班人。

胡氏此评,深中肯要,不过敬梓写此书时,本为消遣,随笔写来,未尝计及结构和布局,所以此却不足为此书病。但敬梓所注意者,在其所作之《诗说》与文集,乃《诗说》、文集无人过问,此书则二百年来,风行不绝,则其价值自在矣!

(三)《石头记》 《石头记》一书,近已风靡全国,价值可不赘论。唯向来人士,对于此书,穿凿附会,至不可究诘,其于宝玉一人有以为指明珠者,有以为指和珅者,有以为指纳兰性德者。至《石头记索隐》《红楼梦索隐》出,更以全力推索是书之本事,则以宝玉为雍正帝、为顺治帝,虽作者或另有用意,然反使人如堕五里雾中矣。自经胡适之、俞平伯之考证,则知为

作者自写其经过,核以本书,颇觉可信,今按其自述云:

> ……因曾历过一番梦幻之后,故将真事隐去,而借"通
> 灵"之说,撰此《石头记》一书也。……今风尘碌碌,一事无
> 成,忽念及当日所有之女子,一一细考较去,觉其行止见识
> 皆出于我之上,何我堂堂须眉,诚不若彼裙钗女子?实则
> 愧则有余,悔又无益,是大无可如何之日也!当此,则自欲
> 将已往所赖天恩祖德,锦衣纨绔之时,饫甘餍肥之日,背父
> 兄教育之恩,负师友规训之德,以致今日一技无成、半生潦
> 倒之罪,编述一集,以告天下人。我之罪固不免,然闺阁中
> 本自历历有人,万不可因我之不肖,自护己短,一并使其泯
> 没。虽今日之茅椽蓬牖,瓦灶绳床,其晨夕风露,阶柳庭
> 花,亦未有妨我之襟怀,束笔阁墨。我虽未学,下笔无文,
> 又何妨用俚语村言,敷衍出一段故事来,亦可使闺阁昭传,
> 复可悦世之目,破人愁闷,不亦可乎?

观上所述,明明是说叙述自己以往的事迹,初则隆盛昌明,
繁华富贵,到后来弄得"茅椽蓬牖,瓦灶绳床"。感慨之情,溢于
言表。其自述又云:"追踪蹑迹,不敢稍加穿凿,徒为哄人之目,
而反失其真传。"此足见作者对此书之真相矣!而其特优之点,
即在写许多出色女子,各具"个性",无一相犯,且于小儿女斗口
声中,无不含有幽深之诗意,是为他家说部所不能及者也。

据胡适之、俞平伯之考证,曹雪芹本书,实仅八十回,以后之四十回,系高鹗所续。又蒋瑞藻《小说考证》中,引《续阅微草堂笔记》,言尚有三十回一续本,记荣宁籍没后,皆极萧条,宝钗亦死,宝玉沦为击柝之流,史湘云沦为乞丐,后乃与宝玉结为夫妇,与现行本之宝玉出家,宝钗生子,兰桂齐芳,家业复振,迥然不同,乃一传一不传,其亦有幸有不幸欤!

第八节　清人的神怪小说

神怪小说,自《西游记》《封神榜》等风行后,已有后难为继之象。然社会间之迷信鬼神,依然仍在,文人自然仍有撰述,于是乃另出一格以写之,则人之耳目,又为之焕然一新矣。今记其最著之二种,其余效颦之类,不絮述焉。

(一)《聊斋志异》　此书系清康熙时蒲松龄所作。松龄,字留仙,山东淄川人,因久困乡闱,以教读为生,至晚年始成一岁贡生,其《聊斋志异》自己题词云:

> 才非干宝,雅爱搜神;情同黄州,喜人谈鬼。闲则命笔,因以成篇。久之,四方同人,又邮筒相寄,因而物以好聚,所积益夥。……

可见其所记之狐鬼,多系得之于人的传述,非尽出于一心之虚构矣。且因蒲氏长于文辞,熟于世故,所以花妖狐鬼,多具人情,读之均和易可亲,忘为异类。其体例本仿唐人传奇,故易名"志异"。唯唐人皆篇篇单行,此书则汇成一帙。相传,王渔洋曾爱好其书,愿出千金买其稿,而具以己名,蒲氏不允,因之声名益盛。其叙事颇具《左传》《国语》风格,故人多爱而诵之,以为文学之助,并有为之作注者。此书迄今,已二百年,尚风行不衰。自后效其体而为之者,不下数十家,然皆不能与之相抗也。

(二)《阅微草堂笔记》 此书为清乾隆时纪昀作。昀字晓岚,爵位既高,享年复永,又擅考证辞章等学,故作品均能高人一筹。乾隆时修《四库全书》,《提要》由纪氏总其成,故自言一生精力,备注在《提要》中,此书不过其消遣之作品而已。书凡五种:《滦阳消夏录》《如是我闻》《槐西杂志》《姑妄听之》《滦阳续录》。合之,则为《阅微草堂笔记》。《滦阳》二种,其两次坐台时所作也。纪氏与蒲氏所异之处,因蒲氏取法唐人,文笔华厚;纪氏则追摹晋宋,文笔务取简澹。且谓蒲氏所作,系才子之笔,非著书家之笔,故作此书以立异。然纪氏文虽简短,意则深微,描写狐鬼,亦能悉合世故人情,此所以独立一家也。后人效之者,亦无虑数十家,终不能几及也。

第九节　清人的武勇小说

武勇小说自《水浒传》流行后,数百年间,无人能继。直至清季,始有人写拳技以继武勇者,其著名者,亦有二书。

(一)《七侠五义》 《七侠五义》之前,已有《包公案》《施公案》等书,流行于社会。《包公案》,又名《龙图公案》,记宋代龙图阁学士包拯,知开封府事,借私访、梦兆、鬼语等以断奇案,如"断立太后""审乌盆鬼""狸猫换太子"等传说,皆出其中。后有石玉昆者,以包公能捕巨盗,手下必多拳技之人,乃因《包公案》而附以其他的传说,写成一书,名曰《忠烈侠义传》,犹《水浒》之初名《忠义传》也。当俞曲园寓吴下时,有潘祖荫者,归自北京,出石氏书以相示,俞阅后,叹其"事迹新奇,笔墨酣恣,描写既细入毫芒,点染又曲中筋节"(俞序中语),唯以开篇"狸猫换太子",事太不经,乃为另撰第一回,其余篇亦稍加订正。又以书中南侠、北侠、双侠已有四人,加小侠艾虎、黑腰狐智化、小诸葛沈仲元三人,合卢方、白玉堂五结义兄弟,改名为"七侠五义",故一般人均以为俞氏作也。其中叙述拳术,非同捏造,原书作者,殆精于此道欤?此书经俞氏改后,遂即风行,于是继之而出者,有《小五义》《续小五义》等等,亦犹《水浒传》《石头记》后之多续作云。

(二)《儿女英雄传》 此书本系一种"评语",犹宋人之"话本"也。原有五十二回,后亡其十二回,今仅存四十回。题燕北闲人著,有马从善序,谓其出于道光中费莫文康手。其人字铁仙,满洲镶红旗人,大学士勒保次孙,以资为理藩院郎中,出为知府,升道台,丁忧回里,复起为驻藏大臣,以疾不果行,卒于家。家本贵盛,而诸子不肖,遂中落,且至困惫。文康晚年,块处一室,笔墨仅存,因著此书以自遣。升落隆衰,俱所亲历,故于世运之变迁,人情之反复,三致意焉!(序中语)其开篇有云:

> 这部评语,初名《金玉缘》,因所传的首善京都一桩公案,又名《日下新书》。篇中立旨立言,虽然无当于文,却还一洗秽语淫词,不乖于正,因又名《正法眼藏五十参》,初非释家言也。后经东海吾了翁重订,题曰《儿女英雄传》。

观此,极似《石头记》自序之语,不过此书系叙述他人。蒋瑞藻《小说考证》云:"所谓京都一桩公案,如书中之纪献唐,或以为纪者,年也;献者,《曲礼》云:'大名羹献。'唐,为帝尧所号;合之,则年羹尧也。"其或然欤?

第十节　清人的伶伎小说

小说初起时,不过志神怪武勇等,为一般人所习闻共知之事。又经过若干年,多数人之润饰增损,始成为人人所宝爱之珍品。及文人以小说为著述之业,则踵事增华,推类及远,举凡天地间之万事万物,无不可网罗于小说之中,而小说在学术界，遂占一重要地位，故小说者，亦可以另成一个世界矣。

天地间之万事万物，既无不可为小说之资料，则各种社会，皆可作各种小说，此自然之理也。人间之有优伶娼妓，亦社会自然之结果，自明以来，小说既成为学士文人著述之事，于是对于优伶娼妓之两社会，亦有人记而述之。今论其颇名者四种于此。

（一）《品花宝鉴》　此书出版于咸丰初年，作者陈森书，常州人，号少逸。道光中，寓居北京，习于旧闻，乃将乾隆以来有名之优伶，及当时士大夫与优伶结交，种种情爱，可歌可喜、可泣可悲之事，均叙述于其中。而文笔华丽流畅，又能曲折以达之，故颇为一般文人所爱好。书中人物，亦大抵实有，就其姓名性行，细按之，即可知其为何人。所谓"高品"，殆即作者之自况。闻初本只三十回，后出京漫游，至广西等处，及重回北京，始足成后半部，共六十回，越三年而有刻本。

（二）《花月痕》　《品花宝鉴》写优伶，此书则写娼妓者也。作者为闽人魏子安，少有文名，游四方，所交多一时有名之士。性喜冶游，识娼妓甚多。中年后，折节治程朱理学，以少年时所咏诸妓之艳情诗，不便编入集中，然心中不忍割舍，乃特作此书以述之。书中之韦痴珠，即作者自况。叙痴珠至四十岁而死，喻自己至四十岁后，又另为一人也。又写一韩荷生，于韦死后，如何成功立名，则以喻韦只做得韩之一半，即于姓中寓有此意。其于韦死后,仍每回写一韦的影子,则以韩之功名,皆受之自韦也。此书曾有人评为"哀感顽艳",尚非过誉,惜末数回,杂以妖异,及女子将兵之事,不免为画蛇添足耳!

(三)《青楼梦》 书共六十四回,为长洲人俞吟香所撰。吟香,名达中,颇喜冶游,于光绪十年疾卒。《青楼梦》者,取苏州各妓之风韵艳迹,以资点缀。其中如游花园、护美人、采芹香、掇巍科、任政事、报亲恩、全友谊、敦琴瑟、抚子女、睦亲邻、谢荣华、求慕道等,皆作者个人的理想,不过借妓女以发挥而已。

(四)《海上花列传》 此书亦六十四回,松江韩子云撰。书出于光绪十八年,每七日印二回,颇风行于沪地。全书以赵朴斋为线索,述赵年十七,以访母舅洪善卿至上海,游于花柳场中,遂沦落不堪。叙至此,书忽不出。至光绪二十年,则六十四回全出,进叙洪善卿于无意中遇赵,见其拉人力车,即寄书于姊。洪姊乃与女名二宝者,同至上海,既会赵,乃母子三人,俱流连不返。洪劝姊等归,不听,乃与姊绝,后二宝竟沦为倡。书中人物,亦多实有,唯皆隐名,独赵朴斋乃真名。相传赵本作书者挚友,因借钱不遂,乃作此以报恨。出至二十八回,赵送以钱,遂停止不出。后因书已风行,而赵又死,乃续作牟利。此书事迹,上海戏馆,竟演"大少爷拉东洋车"一剧,亦颇得人欢迎。"黑籍冤魂"一剧,则又脱胎于此者也。

第十一节　清人的社会小说

社会小说,范围既广,全社会的事迹,皆可写入,不限于某种社会也。唯社会小说一名词,实未甚妥切,因世人皆如是说,一时尚无他名可易,姑仍之而已。

此种小说,因随便可写,故作者甚多,唯佳者则甚少。今姑举二种以作代表,其余不能悉述也。

(一)《二十年目睹之怪现状》　作者题我佛山人,系广东南海吴沃尧,字茧人,后改趼人,因所居曰佛山镇,遂以为号。清之末年,梁任公在日本出《新小说》杂志,甚得人之欢迎。吴氏在上海,出《月月小说》以应之。《二十年目睹之怪现状》,即其中最著名之一编也。此书描写社会种种龌龊状态,无不穷形尽相,故风行一时,陆续出至一百〇八回。自云:

> 只因我出来应世的二十年中,回头想来,所遇见的,只有三种东西:第一种,是蛇、虫、鼠、蚁。第二种,是豺、狼、虎、豹。第三种,是魑魅,魍魉。

即比数语,可以知其命意之所在矣。

(二)《官场现形记》　官场虽不过社会的一部分,唯中国向称为"官国",一般人无不以"官"为唯一的目标,故所谓

"官"者,实可为全体之总代表,谓为社会小说,并无不宜。此书为武进李宝嘉所撰。宝嘉,字伯元,号南亭亭长,光绪二十七、二十八年间,陆续登于上海之《繁华报》,后出单行本,亦颇受人欢迎。其写官场之龌龊卑鄙,淋漓尽致,与《二十年目睹之怪现状》,可称伯仲。其自序云:"亦尝见夫官矣!送迎之外无治绩,供张之外无材能,忍饥渴,冒寒暑,行香则天明而往,禀见则日昃而归,卒不知其何所为而来,亦卒不知其何所为而去。"岁或有凶灾,行振恤,又"皆得援助之例,邀奖励之恩。而所谓官者,乃日出而未有穷期"。及朝廷议汰除,则"上下蒙蔽,一如故旧。尤其甚者,假手宵小,授意私人,因苞苴而通融,缘贿赂而解释:是欲除弊而转滋之弊也"。于是群官搜刮,小民困穷,民不敢言,官乃愈肆。"南亭亭长有东方之谐谑,与淳于之滑稽,又熟知夫官之龌龊卑鄙之要凡,昏聩糊涂之大旨",爰"以含蓄酝酿,存其忠厚;以酣畅淋漓,阐其隐微……穷年累月,殚精竭诚,成书一帙,名曰《官场现形记》。……凡神禹所不能铸之于鼎,温峤所不能烛之以犀者,无不毕备也"。

全书内容,亦已明明白白写出矣!

第十二节　寓才思学术的清人小说

小说既可以网罗宇宙,尽写人类社会的事物,故怀抱志向,以及才思学术,亦无不可借小说而发挥,用小说以表见。

清代小说,既已盛行,故对上述诸点,以写小说者,亦乘时而兴也。兹举二种以作代表。

(一)《野叟曝言》 此书不题撰者姓名,唯金武祥所修《江阴县志·艺文志》载之,以为系夏二铭作。按二铭,为夏敬渠之号,原序说是康熙时人,以名诸生贡于成均,既不得志,乃应大人先生之聘,辄祭酒帷幕中。遍历燕、晋、秦、陇,继而复假道黔、蜀,自湘浮汉,溯江而归。所历既富,于是发为文章,益有奇气,然而首已斑矣。自是屏绝进取,一意著书,成《野叟曝言》二十卷,然仅以示友,不欲问世。至光绪初,其书始出,以"奋武揆文,天下无双正士;镕经铸史,人间第一奇书"二十字,编为二十卷,共一百五十四回。其内容,则凡叙事、说理、谈经、论史、教孝、劝忠、运筹、决策,艺之兵、医、诗、算,情之喜、怒、哀、惧,讲道学,辟邪说,无所不包,是作者抱负不凡,未得黼黻休明,至老经献莫展,因而命笔,比之野老无事,曝日清谈。书中之主人翁,或以为即作者自况。"夏"字拆开,即是"文白",而时太师即是杨名时,此《野叟曝言》之概略也。

(二)《镜花缘》 此书系直隶大兴人李汝珍所撰。汝珍,字松石,生于乾隆末年,书共一百回,说唐武则天在冬日赏花,诏百花齐放,花神不敢违命,遵其圣旨,不料上天责花神失时,加以尘世之罚,谪人间为百个女子。于时有秀才唐敖,应试中探花,人诬其与徐敬业有关系,遂被黜逐。敖乃附妻弟林之洋海舶,遨游海外,遇着种种奇异人物,又食仙草,竟得成仙,入山不出。其小女又附海舶寻父,于山中樵父,得唐敖之书,名自己为闺臣云,须应才女试中试后,乃可相会。闺臣乃归国,适武则天诏开女科,闺臣遂应试入选。叙至此处,忽云"镜中全影,且待后缘",竟自此而止。唯其自己赞云:

> 这部"少子",乃圣朝太平之世出的,是俺天朝读书人做的,这人就是老子的后裔。老子作的《道德经》,讲的都是玄虚奥妙。他这"少子",虽以游戏为事,却暗寓劝善之意,不外风人之旨。上面载着诸子百家,人物花鸟,书画琴棋,医卜星相,音韵算法,无一不备。还有各样灯谜,诸般酒令,以及双陆马吊,射鹄蹴球,斗草投壶,各种百戏之类,件件都可解得睡魔,也可令人喷饭。

此可见其借小说以写自己的技艺学术者矣!而此种种艺术,即借一百个女子以发挥表见之。又因己之终身潦倒,不能得志,故于闺臣进到山中时,只见一堆荒冢,题为"镜花冢"。再进,则见泣红亭。结以一论云:

> 泣红亭主人曰:"以史幽探、哀萃芳冠首者,盖主人自言穷探野史,尝有所见,惜湮没无闻,而哀群芳之不传,因笔志之。……结以花再芳、毕全贞者,盖以群芳沦落,几至澌灭无闻,今赖斯而不朽,非若花之重芳乎?所列百

人,莫非环林琪树,合璧骈珠,故以全贞毕焉!"

此即作者著书之本旨,与《野叟曝言》借小说以写胸臆者,正复相同。今日者,苟有人焉,能以枯燥深奥之科学,以浅显畅达之笔,作为小说,以饷一般识字之人,我敢决其功效必远出学校中受教科者十倍矣!

第十三节　清人的例外小说

小说由志怪传奇,进而道人情世故,由文言短简,进而为白话章回,此亦历史进化之公例。惟前人不明此埋,而文士又多以新奇自许。于是遂有违反此公例而造作小说者,吾名之曰"例外小说"。清人作者,亦有二人。

(一)《燕山外史》　嘉庆时,有嘉兴人陈球,字蕴斋,系秀水县诸生,以卖画自给,工骈文,喜传奇,因作《燕山外史》,其书取明人冯梦桢所作之《宝生传》,演成三四万言之骈文。自言:

> 史体从无以四六为文者,自我作古,极知僭妄,第行于稗乘,当希末减。

盖亦自知其非,然偶一为之,以资游戏,亦无不可。唯自此风一启,往往数百字可了之纪事,可演至数千数万字而未已,于是满纸风花雪月,盈篇堆砌空虚,真情真趣,皆埋没不顾,实为小说中之下乘。民国初年,此风盛行,如《玉梨魂》等,其支流也。

(二)《蟫史》 以四六文写小说,已违反进化公例。而文人好奇,更有以使人不易读不易解之奥涩文字以作小说者,如乾嘉时,江阴人屠绅所作之《蟫史》是也。绅字贤书,号笏斋,成进士后,曾做知县同知等官,性豪放嫉俗,为文务为古涩,以炫于人,《蟫史》亦不过谈神说怪,而文则佶屈聱牙,不易解读,所谓"以难深文浅易",无任何意义也。以韩退之之古文大家,其作樊绍述之墓铭曰"文从字顺各适职",实文学公理公例也。今违反此公理公例,将不得为文,况文学家乎?

第十四节　短篇小说

近年以来,短篇小说,大盛于时,已代章回体小说而起,群视为文学正宗,今则正在方兴未艾之中。前人之作者,自唐人之传奇,及《聊斋志异》等书以外,则尚有《今古奇观》一编,其所采事迹,上起三代,下至明季,有从古籍中演述而成者,亦有社会间传说之故事,写而成篇者。其书以一事为一回,各回自具首尾,与他回不相连接,唯回目则仍仿章回体小说,对为偶句。其所写人物情景,有甚佳者,亦有极劣者,盖非出于一人之笔,系集合众作而成者也。此书之前,本有《拍案惊奇》一书,流行于世。《今古奇观》,系从《拍案惊奇》中选出,于字句亦稍有改易,另为刊行。又有人将《今古奇观》选剩诸篇,仍名《拍案惊奇》,故二书并行于世,亦犹大小二戴之于《礼记》也。然《拍案》之精彩,已为《奇观》所取,故未免成为糟粕耳。

以前之短篇小说,可以《今古奇观》一书作代表。唯今人所倡的短篇小说,意义与前人不同。其所重者,在性质不在文字之多寡也。此义胡适之于《建设的文学革命论》中,亦已道及。其言曰:

> 以小说而论,那(指欧洲)材料之精确,体裁之完备,命意之高超,描写之工切,心理解剖之细密,社会问题讨论之透切……真是美不胜收。至于近百年新创的"短篇小说",真如芥子里面藏着大千世界,真如百炼的精金,曲折委婉无所不可。真可说是开千古未有的创局,掘百世不竭的宝藏。

准胡氏所论,可知短篇小说的意义,并不在乎篇短字少,即可以名,是以数字数句之中,能包含许多事物与道理也。胡氏又曰:

> 例如唐朝天宝时代的兵祸,百姓的痛苦,都是材料。到了杜甫的手里,便成了诗料。如今且举他的《石壕吏》

一篇,作布局的例:这首诗,只写一个过路的客人,一晚上在一个人家内,偷偷听得的事情,只用一百二十个字,却不但把那一家祖孙三代的历史都写出来,并且把那时代兵祸之惨,壮丁死亡之多,差役之横行,小民之苦痛,都写得逼真活现,使人读了生无限的感慨。这是上品的布局功夫。又如古诗,"上山采蘼芜,下山逢故夫"一篇,写一家夫妇的惨剧,却不从"某人娶妻甚贤,后别有所欢,遂出妻再娶"说起。只挑出那前妻山上下来,遇着故夫的时候下笔,却也能把那一家的家庭情形,写得充分满意,这也是上品的布局功夫——近来的文人,全不讲究布局,只顾凑足多少字,可卖几块钱,全不问材料的得当不得当,动人不动人。他们今日作上回的文章,还不知道下一回的材料在何处!这样的文人,怎样造得出有价值的新文学呢?

此则胡氏又将短篇小说的做法,明白说出。《石壕吏》、"上山采蘼芜"二诗,用字不多,而使人读之,如见许多情节跃然现在眼前,胡氏所以称为上品神品也。胡氏又有《论短篇小说》一文云:

西方的短篇小说(英文叫作 short story),在文学上有一定的范围,有特别的性质,不单靠篇幅不长,便可称为

"短篇小说"的。

我如今且定一个短篇小说的界说：

> 短篇小说，是用最经济的文学手段，描写事实中最精彩的一段，或一方面，而能使人充分满意的文章。

这条界说中，有两个条件最宜特别注意。今且把这两个条件，分说如下：

（一）"事实中最精彩的一段，或一方面"——譬如把大树的树身锯断，懂得植物学的人看了树身的"横截面"，数了树的"年轮"，便可知道这树的年纪。一人的生活，一国的历史，一个社会的变迁，都有一个"纵剖面"和无数"横剖面"。纵面看去，须从头看到尾，才可看见全部。横面截开一段，若截在要紧的所在，便可把这个"横截面"代表这个人，或这个国，或这一个社会。这种可以代表全部的部分，便是我所谓"最精彩"的部分。又譬如西洋照相术未发明之前，有一种"侧面剪影"（Silhouette），用纸剪下人的侧面，便可知道是某人（此种剪像曾风行一时，今虽有照相术，尚有人为之）。这种可以代表全形的一面，便是我所谓"最精彩"的方面。若不是"最精彩"的所在，决不能用一段代表全体，决不能用一面代表全形。

（二）"最经济的文学手段"——形容"经济"两个字，最好是借用宋玉的话："增之一分则太长，减之一分则太短；着粉则太白，施朱则太赤。"须要不可增减，不可涂饰，处处恰到好处，方可当"经济"二字。因此，凡可以拉长演作章回小说的短篇，不是真正"短篇小说"；凡叙事不能畅尽，写情不能饱满的短篇，也不是真正"短篇小说"。

胡氏所言短篇小说的性质与意义，已明明白白，可以不再赘一词矣。

第十五节　小说结论

或曰：如上所言，短篇小说，有如许精妙；则长篇的章回小说，可不必要乎？答之曰：是亦不然！短篇小说，固精妙矣；长篇小说之佳者，亦未尝不精妙也。是则仍在作者之笔，有灵不灵之分：灵者可作短篇，亦可作长篇；不灵者，不论长短，皆不精妙也。

作小说者，亦称"写生妙手"，其理与画师正同。善画者，画一草一石，与画千山万壑，同一精妙。一草一石，即短篇；千山万壑，即长篇也。短篇小说，又如写意画，寥寥数笔，而于所画之物，逼真活现；长篇小说，则如工笔画，如画帝王宫殿，千门万户,乃至一槛一瓦,丝毫不乱,皆在画师之艺术何如耳!

小说为文学之一,其理又与诗相同。短篇小说,如"寥落古行宫,宫花寂寞红;白头宫女在,闲坐说玄宗",只二十字,写尽天宝宫人之景象。长篇小说如《长恨歌》,缠绵悱恻,缕缕至八百四十字而不觉其繁,且觉其灭一字不可者,此即胡氏所谓"叙事畅尽,写情饱满"也。故长篇小说,如《水浒传》《石头记》等,皆令人百读不厌,此等佳作,皆"不废江河万古流"。苟能臻此极诣,岂患人之不欢迎哉?若无学识、无意义的短篇小说,叙事则啰唆不清,言情则不知所指,又复千篇一律,并无新异,正与民初之四六小说,同其弊病,尚何价值可言?其有不转瞬而烟消火灭,归于自然淘汰者乎?甚愿青年学者,毋耗此种无谓的心力焉,斯可矣!

第五编

第一章　史学总论

第一节　论史学的著作

　　论史的书，向分两种：一种是论史事，一种是论史法。论史事者，将史书中人物事迹，评其善恶，论其得失，以作后人之惩劝。书之著名者，如宋范祖禹之《唐鉴》，吕祖谦之《春秋左氏博议》，清初王夫之之《读通鉴论》《宋论》等是也。张之洞《书目答问》云："史论最忌空谈苛论。"其《𫐐轩语》又云："古人往矣，何烦后人之喋喋置喙哉！"然论史中人物事迹，不喋喋置其苛论，则不过一般人之见识而已，何能见其深到乎？唯在今日，则因欧化输入后，举凡伦理道德等观念，与昔人往往立于极反对的地位，故此种史论，在今日已不需要，可勿论矣。其第二种论史法者，虽论作史之体例得失，亦即为研究历史之工具。我人如研究史学，自非从研究史法之书入手不可。此种书最著名者，有唐刘知几之《史通》，清章学诚之《文史通义》，及近人梁任公之《中国历史研究法》三书，皆为研究史学之门径，先读三书，再读历史，于史之得失，自能迎刃而解矣。

　　刘氏《史通》，在唐代实为空前杰作。中国人对于古人著作，向抱一"人主"不易的成见，至于"六经"，尤为天经地义，丝毫不容置喙。刘氏出，对于古人著作，是者是之，非者非之，以锐利的眼光，议论其得失，甚至有《疑古》《惑经》诸篇，对于"六经"、孔子，亦无所隐讳，此实为其独到之处，前此诸人之所无也。

章氏在清代汉学空气弥漫的环境中，能不为俗囿，独具双眼，纵论文史，其中议论，多发古人之所未发。而识见精深，与西人之哲学、社会学，暗合者甚多。其书虽文史并举，然昔人学文，多注重于《史》《汉》二书，故章氏以"文史"二字括之。

章氏、刘氏之书，为中国史学之圭臬，为一般学者所尊重。然自欧化输入，人类思想，发生一大变动，即研究历史，亦须借助于西洋之新历史、社会科学等书，始能知今而征古。梁氏之《中国历史研究法》，即根据此等新理，论中国之旧史者也。梁氏眼光之锐利，识见之超卓，实为少数之人物。且于欧学、国学，皆能知其得失，故立论不偏于一隅。而文笔之畅达，叙述之明晰，尤为其特长。此书不但为研究中国历史之南针，兼可作中国文学之一助焉。

中国四库之书，以史部为最繁，而本书对于论述各学，独以史学为最简。其原因，即由上列三书，为研究中国史者，必不可不读。三书既在必读，故本书对于三书之论列，可不再征引，此其一。且我之学识，万不及刘、章、梁三人，若以末议参入其间，自知汗颜，此其二。故本书所论，仅对于中国历史，以何书宜研究，及如何研究而已。

第二节　历史的种类

中国历史,书籍浩瀚,势难悉举,然欲研究之,不可不先悉其性质与种类。兹所论者,可分"广义的"与"狭义的"之二类。

"广义的"者,举凡社会间之文物、制度、政治、法律、宗教、礼仪、风俗、习惯,以及工业、艺术等等,凡与文明文化有关系,而为我人目所见耳所闻者,皆为历史的产物。研究此种种产物之原因结果,亦为史学。"狭义的"者,其书籍即专记人类经过的事迹,及人类创设之制度,研究其变迁,明悉其原因结果,即四库中之史部,一般人所称之历史也。本书所言,亦只及于"狭义的"历史而已。

然即以"狭义的"历史而言,我们对之,亦将茫无头绪。以通史论,有纪、传、表、志之正史——二十四史,有编年记事之《资治通鉴》,及续《资治通鉴》,有纪一事始末之纪事本末,又有专载典章制度之《通典》《通志》《文献通考》,及清代续编之六种,号曰"九通"。上述四种,已无论若何神智之人,所能尽读而皆研究之,此乃事势所限,不得不然者矣!本书述者,因知此义,故于第一编中,特分为普通国学与专门国学之两种。普通国学中之史学,为《史记》、正续《资治通鉴》等书,以为研究国学者必读之书。本章所述,则为研究专门国学中之史学一项而说法也。

上言自欧化输入,人类思想发生一大变动,研究史学,与昔人所以不同者,何也?例如《资治通鉴》,于历代之治乱兴衰,事迹咸备。《文献通考》,于历代之典章制度,粲然可观。在昔人而研究史学,则此二书,已足称为善本。而今日所以不同——昔人所重者,为君主一人之政治得失,今日所重者,为全体社会之文化变迁,全民族势力之盛衰伸缩也。观察不同,则所以取舍者,亦因之而异。故有为《通鉴》《通考》等所取,而在今日反为不要;为《通鉴》《通考》所舍,而或为今日之所必要,因此之故,我人仍须于最先出最繁杂之原本史料中,重做一番"淘沙拣金"的苦工,盖不得不然者矣!

所谓最先出、最繁杂之原本史料者,即世所称之二十四史之正史,以及与正史并出,而今尚流行者之别史、杂史、载记等书籍是也。唯别史、杂史、载记等书籍,其有用之处,虽不亚于正史,而昔人定此二十四史为正史者,自必因其有特长之点,我人今日研究史学,自唯有先从事于正史,正史所不足或不可靠者,乃再及别史、杂史、载记等斯可矣。

第三节　正史的弊病

别史、杂史、载记等之不能与正史并论,固矣!然正史其足用而可靠乎?是则又一极大之问题焉!今分论之:

（一）太繁　二十四史，共有三千数百卷之多，我人即每日研治一卷，已非十年久之长时期，不能卒业。即能勉而卒业矣，而其中所载，以今日新史学之眼光观之，大半如英人斯宾塞尔所言"邻猫生子"之事实，或"历代帝王相砍"之"故鬼打仗"记耳！此弊病一也。

（二）不足　上节所言，我人今日对于历史，所重视者，为全体社会文化之发展，及全民族势力之盛衰伸缩，此新史学家所标之特点也。而旧史则对于社会文化、民间风俗等等，多不屑记载，其所详者，唯关于皇帝一人之支流余裔。故王子也，公主也，外戚也，后妃也——《后汉书》竟列后纪为本纪——及行尸走肉之"伴食宰相"也，则无不尽量记述之，至某时代之文化若何？某地方之民俗若何？则百卷之中，不及一二，或竟无有也。故曰：不足，此弊病二也。

（三）失实　夫太繁与不足，既已深苦我人之脑力，空耗我人之光阴矣！然使所载者，事事不失真相，则我人"探骊求珠"，虽不得珠，犹为不失骊。若并事之真伪而混之，则岂非"南辕而北辙""蒸沙而欲其成饭"耶？兹姑记一事，以概其他。《隋书》卷二"帝纪第二高祖下"所载，则：

> 四年春正月丙辰，大赦。甲子，幸仁寿宫。乙丑，诏赏罚支度，事无巨细，并付皇太子。夏四月乙卯，上不豫。六月庚申，大赦天下。有星入月中，数日而退。长人见于雁门。

秋七月乙未，日青无光，八日乃复。己亥，以大将军段文振为云州总管。甲辰，上以疾甚，卧于仁寿宫，与百僚辞诀，并握手歔欷。丁未，崩于大宝殿，时年六十四。遗诏曰："嗟乎！自昔晋室播迁，天下丧乱，四海不一，以至周、齐，战争相寻，年将三百。故割疆土者非一所，称帝王者非一人，书轨不同，生人涂炭。上天降鉴，爰命于朕，用登大位，岂关人力，故得拨乱反正，偃武修文，天下大同，声教远被，此又是天意欲宁区夏。所以昧旦临朝，不敢逸豫，一日万机，留心亲览，晦明寒暑，不惮勤劳，匪曰朕躬，盖为百姓故也。王公卿士，每日阙庭，刺史以下，三时朝集，何尝不罄竭心府，诚敕殷勤，义乃君臣，情兼父子。庶借百僚智力，万国欢心，欲令率土之人，永得安乐，不谓遘疾弥留，至于大渐。此乃人生常分，何足言及！但四海百姓，衣食不丰，教化政刑，犹未尽善，兴言念此，唯以留恨。朕今年逾六十，不复称夭，但筋力精神，一时劳竭。如此之事，本非为身，止欲安养百姓，所以致此。人生子孙，谁不爱念，既为天下，事须割情。勇及秀等，并怀悖恶，既知无臣子之心，所以废黜。古人有言：'知臣莫若于君，知子莫若于父。'若令勇、秀得志，共治家国，必当戮辱遍于公卿，酷毒流于人庶。今恶子孙已为百姓黜屏，好子孙足堪负荷大业。此虽朕家事，理不容隐，前对文武侍卫，具已论述。皇太子广，地居上嗣，仁孝著闻，以其行业，堪成朕志。但令内外群官，同心戮力，以此共治天下，朕虽瞑目，何所复恨。但国家事大，不可限以常礼，既葬公除，行之自昔，今宜遵用，不劳改定。凶礼所须，才令周事。务从节俭，不得劳人。诸州总管、刺史以下，宜各率其职，不须奔赴。自古哲王，因人作法，前帝后帝，沿革随时，律令格式，或有不便于事者，宜依前敕修改，务当政要。呜呼！敬之哉！无坠朕命。"

乙卯，发丧。河间杨柳四株，无故黄落，既而花叶复生。八月丁卯，梓宫至自仁寿宫。丙子，殡于大兴前殿。冬十月己卯，合葬于太陵，同坟而异穴。

观上所记，岂非仁至义尽，无以复加乎？然而《资治通鉴》之所记，则不啻黑之与白，冰之与炭焉！记曰：

初，文献皇后既崩，宣华夫人陈氏，容华夫人蔡氏，皆有宠。陈氏，高宗之女；蔡氏，丹阳人也。上寝疾于仁寿宫，尚书左仆射杨素、兵部尚书柳述、黄门侍郎元岩皆入阁侍疾，召皇太子入居大宝殿。太子虑上有不讳，须预防拟，手自为书，封出问素。素条录事状，以报太子。宫人误送上所，上览而大恚。陈夫人平旦出更衣，为太子所逼，拒之，得免，归于上所。上怪其神色有异，问其故。夫人泫然曰："太子无礼！"上恚，抵床曰："畜生何足付大事！独孤误我！"乃呼柳述、元岩曰："召我儿！"述等将呼太子，上曰："勇也。"述、岩出阁为敕书。杨素闻之，以白太子，矫诏执述、岩，系大理狱。追东宫兵士，帖上台宿卫，门禁出入，并取宇文述、郭衍节度，令右庶子张衡入寝殿侍疾，尽遣后宫出就别室。俄而上崩，故中外颇有异论。陈夫人与后宫闻变，相顾战栗失色。晡后，太子遣使者赍小金合，帖纸于际，亲署封字，以赐夫人。夫人见之，惶惧，以为鸩毒，不敢发。使者促之，乃发，合中有同心结数枚，宫人咸悦，相谓曰："免死矣！"陈氏恚而却坐，不肯致谢。诸宫人共逼之，乃拜使者。其夜，太子蒸焉。

观上所记，《通鉴》所载真乎？抑《隋书》所载真乎？胡三省之注《通鉴》也，以赅博称，于《通鉴》此节下，复引赵毅所著《大业略记》、马总所著之《通历》二书以征之。《大业略记》云：

高祖在仁寿宫，病甚，追帝侍疾。而高祖美人，尤嬖幸者，唯陈、蔡二人而已。帝乃召蔡于别室，既还，面伤而发乱，高祖问之，蔡泣曰："皇太子为非礼。"高祖大怒，啮指出血，召兵部尚书柳述、黄门侍郎元岩等，令发诏追庶人勇，即令废立。帝事迫，召左仆射杨素、左庶子张衡进毒药。帝简骁健宫奴三十人，皆服妇人之服，衣下置仗，立于门巷之间，以为之卫。素等既入，而高祖暴崩。

马总《通历》云：

> 上有疾，于仁寿殿与百僚辞诀，并握手歔欷。是时唯太子及陈宣华夫人侍疾，太子无礼，宣华诉之。帝怒曰："死狗那可付后事。"遽令召勇。杨素秘而不宣，乃屏左右，令张衡入拉帝，血溅御屏，冤痛之声闻于外。

所记者四人，三同而一异，我知无论何人，只要斟情酌理而评之，总无不以同者之三记为真，而异者之一记是假矣。夫以如此重大之事，而所谓"正史"者，其所记竟无丝毫之真，不亦异乎？且《春秋》不敢书鲁国弑君，以孔子乃鲁臣，所谓"为尊者讳，为亲者讳"，犹可言也。《隋书》修者为唐人，且为魏徵等诸名臣，而所记"失实"至于此，则所谓"正史"者，尚有何价值乎？以后代之人，乃讳言前朝之事，然则如董狐、南史之书弑君，不更多事乎？而孔子又何必贤之哉？

又自曹魏以迄赵宋，篡位之事，无不如出一辙，而自《魏志》及晋、宋、齐、梁、陈、北齐、北周、隋、唐诸书，与《五代史》，其记篡取之太祖，无不三推三让，绝不敢登此宝座，必至逊位之君，逼使之而后始即位者，则其失实，盖无一史能免矣！夫正史之本纪，犹《春秋》之经，而使历代开国君主之罪恶，无一能见,然则所谓"史笔"者,又何在耶?

然我人今日而言治中国之历史,唯一之凭据,即此"太繁""不足""失实"之二十四史,故实为一极困难之问题。然既为中国人,绝不能不治中国史,则唯有干"淘沙拣金"之苦工,以细针密缕之眼光,以取其有用者。复用大刀阔斧之手段,以削其无用者,此今日治中国史之唯一任务也。

第四节　研究中国历史的方法

如上节所述,既为中华民族,不得不研究中国历史,研究中国历史,不得不依据二十四史,而二十四史,又苦太繁、不足、失实等弊病,又不得不用二十四史以外之别史、杂史、载记等等(包括编年纪事本末、政书在内),以资研究。如此,则为书将不下万卷之多矣!夫昔人于"一部十七史",尚有"不知从何处说起"之感叹,况今日又益以若干册之史籍乎?然则奈何?亦唯有想一方法以对付之而已矣!

最近著名之军事家,曾有一术语,曰"各个击破法"者。用此对付强大之敌人,未有不胜者也。其法系先用种种计策,把敌人分成许多小组——例如敌兵百万,我兵只有十万,则势力万不能相当。我用种种计策,使敌兵分为二三十个小组,然后我用全力,将敌人之小组一个一个击破之,即所谓"各个击破法"也。此法用于军事,多已奏效,即用之于学术,其理亦同。

若用之以攻中国不下万卷之史籍,尤非用此法不可矣!

用此法以攻中国不下万卷之史籍,以我之计划所及,宜有两个分组法:一为纵的分组法,一为横的分组法。

纵的分组法者,依其性质相同的种类——如政治、军事、学术、文艺、礼俗、制度等等——在二十四史中,分出许多小组,我人只就性之相近或心之所好者,先取一个小组攻治之。至此一个小组攻破后,再攻第二个。此种办法,即梁任公、胡适之辈,早已先我言之矣。

横的分组法者,将自古迄今,划分为若干时代——如上古史、中古史、近世史、现代史——专就一个时代所有的史籍,再为仔细分门别类,而列为许多小组,我人乃用精力,一个一个攻治之之谓也。

此两项"各个击破法",亦可易词以言。如以分时代的,从上古以迄现在为纵的;以性质相同的,各种分类为横的亦可。盖纵横二线,无不可以互易。人立东方,则视东至西之线为纵,而以南至北之线为横。人立南方,则以南至北之线为纵,而以东至西之线为横矣。更质言之:中国历史或专取某一种类而研究之,或专取某一时代而研究之,是也。

第二章　纵的史学

第一节　各种专史

近人如梁任公、胡适之,皆言治中国历史,其最重要者,为欲使一般人俱能了解过去数千年之文化,然后对于政治、经济、学术、习俗,方能着手改革。故当用历史的眼光,整理过去文化的历史。准此,即以编纂最繁重、最确切的中国文化史为归宿。胡氏所举之中国文化史:

(一)民族史。(二)语言文字史。(三)经济史。(四)政治史。(五)国际交通史。(六)思想学术史。(七)宗教史。(八)文艺史。(九)风俗史。(十)制度史。

其对于各专史之攻治法,仍可分列各种子目:如经济史,可分时代,又可分区域;文学史、哲学史,可分时代,又可分宗派,又可专治某宗派之一人;宗教史可分时代,又可专治一教,或一宗派,或一派中之一人。如上云云,即我所谓分为许多小组,然后逐组攻治之,即军事家之"各个击破法"也。我们一人,不能将此许多小组,全数击破,若合全国学者之心力,各就性之欲治者而治之,则非难事矣。

梁、胡诸君,虽倡有此议,其理极正,但其势则尚有为难之处。即上述各专史之材料,仍必取之于二十四史。而三千数百卷之书,一则价值巨而清寒之学者购置为难,二则卷帙繁,而同一性质之件,分在数十处,翻检为难。具此二难,故至今尚无人着手也。我于去岁秋间,曾拟一《二十四史分类印行法条议》,然未以示人。至今岁春初,因朱君少卿,亦有此主张,我乃以条议示之,朱君遂嘱将全史详为核定。乃以月余之力,编为一"纵的二十四史",亦名"中国史料",方拟着手,旋见报载书报合作社广告,亦已用此法出书。且有蔡孑民氏一函,言三十年前,已拟将竹简斋二十四史,分类编纂,因种种事故,不能如愿。呜呼!世所谓"时机"者,其信然耶!蔡君于三十年前,早见及此,而无人能行。今日则不约而同,皆欲承任此项工作,岂非时机成熟,自然结果耶?

今日者,虽书报合作社已有分类之二十四史,次第可以出版,但我所拟"纵的二十四史"——亦名"中国史料"之条议,仍可为治中国历史借镜之资,故录之于此,以供治史学者之参究焉。

第二节　文哲史

本书于史学一编,列于经学、子学、文学之后,盖因上述三学,虽各自独立,而于史学,则均有关系。而欲探究其梗概与究竟,无不皆借乎历史也。即欲为文艺哲理之学,不能不借历史之考证;非历史,则其源流不明,且亦无从入手也。

历史与各种学术,均有密切关系,而不能分离者。证以前史,如有法家之学术思想,于是有秦始皇之统一六国;有儒家之学术思想,于是有汉武帝之尊崇六艺,罢黜百家;有道家之学术思想,于是有晋代士大夫之"清谈"。此其最显著之荦荦大者。盖各时代之变动,必先有各家之学术思想,为之根源。而当各家学术思想之所以产生,则又有当时之历史背景,以为之驱策。故史学与经学、子学、文学,皆有互相印证之关系,列之于后,所以承经、子等学而联系之也。

学术思想与文学,亦有不能分离之关系焉!盖虽有学术思想,必须借文字始得表见之。昔人言"文以载道",亦即此意。而孔子曰"言之不文,行之不远",则正可为学术思想必借文以表见之一明证。故今日而治学术思想史与文学史,如下所列之各篇籍,绝不能少,而我以"文哲史"冠其他各史学之前,亦此意也。

(一)《汉书·艺文志》、《隋书》《旧唐书》之《经籍志》、《新唐书》《宋史》《明史》之《艺文志》——共二十三卷。辅以清顾櫰三之《补后汉书艺文志》、清姚振宗《三国艺文志》、清丁国钧《补晋书艺文志》、清顾櫰三《补五代史艺文志》、清钱大昕《补元史艺文志》,与正史《艺文志》《经籍志》,合成一编,则历代学术思想,及文学作品,无不网罗其中矣。

(二)《史记》迄《明史》,皆有《儒林传》,《宋史》并有《道学传》——共三十五卷。自《后汉书》迄《明史》，皆有《文学传》——共三十六卷。二种列传，亦宜合为一编，使见《艺文志》《经籍志》中之著作人，即可于传中求其事迹，及其治学经过以相印证也。

（三）此外更有一义，为学者所不可不知者：若仅凭"儒林""道学""文学"等传，实苦不足。何则？前人著史，凡遇官阶稍高、德业稍著之人，多为之独立一传——不入"儒林""文学"中——而此不入之人物，其学术思想或文学，实有非二传所载之人所能及者。例如孔子，《史记》特为立一"世家"。孟轲、荀卿、老聃、庄周、商鞅、韩非等等，皆为学术思想之主脑，而皆自立为传，不在《儒林传》中。又如屈原、司马相如，皆为文学之主脑，而《史记》《汉书》，皆无《文学传》。故如上述诸人之传——或次于上述诸人之传，必当抽出，另为一编，使与"儒林""文学"二传，相辅而行，拟其名曰"述作家传"。

自《后汉书》而下，皆立"儒林""文学"二传矣，然其不足，仍如故也。例如郑玄为百代经师，而《后汉书》使与张纯、曹褒同列，不入《儒林传》。陶潜为百代大文学家，而《晋书》《宋书》及《南史》，皆列于《隐逸传》，《文学传》中不见其名。（历代隐逸士，其行义与陶潜相似者甚多，唯因无文章以表见，故后世鲜知其人。陶潜之所以为百世宗仰者，实因其文学之超绝，使文学史中而无陶潜，必不能成书矣。）此外类于郑玄、陶潜，或次于郑玄、陶潜，而其学术思想与文学，均卓然自立者，尤不可计数。而此等人之列传,必须抽出,以与"艺文""经籍"等志,"儒林""文学"诸传,合编一集,此"文哲史"之所以名也。

复次:《南史》之《四库全书提要》云:

> 延寿于"循吏""儒林""隐逸"传,既递载四朝人物,而"文学"一传,乃因《宋书》不立此目,遂始于齐之邱灵鞠。岂宋无文学乎?……况《北史》谓《周书》无《文苑传》,遂取列传之"庾信""王褒",入于"文苑"。则宋之谢灵运、颜延之、何承天、裴松之诸人,何难移冠"文苑"之前?

准是以言:则其他各史,类于李延寿之此种疏忽者,更难数计。我人唯有于"艺文""经籍"志中,检其有著述者之姓名,因而抽出其列传,合成一编,则古今述作人,均在一帙矣。(如谢灵运、颜延之、何承天,裴松之等姓名,只一检《隋书·经籍志》,即能知其崖略矣。)

第三节　政治史

"二十四史",即为历代政治舞台上人物事迹之总记录,昔人亦重视之。如宋司马温公之《资治通鉴》,即专记治乱兴衰之事迹，为政治史之良著也。唯我人今日，因时势不同，故对于政治观察，亦有与昔人异点者。因此之故，仍须求其根于正史。唯政治舞台之人物，则《资治通鉴》已备载之，宜于读《通鉴》及《续通鉴》时，将其关于政治的人物，随时记出，或由书局，将此项政治人物编为一帙，以备作政治史者之参考，此亦不得已之一法也。

中国古人言政治者，有儒家、法家之两大派别。儒家侧重"人治"，法家则侧重"法治"。二者各有所长，亦各有所短。重人者，以为只要执政者得人，自能百政毕举，因而致治，此其所长也。其短，则为"人存政举，人亡政息"，故兴盛之后，必继以衰亡，此历史所载，无不然也。重法者，颇与西人之"法治主义"相似，以为只要立法适当，使平凡之人守之，亦可得治，此其所长也。其短，则因立法之故，不能不革除旧制，而旧制因行之已久，一方面为肥私者弊宝之渊薮，一方面为一般人民惰性所安习。立法者改革太剧，则必惹起多数人之反对，以至虽有良法善政，仍不能行，如宋之王安石是也。或所立之法，虽已施行，而以积怨于人之故，立法者遂为众矢之的，稍一失势，杀戮遂加诸其身，如"吴起支解于楚，商君车裂于秦"（韩非子语）是也。又如汉之王莽，亦因改革太过，惹人怨望，遂至失败而被诛戮，然莽在政治史中，固一立法家也。

今日而言政治史，应注意者有两项人物：一为应变之政治家，一即立法之政治家。应变之政治家，如范睢说秦王以"远交近攻"，秦用其策，卒并六国。晋之王导、谢安，处北狄猖獗之际，措置裕如，国赖以安。唐之裴度，当藩镇势振力强之时，乃能简将练兵，卒平淮西而收河北，皆应变之政治家也。立法的政治家，如春秋时齐之管仲，战国时秦之商鞅，西汉末之王莽，蜀汉时之诸葛亮，石赵时之张宝，符秦时之王猛，宇文周时之苏绰，赵宋之王安石，皆其最著者也。至次于上述诸人之政治家，则每代必有数人，与当时政治有关系者。如初唐时之房玄龄、杜如晦，中唐时之姚崇、宋璟、李泌，宋之韩琦、范仲淹、司马光，等等，皆其选也。苟从《通鉴》中一一记其姓名，再从正史中求其列传，则政治史之基本在是矣。

第四节　经济史

近今一般政治学家、经济学家、社会学家，皆言人类社会之基础，建于经济。苟经济一有变迁，则人类社会之一切，亦均必随之而变迁，此言为世人所认为公例矣。故历史中之经济，最关重要，经济史，更不可不细为研究也。

中国因崇奉儒家，故对于言利，讳莫如深，因之而口仁义心盗跖者，盈坑盈谷，至不可以数计。而历史关于经济之事件，记载极鲜，我人即欲详细加以研究，而苦于可凭之史籍，寥寥无几，此亦最可慨叹之一事矣。唯于此不得已之中，勉作补苴之业，则各史之《食货志》，为治经济史所必要者矣。今按自

《史记·平准书》以下，若《汉书》《晋书》《魏书》《隋书》《旧唐书》《新唐书》《旧五代史》《宋史》《金史》《辽史》《元史》《明史》之《食货志》——共四十六卷。仅此十三史有《食货志》，其余之十一史，皆付缺如。而此十三史，又断续不一，不能得其因革变迁之迹。今欲明其会通，非辅之以《文献通考》不可矣！且其对于食货之分类，亦较为明晰。按《文献通考·总序》云：

> 唐杜岐公始作《通典》，肇自上古，以至唐之天宝，凡历代因革之故，粲然可考。其后宋白尝续其书至周显德。近代魏了翁，又作国朝《通典》。然宋之书成而传习者少，魏尝属稿而未成书，今行于世者，独杜公之书耳，天宝以后盖阙焉。
>
> 有如杜书，纲领宏大，考订该洽，固无以议也。然时有古今，述有详略，则夫篇目之间，未为明备，而去取之际，颇欠精审，不无遗憾焉！盖古者因田制赋，赋乃米粟之属，非可析之于田制之外也。古者任土作贡，贡乃包篚之属，非可难之于税法之中也。……

杜氏《通典》，因于正史。而马氏《通考》，则因《通典》所述之食货而晰之。兹将其所分之目，列之于下，以备与正史之《食货志》，共同研究：

（一）《田赋考》，叙历代因田制赋之规，水利、屯田、官田、附焉。七卷。

（二）《钱币考》，二卷。

（三）《户口考》，叙历代户口之数，与其赋役，奴婢、占役、附焉。三卷。

（四）《职役考》，叙历代役法之详，复除附焉。二卷。

（五）《征榷考》，首叙历代征商之法，盐铁始于齐，榷酤始于汉，榷茶始于唐，皆因时代为序次。杂征敛者，若津渡，间架之属，以至汉之告缗，唐之率贷，宋之经总制钱皆附焉。六卷。

（六）《市籴考》，二卷。

（七）《土贡考》，一卷。

（八）《国用考》，叙历代财计首末，而以漕运、赈恤、蠲贷、附焉。五卷。

马氏此八考，以之与正史《食货志》，共同研究，庶可于中国之经济状况，得其大概。唯更有一言，不得不附及之者，则中国人昔日之迷信，至可惊异！而惮于改革之惰性，亦为历史进化一大阻碍！且惰性之举动，又依附迷信而行！兹将《汉书·食货志》所载，述其数节，以概其余，庶知改革阻碍之所由来也。

《汉书·食货志》言桑弘羊之整理财政，"民不加赋而国用充足"。如此,宜可为一般人所信服矣! 而当时因天旱乃有卜式者,以为"烹弘羊,天乃雨",此一事也。

又记:

> 御史大夫萧望之奏言:故御史属徐宫,家在东莱,言往年加海租,鱼不出。长老皆言,武帝时,县官尝自渔,海鱼不出,后复予民,鱼乃出。夫阴阳之感,物类相应,万事尽然。今寿昌欲近籴漕关内之谷,筑仓治船,费直二万万余,有动众之功,恐生旱气,民被其灾。寿昌习于商功分铢之事,其深计远虑,诚未足任,宜且如故。上不听。漕事果便。寿昌遂白令边郡皆筑仓,以谷贱时,增其贾而籴,以利农;谷贵时,减贾而粜。名曰常平仓,民便之。

此又一事也。

又贡禹言:

> 铸钱采铜,一岁十万人不耕。民坐盗铸,陷刑者多。富人臧钱满室,犹无餍足。民心动摇,弃本逐末,耕者不能平,奸邪不可禁,原起于钱。疾其末者绝其本,宜罢采珠玉金银之官,毋复以为币。除其贩卖租铢之律。租税、禄赐,皆以布帛及谷,使百姓壹意农桑。

议者以为交易待钱，布帛不可尺寸分裂，禹议亦寝。此又一事也。

又师丹辅政，建言：

> 古之圣王，莫不设井田，然后治乃可平。孝文皇帝，承亡周乱秦兵革之后，天下空虚，故务劝农桑，帅以节俭。民始充实，未有并兼之害，故不为民田及奴婢为限。今累世承平，豪富吏民，訾数巨万，而贫弱愈困。盖君子为政，贵因循而重改作，然所以有改者，将以救急也。亦未可详，宜略为缓。

此又一事也。

上引四事，皆出于正史之《食货志》。如（一）桑弘羊整理财政，"民不加赋而国用足"，即今欧美著名之经济学家，使理财政，亦不过如此而已。且天旱与此，关系何在？乃卜式竟有"烹弘羊，天乃雨"之梦呓，岂非可笑可叹之事！（二）耿寿昌之常平仓，实为善政，幸当时人主，准其照办，"漕事果便"。乃萧望之引"加海租，鱼不出"，以为比例，真所谓"牛头不对马嘴"之瞎说矣！且所谓"加海租，鱼不出"及"复予民，鱼乃出"者，明明系官吏舞弊、蒙蔽冈上之事。而御史大夫，不一究官吏舞弊不舞弊？反以此阻常平仓之善政，又岂非可笑可叹之事！（三）钱币为交易货物之必要，乃社会经济自然之结果，贡禹乃欲废钱币，以"布帛及谷"充"租税禄赐"，此种蒙昧无知之言论，竟能出之于口，其不及"议者，以为交易待钱，布帛不可尺寸分裂"之见万万矣！（四）"设井田，然后治乃可平。"迂腐之见，可不必论。而师丹又明言"君子为政贵因循"，然则朝野上下，一事不办，任其"熙熙而来，攘攘而往"，又何必"救急""有改"乎？呜呼！若卜式，若萧望之，若贡禹，若师丹，皆西汉之所谓名臣也，而识见稚骇至此，宜中国之不能进化。而经济之学，除战国时之计然，稍有论述外，两千年来，如桑弘羊，及唐之刘晏，皆不免陷于刑戮，又足证有才识之士，不适存于蒙昧无知之社会也！然而我人欲治中国之经济史者，益苦无凭借之材料矣！

第五节　迷信史

上节言虽有善政良法，而以迷信或惰性之故，常阻碍之而不能行。而惰性者，更依附于迷信而伸其喙，实为中国进化一大障碍。不知古人之于迷信，以为皆天之告人，应行善而去恶也。而其源，则出于《尚书》之《洪范》，与《春秋》之记灾异。汉代大儒，如伏胜、董仲舒、刘向辈，更穿凿附会之，以为是"天人会通之学"。班固辑拾种种附会谰言，于《汉书》中成《五行志》五卷，自后凡有志之史，"五行"一志，视为天经地义而不可易。计自两《汉书》以下，如《晋书》《宋书》《齐书》《魏书》

《隋书》《新唐书》《旧唐书》《旧五代史》《宋史》《金史》《元史》《明史》，至四十二卷之多。而南朝因篡弑相仍，无耻儒生，趋奉新主，又竞献符瑞，故《宋书》《齐书》，于《五行志》以外，复有《符瑞志》《祥瑞志》等志四卷。此种灾异祥瑞之说，以之施于科学昌明之社会，固无人能信之，但中国人因最缺乏科学知识，故此种谰言呓语，流行数千年而不废也。虽然，此种谰言呓语，因附会者之互相矛盾，自相抵触也，故昔日稍有知识之人，亦已从而辨之。马氏《文献通考》之《物异考》序曰：

《记》曰："国家将兴，必有祯祥。国家将亡，必有妖孽。"盖天地之间，有妖必有祥，因其气之所感而证应随之。自伏胜作《五行传》，班孟坚而下踵其说，附以各代证应为《五行志》，始言妖而不言祥。然则阴阳五行之气，独能为妖孽而不能为祯祥乎？其亦不达理矣。虽然，妖祥之说，固未易言也。治世则凤凰见，故有虞之时，有来仪之祥。然汉桓帝元嘉之初、灵帝光和之际，凤凰亦屡见矣，而桓、灵非治安之时也。诛杀过当，其应为恒寒，故秦始皇时有四月雨雪之异。然汉文帝之四年，亦以六月雨雪矣，而汉文非淫刑之主也。斩蛇夜哭，在秦则为妖，在汉则为祥，而概谓之龙蛇之孽可乎？僵树虫文，在汉昭帝则为妖，在宣帝则为祥，而概谓之木不曲直可乎？前史于此不得其说，于是穿凿附会，强求证应，而采有所不通。窃尝以为物之反常者，异也。其祥则为凤凰、麒麟、甘露、醴泉、庆云、芝草；其妖则山崩、川竭、水涌、地震、豕祸、鱼孽；妖祥不同，然皆反常而罕见者，均谓之异可也。故今取历代史《五行志》所书，并旁搜诸史本纪及传记中所载祥瑞，随其朋类，附入各门，不曰妖，不曰祥，而总名之曰物异。如恒雨、恒旸、恒燠、恒寒、恒风、水潦、火灾之属，俱妖也，不可言祥，故仍前世之旧名。至如魏晋，时鱼集武库屋上，前史所谓"鱼孽"也。若周武王之白鱼入舟，则祥而非孽。然妖祥虽殊，而其为异一尔，故均谓之鱼异。秦孝公时马生人，前史所谓"马祸"也。若伏羲之龙马负图，则祥而非祸。然妖祥虽殊，而其为异亦一耳，故均谓之马异。其余鸟兽、昆虫、草木、金石，以至童谣、诗谶之属，前史谓之羽虫、毛虫、龙蛇之孽，或曰诗妖、华孽，今所述，皆并载妖祥，故不曰妖，不曰孽，而均以"异"名之。其豕祸、鼠妖，则无祥可述，故亦仍前史之旧名。至于木不曲直者，木失其常性而为妖，如桑谷共生之类是也。若雨木冰，乃寒气胁木而成冰，其咎不在木也，而刘向以雨木冰为木不曲直。华孽者，花失其常性而为妖，如冬桃李华之类是也。若冰花，乃冰有异而结花，其咎不在花也，而《唐志》以冰花为华孽。二者俱失其伦类，今革而正之，俱以入恒寒门，附雨雹之后。又前志以鼠妖为青眚、青祥，

359

物自动为木沴金，物自坏为金沴木，其说俱后学所未谕。今以鼠妖、青眚各自为一门，而自动、自坏，直以其事名之，庶览者易晓云。

马氏此言，虽未能彻底明了物理，然比之以前一般史家之识见，则已高出十倍矣！窃以为中国人之对于迷信，可分为三种类：

一种，即马氏所说"穿凿附会"。如西汉时，董仲舒善言灾异，《天人三策》即以祥瑞未至为言，世称之为"会通天人相与之际"。后因巫蛊事起，乃绝口不敢言灾异。又如刘向极谏外家封事，以"孝昭帝时，冠石立于泰山，仆柳起于上林，而孝宣帝即位。今王氏先祖坟墓，在济南者，其梓柱生枝叶，扶疏上出屋，根垂地中，虽立石起柳，亡以过此"云云，皆穿凿附会之言。夫董仲舒、刘向，皆为汉代大儒。董治公羊《春秋》，刘治穀梁《春秋》，因其言出于经，故世人不敢以为非也。又如晋时李宜，以为渑水无冰，由近日月之故，此虽与灾祥之说无与，然亦因不知物理，穿凿附会而来也。古人之类此者，盖不知凡几矣！

又一种，则为"无知盲从"。即历代史家累累所记之《五行志》是也。此辈因不知物理，对于古人成说，只得因而仍之，且自己亦可谬附于"会通天人之际"之学，自《汉书》至《明史》，作《五行志》者，皆是也。

又一种，则为"明知故犯"。如元魏时，命崔浩与高允、张伟同修史。允知十月五星聚,为汉史之谬。唐李淳风推定日食,有一定时刻,此皆一线之进化,而世人因迷信积重难返之故,终以五星聚为祥瑞。而日食一事,直至清代末年,一遇日食,大小衙门,必多延僧道,向天祈禳,以为保护太阳,不为天狗吞灭,皆可笑之甚者矣!

如上所述:迷信陋俗,行之垂数千年,至今乡曲之士,偶遇稀见之物象,尚津津谈祯祥与灾异不止,可谓根深蒂固,未易猝拔矣! 是故非有明达之学者,用大刀阔斧的手段,取正史《五行志》所载之物象,披根削迹,彻底纠正之不可也。

复次:各史《五行志》所载之物象,大半出于传闻,史官无识,遂据而书之耳。抑或实有其事,因未明其原因,遂以为异而书之者。如此种物象,可用近今物理学详释之,一以破除迷信,二则亦可为研究物理之一助也。例如昔人谋财害命,必遭雷殛说,今则无人不知为触电矣,即一例也。

附记二则:

(一)春秋时,齐国有龙斗,管仲请桓公,饬诸大夫及左右,玄服祭之。以为天使使者,临齐国也。邻近诸侯闻之,以为天尚使使者于齐国,桓公必为受命的天子,于是相率而朝于齐者八诸侯。记事者从而称之曰"此乘天威而动天下也;故智者役使鬼神而愚者信之"。

(二)有大群海鸟,集于鲁国。臧文仲欲使人祭之。柳下惠曰:"此必海中有风雨之灾,毁其鸟巢,故来陆地,不为灾患,不必祭也。"及后,海上人至鲁国者,果言海中有大风,鸟巢被毁尽。臧文仲以为柳下惠真圣人,有先知之明,其言不可不听。

上述二事,系古传记所载,忆其大略如此。管仲、柳下惠,皆能知其理由:一则特祭之,以哄骗邻近诸侯,使之朝齐;一则明知其不为患,不必祭也。若二人者,真春秋时贤智之士矣!

第六节 天文史

天文本为一专门的科学,与人类历史,无甚关系,唯中国人因迷信神权之结果,以为人类的政治得失,皆无不与天有关,故天文亦占历史之一部分。又太史公之作《史记》,以为"史"者,无所不包,故特作一《天官书》,入之《史记》。班固而下,不知此义,乃于各代之史,皆列《天文志》以承袭之,故"二十四史",志天文者十有六。岂后代之天,有异于前代之天乎?而当各国并立之时,岂甲国之天,有异于乙国之天乎?是皆作史者无识,只知因袭前人,而不知所以然之理故也。故其弊病,即由此而生。前人业已论及者,已有下述之二点:

(一)《隋书》之《四库全书提要》云:

> 其时《晋书》已成,而……《天文志》所载,地中晷影,漏刻,经星,中宫,二十八舍,十辉诸篇,皆上溯魏晋,与《晋志》复出。

按《晋书》《隋书》，皆唐臣所修，乃"天文"一志，二书同载，其病一也。

（二）马氏《文献通考》之《象纬考·序》曰：

春秋二百四十二年，而日食三十六。自鲁定公十五年至汉高帝之三年，其间二百九十三年，而搜考史传，书日食凡七而已，然则遗缺不书者多矣。自汉而后，史录具在，天下一家之时，纪载者递相沿袭，无以知其得失也。及南北分裂之后，国各有史，今考之：南自宋武帝永初元年至陈后主祯明二年，北自魏明帝泰常五年至隋文帝开皇八年，此一百六十九年之间，《南史》所书日食仅三十六，而《北史》所书乃七十九，其间年岁之相合者，才二十七，又有年合而月不合者。夫同此一苍旻也，食于北者其数过倍于南，理之所必无者。而又日月不相吻合，岂天有二日乎？盖史官之差谬牴牾，其失大矣。悬象著明，莫大乎日月，虽庸奴举目可知，而所书薄蚀之谬且如此，则星辰之迟留、伏逆、陵犯、往来，其所纪述，岂足凭乎？

观上述二事，则旧史志"天文"者，其谬可知。今日者，天文既列为一专门之学科，对于旧史之《天文志》，只取某代始发见何星，某人为古代之天文学家，述其概略，备作天文学史之参考，足矣。

第七节　地理史

地理亦一专门学科,唯与人类历史关系颇为紧密。盖人类之动作,皆在地面,如一民族文化之推展,数国家之分割争持,以及山河之形势,土壤之肥瘠,矿产之丰啬,等等,皆非地理,不能明了,故自来史学家,无不重视乎地理也。唯地理非图不明,昔日测量未精,地图未善,直至清代乾嘉时之新地图出,于前人讲地理之谬误者,始得证明。前乎此者,虽胡渭著之《禹贡锥指》,号称唯一名著,而谬误仍多,即其例也。今日者,地理既成为专科之学,新图新志,日出未穷,为此学遂不患无所凭借矣。

正史之地理志,自《汉书》至《明史》,凡十六史,共六十三卷,可作史学家参考之用。其进乎此者,有拓拔魏郦道元之《水经注》,清顾炎武之《天下郡国利病书》、顾祖禹之《读史方舆纪要》,皆为名著,亦为讲历史地理学必要之典籍焉。若欲更求其详,在古代则有唐李吉甫之《元和郡县志》,清敕编之《一统志》在矣。

第八节　礼乐史

儒家最重礼,故亦曰礼教,其详已论述于经学门之礼经章。欲求其源,有"十三经"中之《仪礼注疏》。欲明其流,则有清秦蕙田之《五礼通考》。唯欲知其历代之变迁因革,则非正史之礼志不可矣。

礼与乐,必相辅而行,故自昔儒家,言礼必及乐,所谓"礼以节人,乐以道和"者,是也。因此之故,礼乐二志,宜合为一编而研究之。

自《史记》之《礼书》《乐书》而下,凡有志之史,无不有礼乐二志,合为一编,则有一百五十一卷之多。而其他如郊祀、舆服,亦属礼之一项,如南朝之《宋书》,即以郊祀、祭祀、朝会、舆服,与礼志合为一门,是其例也。因此之故,则自一百五十一卷之《礼乐志》以外,又可益以《汉书》之《郊祀志》二卷,《后汉书》之《祭祀志》三卷,《元史》之《祭祀志》三卷。《舆服志》则《后汉书》二卷,《晋书》一卷,《齐书》一卷,《旧唐书》一卷,《新唐书》一卷,《宋史》六卷,《金史》一卷,《元史》三卷,《明史》四卷,亦可谓洋洋大观矣。

第九节　律历史

律与历,本为二事,因古人分科之学不精,故往往合而为一。而其起源,又必附会于上古之圣人身上,或以为系出于"六经"。《汉书·律历志》云:

> 其传曰,黄帝之所作也。黄帝使泠纶,自大夏之西,昆仑之阴,取竹之解谷生,其窍厚均者,断两节间而吹之,以为黄钟之宫。制十二筒以听凤之鸣,其雄鸣为六,雌鸣亦六,比黄钟之宫,而皆可以生之,是为律本。

此本古代所传之神话,故曰"其传曰"。又曰"黄帝之所作",即附会于上古圣人之身上也。且准是以言,律又通于乐矣。《律历志》又云:

> ……尧复育重、黎之后,使纂其业。故《书》曰:"乃命羲和,钦若昊天,历象日月星辰,敬授民时。""岁三百有六旬有六日,以闰月定四时成岁,允厘百官,众功皆美。"

此引《尚书》之文,为历之起源也,而历又通于天文矣。此外又杂引《周易》《尚书》之文,《春秋》之义,孔子之言,以明一切制作,皆出于"六经"与孔子。骤视之,极似乎"一元论",细按之,实因分科律不精,东拉西扯,以足成一文之篇幅而已。盖古人著作,类此者甚多,向因崇古心理,故无人敢言其非耳。

律之与历,在今日已成专科之学,研究正史之《律历志》者,与《天文志》同。其志此者,或分或合(如《史记》有《律书》《历书》,《汉书》则合为《律历志》),或仅志历而无律(如《宋书》《新唐书》《旧唐书》《旧五代史》《辽史》《金史》《元史》

《明史》），体例亦至不一律，研究之者，亦只能求其大概而已。

第十节　官制史

礼制出于《仪礼》，官制则又出于《周礼》。《周礼》本名《周官》，实周代之"职官志"，唯其书真伪，至今尚难确定。今日而言三代官制，尚须参以他项之古传记。《史记》《汉书》，初无职官志。《后汉书》始立此志，自后晋、宋、齐、魏、隋、新旧唐、旧五代、宋、辽、金、元、明皆有之，共五十五卷。我人今日研究官制之历史，宜更参以清乾隆时敕编之《历代职官表》一书，则若网在纲，有条而不紊矣。

间尝论之：国家设官，本以之理民事。故孟子曰："或劳心，或劳力；劳心者治人，劳力者治于人；……天下之通义也。"自官可不劳力而得安富尊荣，于是狡黠者流，群趋于官之一途而国成为"官国"。其劳心也，不劳于公事而劳于私家，故国与民，交受其病矣！夫岂设官分职之本旨哉？

又自汉以来，一国政权，属于宰相。故自曹魏而下，窃国之大盗，不出于草莽而尝在于朝廷，李唐置左右丞相而相权始弱，至朱明复废左右丞相而分其政于六部，故负责之人无，而行尸走肉之徒众。于是如张献忠、李自成辈，一呼而郡县相继以陷，在位者之无权不负责，亦未始非一原因也。此研究职官史者之一要素焉！

第十一节　选举史

国家设官分职,所以理民事也。而所谓官者,在三代以前,出于世袭,如鲁之三家,晋之六卿。在周之执政者,亦世称周邵二公,皆其例也。然此辈多食肉无能,在周初民智未启,故尚能固其尸位。至春秋时,列国相争,已需才智之士出而辅政,故如管仲、百里奚辈,以囚徒、乞丐而执政权。下逮战国,游说之风兴,白衣卿相遂成惯例。秦人惩之,乃禁学愚黔首,欲为官者,以吏为师,然不久社覆而乱作,故古代无所谓选举也。自汉以后,官之来途,则马氏《选举考序》,言之详矣。今节录于此:

> ……两汉以来,刺史守相,得以专辟召之权。魏晋而后,九品中正,得司人物之柄。皆考之以里闬之毁誉,而试之以曹掾之职业,然后俾之入备王官,以阶清显。……至于隋,而州郡僚属,皆命于铨曹,搢绅发轫,悉由于科目。自以铨曹署官,而所按者,资格而已。于是勘籍小吏,得以司升沉之权。自以科目取士,而所试者,词章而已,于是操觚末技,得以阶荣进之路。夫其始进也,试之以操觚末技,而专主于词章。其既仕也,付之于勘籍小吏,而专校其资格。于是选贤与能之意,无复存者矣!然

此二法者,历数百年而不可以复更。一或更之,则荡无法度,而侥滥者,愈不可澄汰,亦独何哉?……

此极言科举取士之弊而无可奈何。马氏而后,又历明清二代六百年而无变易。曩读黄梨洲《明夷待访录》之"学校"篇,直斥科举取士,无异探筹,以为"非科举能得人才,乃人才能得科举"。试以探筹取士,行之既久,自亦有才智之士,出于其中,其言至为沉痛。迨清廷甲午一役,败于日本,康有为、梁启超诸人,昌言变法,而梁于《时务报》,著《变法通议》一编,更大声疾呼,废科举而兴学校。虽戊戌政变,康、梁逃亡,然未几而义和团兴,致召八国联军,于是宛转需求,而科举卒废,学校代兴。无如世变之剧,今日一日,逾于古代千年,自学校之制,通行全国,迄今不过三十年,而种种弊窦,几乎笔不胜书。其大学、中学毕业之学生,仅博得一"高等流氓"之徽号。自今以往,更不知伊于胡底矣!研究选举史者,其亦研究一选才之良法也乎?

正史之志选举者,始于《新唐书》。此后则《旧五代史》《宋史》《金史》《元史》《明史》,共二十卷。

第十二节　军事史

治民事者需文吏,遇乱事则需将帅与兵卒,故历史中之军事,实一重要学术也。兵制为武功之本,乃正史之志兵者,始于《新唐书》,以前则无此志。然唐以前,未尝无兵也。古籍载兵制者,如《周官》"小司徒":

> 五人为伍,五伍为两,四两为卒,五卒为旅,五旅为师,五师为军。……上地,家七人,可任也者家三人;中地,家六人,可任也者二家五人;下地,家五人,可任也者家二人。

而《司马法》则:

> 地方一里为井,四井为邑,四邑为丘,四丘为甸,甸六十四井,有戎马四匹,兵车一乘,牛十二头,甲士三人,卒七十二人。

此古传记所载兵制之概略而未得其详。直至《新唐书》以后,则《宋史》有《兵志》十二卷,《辽史》《兵卫志》三卷,又《营卫志》三卷,《金史》《兵志》一卷,《元史》四卷,《明史》四卷,共二十八卷,为近世史言兵制之最详备者。唯兵之要素,实在乎将,历代将才,史不绝书,故正史中军事家之列传,不可不读。选军事家列传,法与政治家同,可于读《资治通鉴》时,记其与于战役之诸将帅,从正史中抽出其列传,汇为一编而研究之。

第十三节　刑法史

古代小刑用刑,大刑用兵,故兵与刑合为一事。后世因事务日益繁夥,制度亦日益复杂,故兵与刑,亦分为二事。志刑法者,始于《尚书》之《吕刑》,《汉书》而下,如《晋史》《魏史》《隋史》《唐史》《旧五代史》《宋史》《辽史》《金史》《元史》《明史》,皆有《刑法志》。研究之者,不但在乎惩罚杀戮,而且因刑罚之轻重变迁,可以觇见时代文化之高下也。如《汉书·刑法志》云:

> 汉兴之初,虽有约法三章,网漏吞舟之鱼。然其大辟,尚有夷三族之令。令曰:"当三族者,皆先黥、劓,斩左右趾,笞杀之,枭其首,菹其骨肉于市。其诽谤詈诅者,又先断舌。"谓之具五刑。

汉代刑法,残酷至此。及清代康熙时,始除灭族之刑。欧化输入后,肉刑亦删除。故曰,研究《刑法志》,可见文化之高下焉!

第十四节　帝系史

正史各志,为历代典章经制之所在,自昔史家,均甚为重视。其无志各史,非轻视也,实因作志之难,甚于纪传,不敢着笔,因陋就简而已。综上所述:如《艺文志》《经籍志》(文哲史)、《食货志》(经济史)、《五行志》(迷信史)、《天文志》(天文史)、《地理志》《郡国志》(地理史)、《礼乐志》《郊祀志》《舆服志》(礼乐史)、《律历志》(律历史)、《百官志》(官制史)、《选举志》(选举史)、《兵志》(军事史)、《刑法志》(刑法史)均已按类而研究之。此外如《封禅书》《河渠志》《仪卫志》等,寥寥无几,亦可因上述各项之性质相近者而附益之,则正史之志,已备于是矣。

至于"本纪""列传",亦可用上法而为贯串的研究。正史中之本纪,共四百余卷之多,重要之事迹,已备载于《通鉴》。又帝系贵贯串,而二十四史中,如宋、齐、梁、陈、魏、齐、周、隋八书,与南北二史,相重复。新旧《唐书》、新旧《五代史》又重复。兼之南北分立之时,南诋北为索虏,北斥南为岛夷,此种鄙野村妪谩骂口吻,实为史家最丑之状态。而不实不尽之记载(如前述隋炀帝嗣位,及各代篡窃之君主),亦均出之于本纪。故本纪在正史中,虽冠于各类之上,而亦实最无价值之物也。唯既已研究史学,势不能摒除之,则可用马端临《帝系考》之例,采撷而研究之。按马氏《帝系考序》云:

> 昔太史公言:"儒者断其义,驰说者骋其辞,不务综其始终。"盖讥世之学者,以空言著书,而历代统系,无所考订也。于是作为三代《世表》,自黄帝以下谱之。然五帝

之事远矣，而迁必欲详其世次，按图而索，往往牴牾。故欧阳公复讥其不能缺所不知，而务多闻以为胜。

然自三代以后，至于近世，史牒所载，昭然可考。始学者童而习之，屈伸指而得其大概。至其传世历年之延促，枝分派别之远近，猝然而问，虽华颠巨儒，不能以遽对，则以无统系之书故也。

今仿王溥唐及五代《会要》之体，首叙帝王之姓氏出处，及其享国之期，改元之数，以及各代之始终，次及后妃皇子公主皇族，其可考者，悉著于篇，而历代所以尊崇之礼，册命之仪，并附见焉。

我人对于正史中之本纪，可用马氏所说之法以研究之也。

第十五节　外族史

昔之史家，只知主观，不知轻重，如以本纪冠首，因有纪年之统系，不得不然。而与中华民族，日寻战争，时或和好之外族，则各史皆记之卷末。不知此种列传，甚关重要，且自《史记》以迄《明史》，无不备具，卷数亦有一百二十八卷之多。今欲研究之，可先分为东南西北之四裔，而于四裔中，更细分其各种族。马瀛之《国学概论》第二编第十一章第二节论《补作外族交涉年表》云：

诸多族侵入,于吾族旧史,关系至巨,非用表分列之,不能得其兴衰之真相。例如《匈奴年表》,从冒顿起,至刘渊、赫连之灭亡表之。《鲜卑年表》,从树机能始,至北齐、北周之灭亡表之。《突厥年表》,从初成部落起,至西突厥灭亡表之。《契丹年表》,从初成部落起,至西辽灭亡表之。《女真年表》,从金初立国,至清人入关表之。《蒙古年表》,从成吉思汗后,历元亡,及明、清两代之叛服,乃至今日,役属于苏维埃俄国表之。其余各小种族之兴仆,则或以总表表之。凡此,皆断代史所不能容,故旧史未有行之者。然实为全史极重要脉络,得此,则助兴味,与省精力甚多,而为之亦并不难,学者可致力焉。

此虽言作表之法,然即不作表,亦宜用此法以研究之,始能得其条理与系统焉。复次,上所言灭亡者,不过其政治主权、国家名称耳。至其种族,或尚在繁衍,或渐就衰减,亦皆为研究所必要者。

第十六节　土司史

二十四史,至《明史》始有土司之记载,元以前,各史皆付阙如。其实元以前,非无土司也,特史家不以为重,故不记之耳。按《四库全书》之《明史提要》云:

土司,古谓羁縻州也。不内不外,衅隙易萌。大抵多
建于元而滋蔓于明,控驭之道,与牧民殊,与御敌国又殊,
故自为一类焉。

观此所述,于"羁縻州"之性质情况,亦未言明。所谓
"古"者,在于何代,亦不提及,唯云"不内不外"以概之。然所
谓"不内"者,明言与华族不同种类;"不外"者,是尚未自成一
国家也。即《明史》而求之,如四川、云南、贵州、广西等地皆有
之。明代亦曾设宣慰使司等官以控驭之。意者,此种民族,即
隋、唐时之山峒蛮,常时出扰乱,而其族,亦有一长以统率之,
盖犹野蛮部落,戴一酋长者也。此种民族,既在腹地,故与御
外国,又未尽同,不与华族同化,故与牧民之道,亦殊异也。

推之上古,则春秋时之徐夷、淮夷等等,亦同居内地,而亦
时出为患,其性质,亦犹土司之类耳。且此种民族,在历史中,
实居重要之地位。盖苟能同化之,即为我民,任其自行发展,
由部落而成国家,则反为我敌矣!研究之者,可与清魏源所撰
《圣武记》中之改土归流各记,共同参究之。

第十七节　方伎史

凡一民族文化之高下,与迷信的心理,正立于相反的地
位:迷信心理深者,其文化程度必浅;文化程度高者,则迷信心

理必衰。此一定之理例也。正史诸志中为迷信之渊薮者,为《五行志》。而列传中宣扬迷信者,则为《方伎传》,亦称《方术传》《艺术传》。唯昔人不明科学,以医术、僧、道,与卜课、五星、看相、批命等等,俱混而为一,此则宜分别观之,然后能知其孰为真,孰为伪,孰为有用,孰为无用也。

盖医术为真正有用之科学,而僧、道又亦各自为一宗教——如《晋书》以鸠摩罗什入《艺术传》——岂可与制造迷信之术数等学同视!故关于此项,必须提而出之,如此,则所谓方伎者之真相,始可明耳!唯僧道中,亦有兼方伎者,则仍宜属于方伎。如史载唐太史令傅弈,精究术数之书,而终不之信。遇病,不呼医饵药,是即误以医学为术数也。其时有僧自西域来,善咒术,能令人立死,人以告傅弈。弈曰:"此邪术也。吾闻邪不干正,请咒己,必不能行。"唐太宗遂命僧咒弈。初无所觉,须臾,僧忽僵仆,若为物所击,遂不复苏,此则僧而兼术数者,非真正佛教徒之僧也。且所云"遂不复苏",此语亦不可信。夫僧咒人不死,则术数之说是伪。咒人不死而自死,则术数之说,又成真矣。此则昔人所记,不能无疑也。又有婆罗门僧,言得佛齿,所击前无坚物,长安士女,辐辏如市。弈时卧病,谓其子曰:"吾闻有金刚石,性至坚,物莫能伤,唯羚羊角能破之,汝往试焉。"其子往见佛齿,出角扣之,应手而碎,观者乃止。弈临终戒其子,无得学佛书,时年八十五。又集魏、晋以来驳佛教者,为《高识传》十卷,行于世。所谓西域僧者,即今西藏所行祆教;婆罗门,亦印度外道,与真正之佛教徒无关。又羚羊角究竟能否击碎金刚石,此则今日亦可试验。且佛齿与术数,亦无关系,乃古人必混而一之,可叹也。

术数方伎之为迷信,昔人之明智者,亦类能知之。唐太宗时,曾命太常博士吕才与诸术士,刊定各种术数书。才于每术之前,皆为之序。今摘录于此,以明古人未尝不知术数之诬!

《宅经序》——近世巫觋,妄分五姓,如张、王为商,武、庾为羽,似取谐韵;至于以柳为宫,以赵为角,又复不类。或同出一姓,分属宫商;或复姓数字,莫辨徵羽。此则事不稽古,义理乖僻者也。

《禄命序》——禄命之书,多言或中,人乃信之。然长平坑卒,未闻共犯三刑;南阳贵士,何必俱当六合。今亦有同年同禄,而贵贱悬殊;共命共胎,而寿夭更异。按鲁庄公法应贫贱,又尪弱短陋,唯得长寿。秦始皇法无官爵,纵得禄,少奴婢,为人无始有终。汉武帝、后魏孝文帝,皆法无官爵。宋武帝禄与命,并当空亡,唯宜长子。虽有次子,法当早夭。此皆禄命不验之著明者也。

《葬序》——《孝经》云:“卜其宅兆而安厝之。”盖以窀穸既终,永安体魄,而朝市迁变,泉石交侵,不可前知,故谋之龟筮。近岁或选年月,或相墓田,以为一事失所,祸及死生。按礼:天子、诸侯、大夫葬,皆有月数,是古人不择年月也。《春秋》九月丁巳葬定公,雨不克葬。戊子日下昃,乃克葬,是不择日也。郑葬简公,司墓之室当路,毁之则朝而窆,不毁则日中而窆,子产不毁,是不择时也。古之葬者,皆于国都之北,兆域有常处,是不择地也。今葬书以为子孙富贵、贫贱、寿夭,皆因卜葬所致。夫子文为令尹而三已,柳下惠为士师而三黜,计其丘陇,未尝改移,而野俗无识,妖巫妄言,遂于擗捅之际,择葬地以希官爵;荼毒之秋,选葬时以规财利。或云,辰日不可哭泣,遂莞尔而对吊客。或云,同属忌于临圹,遂吉服不送其亲。伤教贬礼,莫斯为甚!

迷信者,必事事托之古人,以为古时如此如此。吕氏之序,即妙在引古人之事以破之。观于上述,则方伎之伎俩,可见一斑矣。唯真正之医学家与真正之佛教徒,当另为编录,此外,则一丘之貉,仍之可耳。

第十八节　吏治史

阻碍社会进化者为迷信,增进人民之福利者,则为吏治。汉宣帝言:"与吾共治天下者,其唯良二千石乎。"隋文帝开皇之治,以赏良吏而成。盖政治最要者,莫如亲民之官,即县令是也。一县政治之良否,即一县民生祸福之所由判。而积县成省,积省成国,使各县主政者,皆得其人,乱即无从而生也。历史中之《循吏传》与《酷吏传》,即记载一为致治之根源,一为造乱之原料，故研究此项史事者，亦当以《循吏传》与《酷吏传》并读。

《循吏传》，自《史记》至《元史》，其间亦有称良吏，或良政，或能吏者，共二十卷。所可怪者，《明史》独无之，则不能知其原因之何在也！

《酷吏传》较少，唯《汉书》《后汉书》《魏书》《北齐书》《隋书》《新唐书》《旧唐书》《金史》有之，且数亦不多，共九卷而已。

第十九节　高隐史

晋皇甫谧作《高士传》，所记皆鄙视利禄、品高行洁之人。左太冲《咏史诗》，有"振衣千仞冈，濯足万里流"之句，皆深恶热衷利禄之徒，狗苟蝇营，孔子所谓"胁肩谄笑"者。此辈"廉耻道丧""人格坠地"而不自知。稍有志气节操之人，对于此辈，势不免深恶而痛绝之。如陶渊明之做官八十日，因不愿向上官所遣之吏折腰，乃托言妹丧，骏奔去任，此后则情愿三旬九食，一冠十年，老死于山野田亩之间。古今言品高行洁之士，莫不以渊明为首屈一指。其所作《归去来兮辞》一文，又为各家选文者所不敢遗，盖不但其文之妙，其人格亦有使人不得不俯首而赞叹者！盖论文则《文苑传》中居首席，论品在隐士高人传中，亦居首席焉！

记此项品高行洁之人,在正史中曰《逸民传》(《后汉书》),亦曰《隐逸传》(《晋书》《宋书》《隋书》《南史》《北史》《新唐书》《旧唐书》《宋史》《金史》《元史》《明史》),亦曰《高逸传》(《齐书》)、《处士传》(《梁书》)。类于此者,《后汉书》曰《独行传》,亦曰《止足传》(《梁书》)、《卓行传》(《新唐书》《宋史》《辽史》),曰《一行传》(《新五代史》),合之上一项共十七卷,下一项共六卷,皆可作高人隐士之明镜也。

第二十节　忠孝史

大凡至性至情之人,特立独行之士,其孤洁自守,不与恶浊社会相周旋者,则为高人隐士,其与家庭国家,不能脱关系者,则为孝子忠臣。孔子曰:"岁寒,然后知松柏之后凋。"盖必有不慈之父,而子仍能尽其子责者,然后有孝子。必有不仁之君,而臣仍能尽其臣责者,然后有忠臣。是故孝子忠臣者,在一方面为难得之人;而在另一方面,亦可谓为不祥之物。古语曰:"求忠臣必于孝子之门。"盖因其遇不慈之父而能孝,则遇不仁之君,亦必能忠也。故将孝子忠臣之列传,合为一编而研究之,而友者,即与孝相合;义者,亦与忠难离也。

计正史中,《孝友传》十九卷,《忠义传》三十六卷,合共五十五卷。

第二十一节　妇女史

中国旧社会之理想,以"三从""四德"为妇女完美之人格。而自欧化输入后,则适与之相反。盖古者,以妇女为男子之附属物,今则以妇女为一完全人格的人,与男子不应有殊异也。

自刘向取古代妇女事迹作《列女传》,《后汉书》遂有《列女传》,以与"孝子""忠臣"同视。此后晋、魏、隋、唐、宋、金、元、明诸史,皆踵而仍之。然《隋书》虽有《列女传》,竟遗木兰,盖昔人眼光,不以勇敢从军之女子为才德也。然木兰代父从征,其孝亦不可没,而作史者竟遗之,亦可叹矣!

计正史《列女传》,自《后汉书》迄《明史》,共十四卷。

第二十二节　阉宦史

中国历史,而有阉宦一项,中国文化一大污点也。考阉宦始于何代,无人能言之。唯《周礼》有阉人,则知其由来甚古而已。而阉宦之祸,至秦而始著,如赵高弑二世于望夷宫,即其事也。东汉之季,天子常认阉宦为父母,而阉宦遂挟天子以进退官吏,诛戮大臣,其结果,卒以亡汉。曹魏鉴之,乃着"阉宦不得过诸署"之令,而势稍一杀。及唐,则以玄宗宠遇高力士之故,而宦势复横。且汉之阉宦,挟天子以作威福;唐之阉宦,虽天子屡欲去之而不能。则以若辈掌有兵权故也。宋、元二代,阉宦之势又一杀。至明则更大张,其流毒更甚于汉、唐,何则? 汉、唐阉宦,皆自为一类,以与士大夫相抗衡。明则不然,士大夫且趋势附炎,奔走于貂珰之下。《明史》至特立一《阉党传》,以彰无耻士夫之丑态,亦可悲矣!

阉宦一类,占中国历史一部分,至数千年之久,人数既众,故亦间有善类,出于其间者,如汉之吕强,唐之张承业,其选也。然凤毛麟角,究为例外矣!

《阉宦传》即《宦官传》,自《后汉书》至《明史》,共十六卷。附《明史·阉党传》一卷。

第二十三节　外戚史

阉宦之作威福也,由于与君主相亲近;外戚则借后妃之亲,而亲近君主。历代感受外戚之祸患者,亦不亚于阉宦。且阉宦者,因缺其性官,社会对之,视同人妖。彼辈亦知人妖,不为社会所容也,故除作威福以外,至于九五之尊,非分之想,则无有也。外戚则不然,其肢体性情,与常人同,而因其与君主连为姻娅也,仅比君主低一级,而比众人则不啻高百级。又因妇人之心,常爱护其母家,故皇后一掌权,而外戚之权力,即随之而提高。暨皇后而为太后,外戚之权,益不堪问矣! 西汉之末,王莽之移汉祚,即借太后之力而无人敢与之抗也。

东汉之初,马皇后最称贤明,又鉴于王莽之祸,以刘氏之祚固移,而王氏之宗亦斩,故对于章帝之欲进封诸舅,再三阻之,是则不独爱护刘氏,亦即保全马氏也。然历代以来,贤明如马后者,有几人哉!

正史之传外戚者,或有或无,至不一律。有者,仅晋、魏、齐、唐、宋、金、明等史,盖外戚而握掌政权,势力伟大如王莽者,已自为一传故也。此称外戚史者,备有此一类人物而已。

第二十四节　佞幸史

佞幸者,即孔子所谓"胁肩谄笑",俗语所谓"拍马屁""钻狗洞"之辈也。若辈者,只知趋炎附势,以博人主一日之宠幸,而因以图获利禄。至于政治如何,人格如何,若辈头脑中,素无此项思想也。唯因其"胁肩谄笑",善"拍"善"钻"也,故虽刚正之君主,亦常受其欺蒙;至暗昧之君主,更不必论矣!若辈为祸之烈,实不亚于阉宦,故历代史家,皆为之特立一传,不使与一般士大夫伍也。

第二十五节　枭獍史

枭獍者,食父母之禽兽也。昔人名犯弑逆罪大恶极之流,亦称枭獍,因其凶恶无伦,其余恶谥,难以相比故也。史者,记人事者也。此辈性行,虽同枭獍,然能直立,能思想言语,形貌举动,则固人也。故亦可以之名史。

昔方望溪作《原人篇》,中言:"宋元凶劭之诛也,曰:'覆载所不容,丈人何为见哭?'唐柳灿临刑自訾曰:'负国贼,死其宜矣!'"方氏重复申论之曰:"惟知之而动于恶,故人之罪视禽兽为有加;惟动于恶而犹知之,故人之性视禽兽为可返。"此数语也,即为人之行为,同枭獍者言之也。本节所述,即同于枭獍之流,而此辈于历史,则实有重大之关系者也。计《汉书·王莽传》三卷,《晋书·叛逆传》一卷,《宋书·二凶传》一卷,《梁书·侯景传》一卷,《南史·侯景王伟等传》一卷,《隋书·宇文化及传》一卷,《旧唐书·安禄山史思明等传》一卷、《朱泚黄巢等传》一卷,《新唐书·逆臣传》上中下三卷,《宋史·奸臣传》四卷,《叛臣传》上中下三卷,《辽史·逆臣传》上中下三卷,《金史·逆臣传》一卷,《元史·奸臣传》一卷、《叛臣传》一卷、《逆臣传》一卷,《明史·奸臣传》一卷、《流贼传》一卷。共二十九卷。

第二十六节　纵的史目

如上所述,即我所说"纵的二十四史"也。昔之二十四史:《史记》《汉书》《后汉书》《三国志》《晋书》《宋书》《齐书》《梁书》《陈书》《魏书》《北齐书》《北周书》《隋书》《南史》《北史》《旧唐书》《新唐书》《旧五代史》《新五代史》《宋史》《辽史》《金史》《元史》《明史》。今本章所分者，则为：文哲史，政治史，经济史，迷信史，天文史，地理史，礼乐史，律历史，官制史，选举史，军事史，刑法史，帝系史，外族史，土司史，方伎史，吏治史，高隐史，忠孝史，妇女史，阉宦史，外戚史，佞幸史，枭獍史。

照此所述，将二十四史分类研究，与梁氏、胡氏所说，意思相同。不过梁、胡所举，因今日所需要者而言。本章则为研究史学者，对旧有之历史而分类耳。至研究之结果，各人有各人之自由，不必强同矣。

第三章　横的史学

第一节　分划时代

　　"横的史学"者,系对上章"纵的史学"而言。上章将旧有的二十四史,分为二十四类,与旧史编制不同,因而名之。此章即因旧有之二十四史,划为若干时代、若干时期,分而研究之,亦一方法也。

　　近顷新史学家,多将历史分为上古史、中古史、近世史、现代史之四个阶段。中国亦世界中一民族,自然亦可以用此法划分时代,更于各时代中划分时期。照上章分类法,可取与性相近、心所好之一类研究之。本章之划分,亦可取某一时代之某一时期研究之。集多数学者之力,亦可将一部三千数百卷之二十四史,不难按日而程其功也。

　　所谓划分时代者,我意以为,自秦以前可称之曰上古史。此时代之中华民族,由黄河流域发展至长江流域。即岭南之珠江流域,亦已受影响而感受华族之文化。其在政治方面,由最初之酋长部落,进而为封建,又由封建,而成立为全国统一之郡县制。思想学术,亦由此发生成立而为后此华族风俗礼教之根源。此上古史之概略,亦上古史之特色也。

中古史者，由汉至五代之一阶段。此时之华族，已与亚洲各民族相接触，而华族终立于优胜的地位。汉、唐盛时，国权皆东及于朝鲜，西至于西域，北肆于内外蒙古。其间虽有五胡之扰乱，魏、齐、周之割据，然不久仍由华族起而统一之。其学术思想，因统于一尊，无剧烈的宗教竞争，而社会文化，实遵历史的轨辙而缓进，此中古史之概略也。

近世史者，自宋讫于清之季年，可谓华族与亚洲各民族拼命竞争时期。在政治权力方面，华族着实失败。自五代之季，燕云十六州，已失于契丹。宋虽号称统一南北，而东北一隅，卒未能一日享领。嗣则半壁失之于金，全国亡之于元，朱明虽崛起草昧，光复故土，然不久复见并于清，此华族在政治方面之失败，不必讳言者也。独于社会文化，则常占优胜的地位。蒙古之元代，因不能同化之故，不及百年，即为华族所驱逐。满洲之清，其享祚能至二百七十年之久者，则因其种性消失，于无形之中，反同化于华族也。准是以言：华族对于亚洲其他各族之竞争，得失正可相偿而无所损失也。此近世史之概略也。

至清鸦片战争以后，五口通商之局成，于是华族与全世界各民族之竞争，由是开始焉！此数十年中，华族亦着实失败，兼之西来各族，文化又高，国族又众，环而相伺，正华族之生死存亡关头。而世界进化，现今一日，速于古代千年，各民族之争存衍进，皆在此时代之判定。华族处此，祸福得失，正未易言,要在各自努力而已。

第二节　上古史

近今史学家,对于上古民族,都分为有史时代与无史时代两段落。自有文字以记载事物以后,谓之有史时代;无文字以记载事物时,谓之无史时代。此世界各民族共同之状况也。

无史时代,其时期甚长,或谓数万年,或谓数十万年、数百万年,今尚未能决定某说为确。总而言之,比有史以来,迄今数千年为长耳。此时代既无文字,民族对祖先,只有"十口"相传的故事,认为己民族的历史,所以一件故事,十人说之而十人异,百人说之而百人异,且各自遵其所闻以相夸耀,以至彼此纷争,终无一是也。且在无史时代,文化未启,人智蒙昧,迷信神权,各人所说的故事,大多以己之祖先,获有神助,乃得繁荣,故此时代所传的故事,史学家均称之为"神话",此亦世界各民族之所同也。

中国历史,于有史时代与无史时代之划分,前人皆不能断定。直至清代光绪戊戌己亥年间,河南安阳县西北之小屯中,发见殷代留遗之文字,于是考古学家,始得一大证助。小屯者,洹水三面环之,《史记·项羽本纪》所称洹水南殷墟上之地也。此时(戊戌己亥)小屯之厓岸,为水冲壤,土人得龟甲、牛骨,其上有古代文字。自后土人于农隙时掘地,岁有所得。此种甲骨文字，经瑞安孙诒让、上虞罗振玉、海宁王国维诸学者，悉心研究，而王氏尤为深邃绵密。始知中国文字，在殷代后半季，尚在创造进行之途程中，其发生之时期，必不甚远。因此，决定殷周之际，为有史时代之始；商以前，尚为无史时代。所传的故事，皆由人之口传，至后世始追述之。故商代以前，只能作神话时代。因此，我人可以着手研究。

研究神话时代之故事，则非借西洋之社会学、新历史，不能证明古代之状况。我人于未读社会学、西洋新历史以前，见古传记所载的事迹，往往认为怪异，而不能明白其所以然之理。及读社会学暨西洋新历史之后，以之与中国古传记相印证，则无不涣然冰释矣！今就鄙见所及之数事述于此，持之以研究上古之历史。

（一）《吕氏春秋·恃君览》云："昔太古尝无君矣！其民聚居群处，知母不知父，无亲戚、夫妻、男女之别。"读此数语，则异其"其民"既已"聚居群处"，何以"尝无君"？且人非父母不生，又何以"知母不知父"？又何以"无亲戚、夫妻、男女之别"？此皆百思而不得其解者。及读美人墨尔刚（今译为"摩尔根"——编者注）所著《古代社会》一书，说明上古人类进化之第一阶段，实为"氏族社会"。此时的男女生育，则为群婚制。凡男子除自己之同胞姊姊外，其余的女子，皆为其妻。女子除同胞兄弟外，其余男子，皆为其夫。故其时人类，只知其母，不知其父。而此时又系母系社会，即有事务，各族皆推举女头目数人，以评论而处理之，故"尝无君"也。

我人幼读《诗经》，见商、周两代帝王，其祖先来历，皆不得明白。如"商颂"中《玄鸟》篇云：

> 天命玄鸟，降而生商，宅殷土芒芒。古帝命武汤，正域彼四方。
>
> 方命厥后，奄有九有。商之先后，受命不殆，在武丁孙子。武丁孙子，武王靡不胜。
>
> 龙旗十乘，大糦是承。邦畿千里，维民所止，肇域彼四海。
>
> 四海来假，来假祁祁。景员维河，殷受命咸宜，百禄是何。

此诗述商代武功，铺张扬厉，极辉煌灿烂之致，而记其第一代祖先，却是天命一只黑色之鸟（玄鸟，后人释为燕子）降而所生，岂非怪事！又如"大雅"中之《生民之什》篇云：

> 厥初生民，时维姜嫄。生民如何？克禋克祀。以弗无子，履帝武敏歆，攸介攸止，载震载夙。载生载育，时维后稷。
>
> 诞弥厥月，先生如达。不坼不副，无菑无害，以赫厥灵。上帝不宁，不康禋祀，居然生子。

此亦述周代祖先之诗,说后稷之母,是踏着上帝走过的脚步,因而受孕,乃生后稷,亦属怪异不解。证以墨氏之说,皆因知母不知父,故不得不托之神怪也。

更证以王国维所作之《殷周制度论》,是从《殷墟书契》中所述殷之祀典世系,以证嫡庶之制,始于周之初叶。由是对于周之宗法丧服,及封子弟,尊王室之制,为有系统之说明。盖至周初而父系制始确立,其在氏族社会时之孰为其父,无法可知。而父系制中,岂可无父?兼之当时为神权政治时代,故于其始祖,皆托于神物也。王国维又说明《商颂》系周时宋人记其祖先而作,亦因此时重父系之故。

(二) 英人甄克思所作之《社会通诠》(严复已译华文),说上古图腾社会(日本译作"徽章社会"),各民族都用一动物之形状,以为识别,后世之国旗,尚沿此制。中国上古,太皞氏以龙纪官,少皞氏以鸟纪官,等等,皆图腾社会之符号也。

(三) 上古时代,部落至多,往往以一地方一氏族为一部落,或合数氏族为一部落。此时之部落,则已有酋长以统率之,后世史家遂名之为一国。故如古史所记,禹会诸侯于涂山,执玉帛者万国。汤伐桀时,三千余国。周武王伐纣,诸侯会孟津者八百国,皆酋长部落也。至周灭殷后,乃大封同姓及功臣为诸侯,使与旧有之部落,错杂以居,此为中国历史一大关键。观《左传》所载,其各国来历不明者,尚有数十国,皆旧日之部落也。

（四）古史所载，所谓某某氏者，实皆当时一个氏族的名称，后人乃误以为一个帝王的姓名。此种氏族，在殷、周之际，尚留遗不少。如《左传·定公四年》，说周克殷后，"分鲁公以殷民六族：条氏、徐氏、萧氏、索氏、长勺氏、尾勺氏。与康叔以殷民七族：陶氏、施氏、繁氏、锜氏、樊氏、饥氏、终葵氏"。盖战胜的民族，把战败的民族，分散于同姓诸侯以供役使也。故古代称氏，乃一族而非一人。

（五）英人韦尔斯所著《世界史大纲》曾说，上古人民，多有以一日为一岁，或以一月为一岁。我人读上古传记，古人之寿，有多至数万岁者，初实不得其解。及读韦氏《史纲》，始知古人之岁，乃一日或一月，及后人智进步，知以春夏秋冬四季为一年，始以一年为一岁耳。

以上数则，不过偶忆所及，拉杂书之，无所谓统系也。研究上古史者，于社会学及西洋新历史，必须通晓，然后再及中国之古史，实为研究史学者之必由之路。非此者，决不可以言史学也。复次：因上述诸则而推之其他，复有二事，亦可以为研究上古史者，连带而说明之。

（一）尧舜禅让，在儒家以为尽善尽美，千古帝王，无以复加。而在道家，则视同敝屣，至有巢父、许由等之鄙弃。不知陶唐氏、有虞氏，亦古代之二氏族，主其政者，因办事棘手，推贤能以卸自己之职责，不过如后世之一官职而已。（后世弃官让人者，多有之。）儒家所以极推尧舜者，因己之学说，重在礼教,而礼则以让为原则,以尧舜能让天下,劝一般人毋为一小小权位而纷争也。至近人疑古者,以尧、舜为古无其人,则亦矫枉过正之见矣!

（二）汤武征伐,儒家以为诛独夫,非弑君。而其义,又与夷齐叩马而谏、饿死首阳一事相抵触。汉代儒生,争论此事,至劳天子有"食肉不食马肝,未为不知味"之调解。苟识上古史之真相者,则汤之放桀,武王之伐纣,亦犹后世辽、金、元之代兴,又何弑君诛独夫之纷争哉?若以诛独夫,只罪一人,何以分殷民六族与鲁公、七族与康叔,做奴隶充驱役乎?

上古史既有无史时代与有史时代之一大段落,无史时代之事迹,我人认为神话中之故事,上文已说明之。至有史时代之史事,可以《殷墟书契》与《易经》为中国历史之始,而以《诗》《书》所载之史事参核之,亦可谓有史时代第一期之史学也。至研究之路,则可因其所载的事迹,并当时所用的器物等等,而窥见那时代的社会状况及文野程度。例如渔猎、牧畜、耕种、商旅、军旅、祭祀,及家族社会间等故事,皆新史学家所需之史料也。王国维氏曾作《古史新证》以为研究古史之标准,惜其书仅成数章,即因厌世而自沉,斯则可为太息者矣!其总章所述,研究中国上古史之各典籍,兹转录于此:

（1）《尚书》——《虞夏书》中如《尧典》《皋陶谟》《禹贡》《甘誓》。《商书》中如《汤誓》。文字稍平易简洁,或系后世重编,然至少亦必为周初人所作。至《商书》之《盘庚》《高宗肜日》《西伯戡黎》《微子》《周书》中《牧誓》《洪范》《金縢》《大诰》《康诰》《酒诰》《梓材》《召诰》《洛诰》《多士》《无逸》《君奭》《多方》《立政》《顾命》《康王之诰》《吕刑》《文侯之命》《费誓》《秦誓》诸篇,皆当时所作也。

（2）《诗》——自周初迄春秋所作。《商颂》五篇,疑亦周时宋人所作也。

（3）《易》——《卦辞》《爻辞》,周初作。《十翼》相传为孔子作,至少亦七十子后学所述。

（4）《五帝德》及《帝系姓》——太史公谓孔子所传。《帝系姓》一篇,与世本同。此二篇后并入《大戴礼记》。

（5）《春秋》——鲁国史,孔子重修之。

（6）《左氏传》《国语》——春秋后战国初作。至汉始行世。

（7）《世本》——今不传,有重辑本。汉初人作。然多取古代材料。

（8）《竹书纪年》——战国时魏人作。今书非原本。

（9）《战国策》及周、秦诸子。

（10）《史记》。

（11）甲骨文字——殷时物,自盘庚迁殷后,迄帝乙时。

（12）金文——殷、周二代之彝器款识。

上所述之十二种,为研究中国上古史必要之典籍,经硕学如王氏者所审定,其有用可以不必赘言。若欲求翻检之便,免钞录之劳,则清初马骕辑有《绎史》一书,共一百二十卷,将上古事迹,分类编述,网罗无遗,实为治古史者一良籍。马氏在当时有"马三代"之称号,亦以其熟于三代故事而得名。唯马氏此书之作,当时考古、辨伪等学,尚未昌盛,致其中所收之伪书、伪材料甚多,苟以王氏所著各书参核之,将马氏书去其伪、存其真,实一极好的中国上古史料也。

兹再将王氏所言治古史之方法,录如下:

> 吾辈生于今日,幸于纸上之材料外,更得地下之新材料。由此种材料,吾辈固得据以补正纸上之材料,亦得证明古书之某部分全为实录,即百家不雅驯之言,亦不无表示一面之事实。此二重证据法,唯在今日始得为之。虽古书之未得证明者,不能加以否定,而其已得证明者,不能不加以肯定,可断言也。

所谓"二重证据法",即上面一之十各古籍,及第十一、第十二地下掘得之物证也。有此物证,则昔人所造之伪书、伪说,无不可加以否认,此实研究上古史最重要之一方法也。我人生于今日,已有如王氏者,为先路之导,从而进行之,岂非事半而功倍乎?

抑更有一言,不能不述之于此者:治一学,亦犹制一器、构一屋。上述十二项材料,犹木石铜铁灰漆也。王氏所说之方法,犹图样也。而西洋之社会学、新历史等等,犹工匠使用之器具,及智识技能也。我而有此智识技能,使其器具,照王氏之图样而构屋,而制器,则对于材料者之善良者取用之,恶劣者抛弃之,持之以精心,继之以毅力,不数载而新屋供我住、新器供我用矣!

第三节　中古史

中古史者,起秦、汉迄梁、唐、晋、汉、周、五代,千年间之历史也。此千年间之变化,又可分作三个时期。秦汉三国为第一期,晋及六朝迄隋为第二期,唐迄后周为第三期。

历史之起讫,无划然断截之可能。盖此时期之始,与上一时期之终,必有密切不可分之关系。而此时期之终,与下时期之始,亦自相同。如秦之一代,固可以属之上古史之终,而亦可置之中古史之始。又如中古史,为五代之终,而近世史之宋,与五代时之晋、汉、周,有密切不可分之关系在。分之云者,不过便于称道,而使研究者,得一限度而已。

上节言研究历史,须具新史学之眼光,以及社会学等等之智识,是则不独可用之于上古史,即研究全史,皆非此眼光,非此智识,不足与言史学。唯言上古史以下之史料,则自《史记》迄《明史》,代各有史,正可用全史作史料,以供我人之取去。其不足者,更取与各代有关系之书籍辅益之,即各家之诗文集,以及传奇小说,皆有可选取之材料焉。

　　中古史之千年中,前言更可分为三期。若研究者,犹苦其繁,则可更分为若干之小组。其第一期,以西汉为一组,书则《史记》《汉书》,辅以宋徐天麟之《西汉会要》,及刘向、扬雄等作品。东汉则《后汉书》,辅以徐天麟之《东汉会要》,及王充、荀悦等作品。三国则《三国志》连裴松之注,及常璩之《华阳国志》为一组,辅以曹氏兄弟诸人等作品。盖两汉三国时之书籍,传于今者并不多,其传者,皆有充史料之价值也。

　　第二期西晋与东晋。晋史作者本甚多,因唐太宗之御撰《晋书》出,以前之作品,均被湮没。今所存者,唯史以外寥寥数书,如张华之《博物志》,皇甫谧之《高士传》,葛洪之《抱朴子》,然与史无甚关系,仅以备参考而已。

　　次为南北朝,此期之史,以我愚见,当以李延寿之《南史》《北史》为主,而以宋、齐、梁、陈四书辅《南史》,魏、齐、周、隋四书辅《北史》,其理由则如下《四库全书提要》所言:

《宋书》——

　　　　其书至北宋已多散失,《崇文总目》谓阙《赵伦之传》一卷,陈振孙《书录解题》谓独阙《到彦之传》,今本卷四十六有《赵伦之王懿张邵传》……卷后有臣穆附记,谓此卷体同《南史》,传末无论,疑非约书,其言良是。盖宋初已阙此一卷,后人杂取《高氏小史》及《南史》以补之,取盈卷帙。然《南史》有《到彦之传》，独舍而不取。又《张邵传》后，附见其兄子畅，直用《南史》之文，而不知此书卷五十九已有《张畅传》，忘其重出，则补缀者之疏矣。……

《齐书》——

今考此书，"良政""高逸""孝义""幸臣"诸传皆有序，而"文学"独无叙，殆亦宋以后所残阙欤？齐高好用图谶，梁武崇尚释氏，故子显于《高帝纪》卷一引《太乙九宫占》《祥瑞志》附会纬书，《高逸传》推阐禅理。盖牵于时尚，未能厘正。又如《高帝纪》载王蕴之抚刀，袁粲之郊饮，连缀琐事，殊乖纪体。至列传尤为冗杂。……

自李延寿之史盛行，此书诵习者鲜，日就讹脱。《州郡志》及《桂阳王传》中均有阙文，无从补正。其余字句舛误，如《谢庄传》，《南史》作"诏徒越巂"，此书作"越州"。《崔怀传》，《南史》作"臣子两遂"，此书作"两节"，又不可胜乙。今衷合诸本，参核异同，正其灼然可知者。其或无考，则从阙疑之义焉。

《梁书》——

《侯景传》上云"张彪起义",下云"彪寇钱塘",则数行之间,书法乖舛。赵与时《宾退录》,议其于《江革传》中,则称"何敬容掌选,序用多非其人"。于《敬容传》中,则称其"铨序明审,号为称职"。尤是非矛盾。其余事迹之复互者,前后错见。证以《南史》,亦往往牴牾。

《魏书》——

今所行本,为宋刘恕、范祖禹等所校定。恕等《序录》谓:"隋魏澹更撰《后魏书》九十二卷,唐又有张太素《后魏书》一百卷,今皆不传。魏史唯以魏收书为主。校其亡佚不完者二十九篇,各疏于逐篇之末。"然其据何书以补阙,则恕等未言。

《崇文总目》谓魏澹《魏史》、李延寿《北史》与收史相乱,卷第殊舛。是宋初已不能辨定矣。……

攽、恕、焘、祖禹上书时云:"收党齐毁魏,褒贬肆情,时论以为不平。文宣命收于尚书省,与诸家子孙诉讼者百余人评论,收始亦辩答,后不能抗。范阳卢裴、顿丘李庶、太原王松年,并坐谤史,受鞭配甲坊,有致死者。众口沸腾,号为'秽史'。时仆射杨愔、高德正用事,收皆为其家作传,二人深党助之,抑塞诉辞,不复重论,亦未颁行。……齐亡之岁,盗发其冢,弃骨于外。"

《北齐书》——

其书自北宋以后,渐就散佚,故晁公武《读书志》,已称其残阙不完。今所行本,盖后人取《北史》以补亡,非旧帙矣。今核其书本纪,则《文襄纪》杂集冗杂,《文宣纪》《孝宣纪》论辞重复,……如《库狄干传》之连及其子士文,《元斌传》之称齐文襄,则又掇拾者,刊削未尽之辞矣。……观"儒林""文苑"传叙,去其已见《魏书》及见《周书》者,寥寥数人,聊以取盈卷帙。

《周书》——

今考其书,则残阙殊甚,多取《北史》以补亡,又多所窜乱,而皆不标其所移掇者何卷,所削改者何篇,遂与德棻原书混淆莫辨。今案其文义,粗寻梗概,则二十五卷、二十六卷、三十一卷、三十二卷、三十三卷,俱传后无论。其传文多同《北史》,……是皆率意刊削,遂成疏漏。至于遗文脱简,前后叠出,又不能悉为补缀。盖名为德棻之书,实不尽出德棻。且名为移掇李延寿之书,亦不尽出延寿,特大体未改而已。

八书之中,其六书已残阙如此,移补者即取之于《南史》

《北史》，故不如竟以《南史》《北史》为主，而以八书辅之，盖为学贵有纲领，有条理，始不至紊乱无章。以一为主，而以其余辅之，即所以寻条理、立纲领也。此譬之自然界，如万山环列，必有主峰；譬之人事，医师立方，必定君药。今为研究南北朝历史，以李延寿之《南史》《北史》为主，而辅以宋、齐、梁、陈、魏、齐、周、隋八书，亦此意也。若尚苦其繁，则南北更分二小组以治之。

第三期为唐及五代，而书史皆有一新一旧，鄙意以为不如新者为主，而辅以旧者。其理由亦见之于《四库全书提要》：

《旧唐书》——

今观所述，大抵长庆以前，本纪唯书大事，简而有体；列传叙述详明，赡而不秽，颇能存班、范之旧法。长庆以后，本纪则诗话、书序、婚状、狱词，委悉具书，语多枝蔓。列传则多叙官资，曾无事实；或但载宠遇，不具首尾，所谓繁简不均者，诚如宋人之所讥。案《崇文总目》，初吴兢撰《唐史》，自创业讫于开元，凡一百一十卷，韦述因兢旧本，更加笔削，刊去《酷吏传》，为纪、志、列传一百十二卷。至德、乾元以后，史官于休烈，又增《肃宗纪》二卷。史官令狐峘等，复于纪、志、传随篇增辑而不加卷帙，为《唐书》一百三十卷。是《唐书》旧稿，实出吴兢，虽众手续增，规模未改。昫等用为蓝本，故具有典型。……至长庆以后，史失其官，无复善本，昫等自采杂说传记，排纂成之，动乖体例，良有由矣。

《旧五代史》——

金章宗泰和七年，诏学官止用欧阳史，于是薛史遂微。元、明以来，罕有援引其书者，传本亦渐就湮没，惟明内府有之，……臣等谨就《永乐大典》各韵中所引薛史，甄录条系，排纂先后，检其篇第，尚得十之八九。又考宋人书之征引薛史者，每条采录，以补其阙，遂得依原本卷帙，勒成一编。

观《提要》所说，《旧唐书》后半部，尚系采而未编之稿本，故必难得其条理与纲领。《新唐书》之"事增文简"，虽为人所讥，但究竟是一部整齐完备的书。在今日研究旧史，虽然都不过是史料，但究竟以整齐完备者，容易得其条理纲领，故不如以《新唐书》为主，以《旧唐书》为辅也。

旧籍之所以有价值者，以引用之人多，亦一要素。其书如无人引用，即于社会不发生影响也。《旧五代史》一书，元、明以来，既罕人援引，则其影响之微可知。且其书出于清人之重辑，又安保其无错误掺杂？故不如竟以金章宗颁于学官之《新五代史》为主，而以薛氏之《旧五代史》辅之。

此期之史，亦可分唐与五代为两小组，而当时人之诗文集及杂著传奇，亦可作参考书也。

第四节　近世史

近世史为宋至清季将近千年间之事迹，又为中华民族拼命与亚洲各民族争存亡之时期，则其重要，自不待言。唯此时期之书，虽起于《宋史》，而其源，实始于后晋石敬瑭，父事契丹主，赂以卢龙及山后八州，契丹主遂立石敬瑭为皇帝，敬瑭割幽蓟等十六州遗契丹，又约岁输帛三十万匹。然其时，契丹尚无心久占中华国土也，故契丹主自言："我无心南来，汉兵引我至此！"又每日结束，以俟遁还，无如败类至多，如赵德钧者，亦求契丹立己为帝，请以兵南取洛阳，幸契丹主不允，其事始已，否则此举若成，即赵宋亦不能出头。读史至此，真可为痛哭流涕长太息者矣！自是而契丹始改国号为辽，立于二十四史之一，皆无耻之败类，贪图做一"儿皇帝"，滥觞之也！

辽势少衰，宋人乃约金而攻辽，而复受金人之祸，至二帝蒙尘，南渡后之小朝廷，偷生求活，苟延残喘。金势少衰，宋人复约元攻金，卒连东南之半壁亦不保，虽有忠义之士，如文天祥、陆秀夫诸人，一则"零丁洋里叹零丁"，一则负帝赴海葬鱼腹，宋亡而种亦奴矣！

元人势力，西及欧洲，北占西伯利亚，幅员过广，控驭为难,故不久而揭竿之徒,风起云涌,朱元璋以枭杰之资,奋起草昧,比迹刘邦,汉宫威仪复见于中华国土。其后因阉佞当权,忠良屠戮,流贼四起,卒屋明社(《明史》特立"阉党""流贼"二传)。乃又有石敬瑭第二之败类吴三桂,以一女子陈圆圆之故,甘心降敌,甚至父母妻子全家十八口,悉化灰尘,又一中华历史之大耻辱也!故当时如吴梅村之《圆圆曲》有云:"恸哭六军俱缟素,冲冠一怒为红颜。"又云:"全家白骨成灰土,一代红妆照汗青。"又杂感"快马健儿无限恨,天教红粉定燕山"之咏,皆纪实也。

清入主华土,控驭得策,以噢咻仁政钓民心,以利禄爵位媚士骨,故其占位也,得安富尊荣者,垂二百年。然而西方之科学发明,轮船大炮,俱挟之而来亚东,鸦片战局终而五口通商始,中华民族,亦同入于世界各民族竞争潮流之旋涡中,于是近世史告终,现代史已开始。

此自宋讫清季,将近千年间之中国历史概况也。

研究近世史之资料,《宋史》最苦繁芜。《四库全书提要》评之曰:

> 其书仅一代之史,而卷帙几盈五百,检校既已难周,又大旨以表章道学为宗,余事皆不甚措意,故舛谬不能殚数。……讥宋史者,谓诸传载祖父之名而无事实,似志铭之体;详官阶之迁除而无所删节,似申状之文。然好之

者,或以为世系官资,转可借以有考。及证以他书,则《宋史》诸传,多不足凭。……忠义之士,尚多阙落,尤为疏漏之大者矣。……其前后复沓牴牾,尚不止此,不能悉举也。盖其书以宋人国史为稿本,宋人好述东都之故事,故史文较详,建炎以后稍略。理、度两朝,宋人罕所记载,故史传亦不具首尾。《文苑传》止详北宋,而南宋止载周邦彦等数人。《循吏传》则南宋更无一人,是其明证。……自柯维骐以下,屡有改修,然年代绵邈,旧籍散亡,仍以是书为稿本,小小补苴,亦终无以相胜,故考两宋之事,终以原书为据,迄今竟不可废焉。

观此论,则其书梗概可知。夫表彰道学,自有理学专书,言学史亦有学案,故其所重者,实不甚重。唯既"竟不可废",而"卷帙几盈五百"之多,亦只有将北宋与南宋,分为两组而研究之耳。

复次:宋之一代,其初则与辽交涉战争,其继则与金交涉战争,其终则又与元交涉战争,而卒至于亡。研究此时期之历史者,最好以宋辽时期为一组,宋金时期为一组,宋元时期为一组,如此,则更觉明白。而辽金二史之研究,可不必另起炉灶,即于一火中冶之可矣!

近世史中赵宋一代,分作三期,此后则元为一期、明为一期、清为一期。共有六期。而诸史中,《元史》因仓促而成,其疏漏舛错亦最甚，然此书清代魏源有《新元史》之重编，自可与原有之《元史》合而研究之。且魏氏之史学与文章，在清代实为不可多得之人才，二史合参，允为不易之正理矣。

《明史》之稿，出于王鸿绪。王氏在康熙朝，曾任户部侍郎，以三十年之心力，成此一稿，书已首尾略具，事实亦详，唯帝纪未成，余皆排比就绪。清廷敕撰《明史》，即用王氏原稿而损益之。自来学者之言史法，皆以官修之杂乱，不如史学专家一人之专著为优良，而《明史》则先出于一人，后再由诸学者之参核，故在诸史中，体例称最善云。

清代之史，迄今尚无其书，以言普通史学，则前曾举《圣武记》及李元度之《先正事略》二书。若云专门的研究，唯有取《东华录》及清史馆之《清臣列传》，辅以《清三通》《清一统志》诸书。此外私人著述，在研究者之眼光，自行选择耳。

第五节　现代史

现代史者，虽云起于五口通商，而其远因，则尚在明季，及清康熙时。盖利玛窦、南怀仁等之东来，葡萄牙澳门之占领，皆现代史最初之起点也。唯远因虽在明清之际，成为正式的现代史，不得不以五口通商为开宗明义之第一章耳。

现代史之资料，语少则极少，语多则极多。今试一言有关历史之数件大事。

（一）鸦片战争——此战结局，即五口通商也。其事则堂堂大员或被俘，或处罚，以及割地赔款，种种耻辱，皆起点于此役。而记其事者，仅一魏源氏《圣武记》末篇之《道光洋艘征抚记》，既不能详，当时又牵于种种忌讳，不能直道其事。故魏氏虽有良史之才，而此篇记载，则有与无，相去一闻耳。

（二）太平天国——此事之重大，不亚于朱明之驱逐蒙古、辛亥之光复。而记其事者，唯有如《湘军记》《淮军记》《平浙纪略》，歌颂满人功德一面之词，欲求一真确之记载，竟不可得也。

（三）火烧圆明园——英法联军火烧圆明园一役，致清帝逃避热河，亦一重大事件。未闻有详备之记事书。

（四）法清之战——此役结果，失安南，而连带及于缅甸。然无记载其事之书。

（五）日清之战——甲午一役，失朝鲜，割台湾，赔巨款。一方面激起人民之排满革命热，一方面惊起德宗之变法观。而记其事者，仅有外人所作之《中东战纪》，隔靴搔痒，莫能言其原因与结果。

（六）胶州湾之割——以二教士被戕，致割胶州湾百里之地，而威海卫、旅顺口、九龙湾等等，相继并失。

（七）戊戌政变——此事虽有梁任公《戊戌政变记》述其崖略，然多属一面之词，不足认为史实。

（八）义和团——此役性质之重大，实为古今所未有。致招八国联军之入京，帝后仓皇之西匿，结果，则主权尽失，赔款亦为以前所无之巨额。影响所及,使顽固士夫,改口而谈维新;强悍人民,变态而为媚外。然竟无一书,记载其事。

（九）日俄之战——此役起因,实由中国自己不能守其土地,遂生强邻之觊觎。结果,使日本一跃而为头等国,中国遂事事受其束缚。

（十）武汉起义——此举为中华民国立国之始,亦为以前诸志士绞脑流血之结果。而其远因,肇于明末郑成功之立天地会,与各派会党亦多有关系。乃竟无一书,以记其颠末。

以上所举十事,尚在清末数十年之中,至民国成立后之种种大事,如赣、宁二次革命,袁氏帝制自为,日本之二十一条,云南起义,督军团扰乱,张勋复辟,五四以后种种民众运动,直皖、直奉、苏、浙各次军阀战争,以迄党军北伐,十五年间重大事件,屡见迭出,均应搜集材料,编成专史,说明其原因结果,以为中华民族继往开来之炯鉴,使知其失败者何在? 成功者何因? 自今以往,我民族应负如何之责任? 始可争存于世界,皆历史学家所有事也。

搜集此项材料,在前清关于外交者,仅故宫所出《清代外交史料》一帙,其余均无可凭借。而我国又无悠久详备之大杂志,仅一《东方杂志》,出版于光绪末年,至今未断,然亦多所忌讳,不敢直载当时真相。日报之继续未绝者,亦多芜杂,故材料搜集甚难。至搜集之法,则梁任公所作《中国历史研究法》中,已详言之矣。

第四章　史学杂论

第一节　史学与表的关系

历史所载,一为事迹,一为制度。记事迹者,如《资治通鉴》,及正史中之本纪、列传。记制度者,如《通典》《文献通考》,及正史中之书志,二者俱为历史之要素。唯研究专门史学者,须求材料之原出处,故仍以正史为蓝本,如前所举,文哲史中之儒林、文学、述作家传,政治史中之政治家传,军事史中之军事家传,以及方伎、高隐、忠孝、妇女等等,皆事迹也。又如文哲史中艺文、经籍等志,及经济、礼乐、官制、选举、刑法等等,皆制度也。而正史于二者之外,尚有"表"之一种要素。唯昔人所作史上之表,皆表一代之事迹,且此种事迹,在今日亦无甚关系。今日而言史表,实非另起炉灶不可。作表之方法与理由,马瀛氏所作《国学概论》中,言之颇详,今转录于此。按《概论》第二编第十二章第一节,论前人已做统计云:

> 统计方法,虽可应用于国学全部,然究以应用于史学方面为最有效,且有无穷之意味。清初顾栋高应用此法,撰《春秋大事表》五十卷。以全部《左传》之事迹,分类归

纳而统计之，为时令、朔闰、长历拾遗、疆域爵姓存灭、列
国地理犬牙相错、都邑、山川、险要、官制、姓氏、世系、刑
赏、田赋、吉礼、凶礼、宾礼、军礼、嘉礼、王迹拾遗、鲁政下
逮、晋中军、楚令尹、宋执政、郑执政、争盟交兵、城筑、四
裔、天文、五行、三传异同、阙文、吞灭、乱贼、兵谋、引据、
杜注正伪、人物、列女四十表。旁行斜上，经纬成文，使参
伍错综者尽归于条贯，学者一检其表，而春秋之现状，灿
若列眉，了如指掌矣。

此言《春秋》《左传》作表之经过与效用也。《左传》可作
表，则诸史自然亦可作表。马氏又言近人丁文江、梁启超应用
此法统计历史上人物之籍贯，及古世探求佛学之人物，因以作
表。今采其论丁氏云：

> 丁氏将《汉书》《后汉书》《新唐书》《宋史》《明史》中
> 有传之人物，调查其籍贯，分配之于现今之各省；再将列
> 传之总数，按照各省之人数，列成百分率。例如两《汉
> 书》，共传六百六十五篇，计河南人二百零九，得百分之三
> 一点四三。山东人一百十八，得百分之十七点七五。湖
> 南仅二人，得百分之零点三。福建仅一人，得百分之零点
> 一五。广东、云南、贵州等，则并一人而无之。全表皆用
> 此方法推算，于此表中，可得数条最后之原则：

（1）凡帝都所在之地，人物往往特多。例如后汉之河南，得百分之三十七而强；唐之陕西，得百分之二十一而强；北宋之河南，得百分之二十三而强；南宋之浙江，得百分之二十二而强。但其中有两例外，即前汉之陕西，仅得百分之十，居第四位；明之直隶，仅得百分之七，居第五位。此盖开国之初，功臣卿相，大抵丰沛故人，非异地人所得而拟也。

（2）南北升降之迹，甚为显著。如山东、陕西、直隶、山西等省，汉、唐时平均比例，皆在百分之十以上，多者至百分之二三十以上。宋、明以后，皆降至百分之十以下，平均不过百分之五六。中惟河南，尚得保持平度，然亦有降下之趋势。反之，如江苏、安徽、江西、浙江等省，汉、唐百分比例甚少，以次渐升，至明则皆升至百分之十以上。此种现象，盖与宋南渡后，南方之人工开发，及蒙古侵入后，北方之铁蹄蹂躏，皆有关系也。然人民之自身猛进，及退萎之精神，要亦不容忽视。

（3）原则上升降之数，皆由渐变，然其间亦有突进者。例如四川，在前汉不及百分之二，后汉忽升至百分之六。浙江在唐以前，不过百分之二三，北宋忽升至百分之八，南宋忽升至百分之二十三。江西在唐以前，不满百分之一，北宋忽升至百分之五以上，南宋忽升至百分之十三以上。福建情形，与江西略同。此种现象，盖因上列诸省,其初本离文化中心点辽远,不易被及。然经数千年之酝酿,已有勃发之势。故一经文化接触,遂突然而前进也。美国近年之勃兴,亦此之故。

（4）此外尚有一显著之现象,即各省人物之分配,有渐入平均之趋势。前汉时,山东得百分之三十而弱,河南得百分之十二而弱。后汉时,河南得百分之三十七而强,山东得百分之十二而强。仅此两省,占汉史人物之半数。其余长江流域各省,未有能达百分之五者。湖南、福建、两广、云、贵诸省,皆在零度。唐、宋之时,则各省皆渐有列传之人,已较汉代为均匀矣。至明则益普遍,几无一省无列传之人。除广西、云南、贵州三省不满百分之一外,其余各省,最高者不过百分之十三四,最低者亦得百分之一二,十八省中,其九省皆在百分之三至百分之七间。可见我国文化普及之程度,渐有进步。苟将《清史》中之人物比较之,恐不平均之现象,尚有减少之势也。

吾人于此疏略之统计表中,已可发见此四条原则,且能一一求得其所以然之故,然则统计之法,其有裨于吾之观察力与判断力,诚非浅鲜矣。

上面所录,系马氏《概论》中言丁氏历史人物表之效用。此外马氏又举今日应用此方法,有可作之表数种:(一)历代文字统计表。(二)历代人物统计表。(三)遗传性质统计表。

（四）各地人物统计表。（五）历代战乱统计表。（六）异族同化人物表。（七）地方统治离合表。（八）地方建筑统计表。（九）历代著述统计表。（十）历代水旱统计表。此外可作之表，更不知凡几也。

第二节　读史传须有识别力

三千二百四十三卷之正史，除表、志、本纪外，累累然二千余卷，皆列传也。此二千余卷之列传，所载之事迹，又属于不可信的居其多数。此不可信的列传，读之，岂不空耗时间与精力乎？所以最好就有学识的人，选而读之，庶不至于空耗宝贵之时间和精力，乃为得耳。然所谓不可信之事迹何也？清代赵翼所作之《瓯北诗钞》内，有《后园居诗》云：

> 有客忽叩门，来送润笔需。乞我作墓志，要我工为谀。言政必龚黄，言学必程朱。吾聊以为戏，如其意所须。补缀成一篇，居然君子徒。核诸其素行，十钧无一铢。此文倘传后，谁复知贤愚？或且引为据，竟入史册摹，乃知青史上，大半亦属诬。

此诗虽托为游戏之笔，然却是真情实事。赵氏在清代为有名之史学家，其所作《廿二史札记》一书，引征繁博，剖析精微,实为不可多得之名著。其作此诗,深有鉴于史中之人物,诬言太多,故以此游戏笔墨,写其感慨耳!盖修史者,为人立传,大半取材于墓志与家传。而墓志、家传所记载,大半系子孙显誉祖父之文,修史者从而采之,安得不成诬史乎?又清人笔记中《虚词荣亲》云:

> 有旧家子,夜行深山中,迷不得路。见一岩洞,聊投憩息,则前辈某公在焉。惧不敢进,然某公招邀甚切。度无他害,姑前拜谒。寒温劳苦如平生,略问家事,共相悲慨。因问:"公佳城在某所,何独游至此?"某公喟然曰:"我在世无过失,然读书第随人作计,为官第循分供职,亦无所树立。不意葬数年后,墓前忽见一巨碑,螭额篆文,是我官阶姓字。碑文所述,则我皆不知,其中略有影响,又都过实。我一生朴拙,意已不安,加以游人过读,时有讥评;鬼物聚观,更多姗笑。我不奈其聒,因避居于此。唯岁时祭扫,到彼一视子孙耳。"士人曲相宽慰曰:"仁人孝子,非此不足以荣亲。蔡中郎不免愧词,韩吏部亦尝谀墓。古多此例,公亦何必介怀。"某公正色曰:"是非之公,人心具在:人即可诬,自问已惭。况公论具存,诬亦何益?荣亲当在显扬,何必虚词招谤乎?不谓后起胜流,而所见皆如此也!"拂衣竟起,士人惘惘而归。

此虽借鬼骂人,然亦是真情实事。古今来无限墓碑,可免此鬼嗤呵者,能有几何? 修史者据而传之,宁非被骗而又骗人乎!

复次:如上述赵瓯北之诗,某公之鬼,或为自己欲博一臭名,或子孙过誉其祖父,尤为世俗人情所不能免。而此等事迹,入于无识文人之手,更有改头换面,诬上加诬者! 清代章学诚《论古文十弊》篇中,其三曰:

> 文欲如其事,未闻事欲如其文者也。尝见名士为人撰志,其人盖有朋友气谊,志文乃仿韩昌黎之志柳州也,一步一趋,惟恐其或失也。中间感叹世情反复,已觉无病费呻吟矣。末叙丧费出于贵人,及内亲竭其事。询之其家,则贵人赠赙稍厚,非能任丧费也,而内亲则仅临穴而已,亦并未任其事也。且其子俱长成,非若柳州之幼子孤露,必待人为经理者也。诘其何为失实至此? 则曰:"仿韩志柳墓,终篇有云:'归葬费出观察使裴君行立,又舅弟卢遵,既葬子厚,又将经纪其家。'附纪二人,文情深厚,今志欲似之耳。"余尝举以语人,人多笑之。不知临文摹古,迁就重轻,又往往似之矣。是之谓"削趾适履",又文人之通弊也。

章氏为一代硕学名儒,绝非无故訾人者! 若如其述,则并事而无之,倘使此名士之大作,史官据之而立传,岂非全属空中楼阁邪？

且尤不特此也：魏收之《魏书》，号曰"秽史"，久为一般人所指斥矣！然《魏书》初定本，以卢同附于《卢元传》，崔绰自有一传，后经卢同之子卢文起诉，以为"父位至仪同，功业显著。绰位止功曹，本无事迹，乃为首传"，遂奉敕更审，为卢同立专传，崔绰则改入附传。《四库全书提要》论之曰：

> 卢同希元乂之旨，多所诛戮，后以乂党罢官，不得云功业显著。绰以卑秩见重于高允，称其道德，固当为传独行者所不遗。观卢文诉辞，徒以父位仪同，绰仅功曹，较量官秩之崇卑，争专传附传之荣辱，是亦未足服收也。

夫以魏收之阿附权贵，乃偶存直笔，即为世俗所攻击，史传亦为之而更易。然则欲于此累累之列传中，求一真实之事迹、公平之叙论，不亦难乎？且也，因官秩之崇，立专传于正史者，何可胜道？如"行尸走肉"之"伴食宰相"，身死之后，必付史馆立传。究其功业品学，一无可称，此等列传，正累累者皆是也。而论其事实，与斯宾塞尔所讥"邻猫生子"何以异？又如正史中之后妃、公主、皇子、王子、宗室诸传，其人不过与当时之皇帝占些微皮肉关系，而史家无不为之立传者。甚者，如《宋史》为宗室世系立表，竟达二十八卷之多，试问此种史表，于社会民族，有丝毫关系乎？是故研究中国历史者，对于此等无谓无聊之篇籍，非用大刀阔斧之手段，一举而劈除之不可也。——其有关社会文化、民情、风俗者，自不在此例。

第三节　读史传的效用

如上节所述，二千余卷之正史列传，虚诬者，居其多数。然则史传不必读乎？曰：是又不然。史中之佳传，能选而读之，其效用正不可限量也。我以为古今来能善读史传者，莫如石勒。勒本羯种人，幼时曾被卖为奴，后乘晋室昏暗，中原大乱，勒遂崛起而自立一国。且不识字，尝命人读《汉书》，听之。闻郦食其劝汉高立六国后，惊诧曰："此策当失，何以遂得天下！"及闻留侯谏封六国后，始止勒又曰："赖有此耳。"此则因听其书，而于当时之形势，已了然于胸中矣！斯可谓善读史书者矣！勒又尝以自己与古帝王做比拟。曾曰："若遇光武，当与之并驱中原，未知鹿死谁手。遇汉高，则北面事之耳。"是则读其人之传，又能知其人之才智高下也。又曰："赵王赵帝，我自为之，何待人封。大丈夫行事，当磊磊落落，终不学曹孟德、司马仲达，欺人寡妇孤儿，以狐媚取天下也。"其才智如此，宜其横行一时，无人敢抗御之，盖善读史传，岂以多记故事，以为博哉？正借古人以为己用耳。又如唐太宗之评魏武帝，其言曰："一将之智有余，万乘之才不足。"亦以自己比古人，知自己之才，实胜于魏武也。

　　然此,不过野心家之英雄,论古读史,皆跃然显露其才器而已。此外忠臣义士、学者文人,其读史也,亦无不置身其中,以古人为我师表。故读忠臣义士之传,则志节慷慨,视死如归;读高人逸士之传,则敝屣利禄,己之行动,亦如闲云野鹤,飘然不群;读硕学者之传,则心思肃静,沉潜典籍;读文人之传,则奇思妙想,时流露于字里行间。凡此种种,数不胜数,要在对于古人,取与己性相近、己心所好之列传,选而读之,其获益真不可限量,此我人读史传之唯一方法也。

　　我有一亲戚何君,对于利禄,异常熟心,后因读梁任公所著之《陶渊明》一小册,即思想陡变,曾对我曰:"原来官是如此卑鄙龌龊,所以渊明情愿不干,却辛辛苦苦去种田。"此后何君,亦永绝利禄观念。以此一端而言,可见古人的传记,其感化人心之势力,真有不可思议者。

　　《布尔特奇英雄传》一书,西洋人自昔视为环宝,故西人多具冒险性。美洲之寻获,非洲之开辟,北冰洋之旅行,皆由读探险家之传记,有以植其心志,亦未始非受英雄传之影响也。

　　近来国学之呼声,震动全国,印行旧史,各书局竞争尤烈,倘有人将全史之圣贤、豪杰、硕学、文豪、高人、逸士,以及游侠、绝技等人之传,汇为一编——能译以畅达明显的语体文尤好——使一般青年读之,我敢决定闻风而起者,必大有人在焉!是则我所馨香以祝,拭目以待者矣!